刑法の「通説」

仲道祐樹　樋口亮介 編

日本評論社

はしがき

　本書は、法学セミナー809号（2022年）の刑法総論についての特集「刑法の『通説』——通説とは何か、何が通説か」、および同821号（2023年）の刑法各論についての特集「続・刑法の『通説』——そこに潜む問題」所収の各論稿をベースに、新たに書き下ろし論文3篇を加え、さらに旧稿に必要な加筆修正を行ったものである。

　本書の第1部は総論の「通説」、第2部は各論の「通説」を研究者が検討した論稿を収録している。さらに、実務家による論稿2本については、調査官経験者および下級審裁判官による考察として第3部に配置している。

1　「通説」の同定作業と問題点の浮上

　出発点となる問題意識は、刑法総論の分野において、「通説」が何かが見えなくなっているというものであった。刑法の講義を担当する者は、学生から「この論点の通説は何か」という質問や、「通説で教えてほしい」という要望を受けることがある。このときに、どのように回答するかが、とくに刑法総論の分野では難しい。「通説」とされてきた論者である団藤重光、大塚仁がすでに世を去った現在においてもなお、両者の見解を「通説」と呼びつづけることには違和感があるし、それを除けば何が「通説」なのかを断定できる論点はほとんどない。

　2022年特集においては、刑法総論分野において「通説」が見えなくなったという問題意識から出発し、いかにして「通説」を決めるかの作業用基準を示したうえで、刑法総論分野における「通説」の同定を試みた（その作業用基準は、仲道による本書［総論解題］を参照）。これにより、「通説」をめぐる混乱状況が一定程度整理されるかと思われた。しかし、明らかになったのは「通説」が存在しない領域があること、また、「通説」が存在しても当該「通

説」のなかには異なる立場が包含されているにもかかわらず、それが自覚されていないという問題が存在することであった。

2 「通説」に潜む問題とその乗り越え方

　2022年特集をうけて、各論編として2023年特集が企画されたが、そこでは、「通説」をめぐる問題がより根深いものであることが明らかとなった。刑法各論分野においては、何が「通説」かは比較的明確である。しかし、なぜそれが「通説」とされているのかが明らかではないという問題が浮上したのである。さらに悪いことに、「通説」とされる定式が、なぜそれが「通説」なのかを内省することなしに用いられつづけた結果、かえって問題解決を阻害している事象も発見された。そこで、2023年特集では、現状「通説」とされているものの内実を明らかにすることによって、そこに潜む同床異夢性、根拠の薄弱さ、議論の不徹底を明らかにする作業が中心となった。

　「通説」は本来、多くの人が妥当であると考え、支持している見解を指すはずである（この点については、仲道による本書［総論解題］を参照）。しかし、2023年特集がもたらした知見は、同じ「通説」を出発点にしている論者であっても、具体的事案の処理においては異なる結論に至る場合がある、というものであった（たとえば、暴行に関する樋口論文［第8章］を参照）。これは、問題解決にあたって決定的な部分を提供しているのは「通説」ではなく、「通説」という同じ傘の中で展開されている別の観点ではないか、という疑義を生じさせる。すなわち、「通説」として一致している部分はじつは意味がなく、かえって真の対立を覆い隠す機能を果たしてしまっているのではないかと考えられるのである。これはさらに、これから刑法を学ぼうとする者にとっては、「通説」を学んだにもかかわらず、それを字義どおりに適用したら問題解決ができないという弊害も引き起こしうるものである。

　このような弊害を解消するためには、その「通説」は本当に「通説」なのかや、「通説」として合致している部分よりも解像度を上げた部分に真の対立点があるのではないかを、文献調査の方法により明らかにしていくほかない。

3　本書の意義

　本書は、現在の「通説」は何かを同定するとともに、その「通説」はその内部に何らの対立点も残していない、問題解決能力のある「通説」なのか、フレーズが一致するにとどまり、真の対立点がほかにある、実践的意義に乏しい「通説」なのかを明らかにするという作業を行うものである。

　なぜこのような作業が必要なのか。先に述べたように、「通説」のなかには、それ自体として問題解決能力をもつものと、そのなかに真の対立点、すなわち実質的に問題解決を規定している問題を残しているものとがある。この状態を解消せずに問題解決を行おうとすれば、次の２通りの処理を行うしかない。１つ目は、とりあえず「通説」のフレーズを暗記し、そこから――たとえば「あてはめ勝負」や「事実認定上の工夫」をし、あるいは「規範的評価の問題」に持ち込むなどして――「通説」のフレーズとは乖離したかたちで実質的な問題を解決し、事案の解決として適切な結論を導出するという処理である。この場合、実質的に問題解決を規定している視点は言語化されず、一種の職人芸による解決がなされることになる。２つ目は、問題の本質を喝破し、「通説」は意味がないと切り捨て、実質的に問題解決を規定している思考枠組みを理論化したうえで、適切な結論を導くという処理である。どちらも優秀な法律家像といえるのかもしれないが、ここでの問題は、この２つのパターンのいずれも、「通説」は問題解決に寄与していないという点にある。

　この２つの法律家像でなければ、刑法に通じた法律家ではないのであろうか。本来はそうではないはずである。

　学習面でいえば、まず「通説」を理解し、その「通説」の枠組みに従えば、誰でも「通説」と同じ結論に至ることができるというのが本来あるべき法律の学び方ではないだろうか。「通説」として教えられるものが、じつは問題解決には役に立たない、という教え方で本当に納得している学習者はどれだけいるだろうか。「通説」のフレーズに沿ったあてはめを真摯に行って提示した結論について、それは常識に反するから間違いといわれて、刑法の学習に失望している者はいないのだろうか。

　実践面でいえば、「通説」のフレーズどおりの結論を主張したものの、問

題を解決する視点を言語化しないままの職人芸によって主張が排斥される場合に納得を得られるのであろうか。あるいは、特別法の罰則を新設するにあたり、刑法には通じていない法律家が、言語化されない職人芸や「通説」を切り捨てる議論に依拠して立法論を進めることができるのであろうか。

　本書は、すべての論点について、「通説」を同定し、その問題解決能力を検証するものではない。本書が目指すのは、「通説」が内包するさまざまな問題の一部を白日のもとにさらし、このような刑法学の論じ方があるのだと示すことで、今の「通説」を批判的に乗り越え、問題解決に資する理論枠組みとしての「通説」を、刑法学にかかわる者全員であらためてつくりあげていく未来である。それは、本書が示す「通説」理解が正しいものであるかも含めた、理論的課題である。

　本書がなるにあたっては多くの方のご助力を得た。2022年特集時の法学セミナー編集長・晴山秀逸氏、2023年特集時の同編集長・小野邦明氏、書籍化にあたってお力添えをいただいた日本評論社の上村真勝氏、市川弥佳氏にはとくに感謝を申し上げる。また、原稿の準備の過程で多くの方々から有益なご助言をいただいた。個別にお名前を挙げることはできないが、ここに感謝を申し上げる。

　　　2024年8月

　　　　　　　　　　　　　　　　　　　　　　　　　仲道　祐樹
　　　　　　　　　　　　　　　　　　　　　　　　　樋口　亮介

刑法の「通説」 目次

はしがき　i
判例集・定期刊行物・雑誌等の文献略語　xiv

◆第1部◆ 総 論　　1

総論解題　通説とは何か、何が通説か …………… 仲道 祐樹　2

1　はじめに　2
2　「通説」という難敵　3
　(1)　「通説」の多義性　3
　(2)　「通説」の用法　4
　　(a)　学説上の多数説としての通説　4
　　(b)　解釈者の共通理解としての通説　4
　　(c)　権威に基づく通説　5
　　(d)　正しい説としての通説　5
3　分析の視点　6
　(1)　作業の基準　6
　(2)　議論の「解像度」　7
4　通説概念からみる刑法総論の学説史　8
5　通説同定の意義と使用上の注意　9
　(1)　理論的意義──議論の共通の土台の提供　9
　(2)　学修上の意義──法的思考の第1ステップ　10
6　通説の語り方──刑法総論分野の各論文のアプローチと概要　12

第1章　実行行為概念の「通説」 ………………… 仲道 祐樹　14

1　はじめに　14
2　現実的危険性を内容とする実行行為概念　16
　(1)　現実的危険性の登場　16
　(2)　同時代における現実的危険性　18
　(3)　実行行為概念の総論的定義としての現実的危険性　21

　　　　　(4) 小括　23
　　3　現在における実行行為概念の議論状況　25
　　　　　(1) 調査範囲と学説状況の概略　25
　　　　　(2) 学説状況の整理・分析　25
　　　　　　　(a) 現実的危険性を内容とするもの　25
　　　　　　　(b) 危険性を内容とするが、現実的危険性とはしていないもの　26
　　　　　　　(c) 実行行為概念を用いないもの　28
　　　　　　　(d) 構成要件に該当する行為とするもの　28
　　　　　(3) 調査結果の整理　29
　　　　　(4) 調査結果としての「通説」　29
　　4　「構成要件に該当する行為」という「通説」の意義と課題　31

第2章　不作為犯論の「通説」　　　　　　　　　　松尾 誠紀　33

　　1　はじめに　33
　　2　一般的な理解が得られた議論の土台　34
　　3　作為義務をめぐる「通説」　36
　　　　　(1) 「多元説」と「限定説」　36
　　　　　　　(a) 最判解による学説の分類　36
　　　　　　　(b) 「多元説」とされる見解の特徴　36
　　　　　　　(c) 「限定説」とされる見解の特徴　38
　　　　　　　(d) 最判解自身の理解　39
　　　　　(2) 学説状況の整理　41
　　　　　　　(a) 「多元説」の現在と反「限定説」　41
　　　　　　　(b) 「限定説」からの西田系統　42
　　　　　(3) 西田系統は「通説」か　43
　　4　まとめ　46

第3章　因果関係論の「通説」　　　　　　　　　　大関 龍一　48
　　　　　危険の現実化論の系譜とその内実

　　1　はじめに　48
　　2　危険の現実化論の生成と発展　48
　　　　　(1) 判断基底論をめぐる伝統的対立　48
　　　　　(2) 相当性の判断方法をめぐる混乱　49
　　　　　(3) 2つの相当性概念の区別――危険の現実化論の登場　50

          (4) 調査官解説における危険の現実化論　52
          (5) 狭義の相当性＝危険の現実化の判断方法をめぐる議論の進展　53
     3　危険の現実化論の現状　55
          (1) 判例理論としての「危険の現実化」　55
          (2) 危険の現実化は通説か？――「通説」の同定　55
          (3) 危険の現実化の判断構造――2つの思考モデルの併存　57
          (4) 2つの思考モデルの対立点　58
     4　今後に向けて　60

第4章　故意論の「通説」……………………………………… 大庭 沙織　63

     1　はじめに　63
     2　認容説登場以前の学説の状況　63
     3　認容説の登場　66
          (1) 「認容」の登場　66
          (2) 団藤重光による認容説の主張　67
          (3) 「認容」が要求される理由　69
               (a) 責任論に基づく理由　69
               (b) 故意に意思的要素を取り込むことの必要性に基づく理由　70
               (c) 認容が重い責任あるいは高い違法性を基礎づけるという理由　71
     4　認容説の問題点　71
          (1) 故意の成立範囲　71
          (2) 消極的認容も含むことについて　72
          (3) 認容が情緒的要素であることについて　72
          (4) 立証の困難性　73
     5　近年の学説の諸相　73
          (1) 近年における認容説の状況　73
          (2) 近年支持されている学説　76
               (a) 蓋然性説および動機説　76
               (b) 実現意思説　77
     6　おわりに　78

第5章　未遂犯論の「通説」……………………………………… 山田 慧　79

     1　はじめに　79
     2　未遂犯論の史的展開　81

　　　　(1) 現行刑法制定後〜1934（昭和9）年まで　　81
　　　　　　(a) 実行の着手論　81
　　　　　　(b) 不能犯論と実行の着手論との関係　81
　　　　　　(c) 少数説としての主観説　82
　　　　(2) 1934（昭和9）年〜1954（昭和29）年まで　　82
　　　　　　(a) 実行の着手論　82
　　　　　　(b) 不能犯論と実行の着手論との関係　84
　　　　(3) 1954（昭和29）年〜1970（昭和45）年まで　　85
　　　　　　(a) 実行の着手論　85
　　　　　　(b) 不能犯論と実行の着手論との関係　87
　　　　(4) 1970（昭和45）年〜1987（昭和62）年まで　　88
　　　　　　(a) 実行の着手論　88
　　　　　　(b) 不能犯論と実行の着手論との関係　90
　　　　(5) 1987（昭和62）年〜2004（平成16）年まで　　91
　　　　　　(a) 実行の着手論　91
　　　　　　(b) 不能犯論と実行の着手論との関係　93
　　　　(6) 2004（平成16）年〜現在まで　　94
　　　　　　(a) 実行の着手論　94
　　　　　　(b) 不能犯論と実行の着手論との関係　94
　　　　(7) 議論の系譜のまとめ　　95
　　3　未遂犯論の「通説」の実態　　97
　　　　(1) 形式的基準と実質的基準の相互補完的考慮の内実　　97
　　　　(2) 危険性概念　　98
　　4　おわりに——未遂犯論のこれから　　100

第6章　共犯論の「通説」……………………………………… 亀井 源太郎　102
　　　　共犯論は何をどのように論じてきたか

　　1　はじめに　　102
　　　　(1) 「共犯からみた判例と学説」　　102
　　　　(2) 本稿の課題　　103
　　　　(3) 争点抽出の手法　　103
　　2　争点の変遷　　104
　　　　(1) テーマの変遷　　104
　　　　(2) 議論の動因の変遷　　105
　　3　一応の「通説」とその動揺　　108

　　　　　(1) 共謀共同正犯　108
　　　　　(2) 因果的共犯論　111
　　　4　まとめにかえて　112

第7章　共同正犯の成立要件 ……………………………… 伊藤　嘉亮　116

　　　1　はじめに　116
　　　2　成立要件をめぐる議論状況の概観　116
　　　　　(1) 共同実行の意思＋共同実行の事実　117
　　　　　　　(a) 共同実行の事実の本来的意味　117
　　　　　　　(b) 共同実行の事実の拡張　117
　　　　　(2) 共謀＋共謀に基づく実行　119
　　　　　　　(a) 改正刑法準備草案・改正刑法草案における共同正犯　119
　　　　　　　(b) 実行共同正犯への拡張　121
　　　　　　　(c) 「共謀」概念のさらなる分化　122
　　　　　(3) その他の定式（因果性＋正犯性など）　123
　　　3　課題の整理　124
　　　　　(1) 「共同実行の意思＋共同実行の事実」の考察　124
　　　　　(2) 「共謀＋共謀に基づく実行」の考察　125
　　　　　(3) 「共同実行の意思＋共同実行の事実」と
　　　　　　　 「共謀＋共謀に基づく実行」の互換性？　127
　　　　　(4) 概念の希薄化・抽象化　127
　　　　　　　(a) 意思連絡　128
　　　　　　　(b) 重要な役割　128
　　　4　結　語　130

◆ 第2部 ◆ 各　論　　　　　　　　　　　　　　　　　　　　　　　　　　133

各論解題　刑法の「通説」、そこに潜む問題 ………………… 樋口　亮介　134

第8章　暴行罪の「通説」 ……………………………………… 樋口　亮介　137
　　　　「通説」に潜む問題と乗り越え方

　　　　　はじめに　137
　　　1　暴行罪をめぐる議論状況と「通説」に潜む問題　137
　　　　　(1) 「通説」が成立している範囲　137

           (a) 定義　137
           (b) 実際の処罰範囲　138
       (2) 「通説」に潜む問題　139
           (a) 「通説」に含まれる異質の発想　139
           (b) 基本的発想の相違を覆い隠す「通説」　140
   2 「通説」の形成過程の検証　140
       (1) 昭和8年判決までの状況　141
           (a) 「有形力」という表現　141
           (b) 「攻撃」という表現　142
           (c) 昭和8年判決の意義　143
       (2) 昭和29年判決までの状況　144
           (a) 脅迫を除外する議論の具体化　144
           (b) 性病感染の暴行非該当説と暴行該当説　144
           (c) 昭和29年判決の意義と残された課題　145
       (3) 昭和39年決定までの状況　146
           (a) 団藤による「通説」評価　146
           (b) 昭和27年判決の是認／暴行該当説との対置の欠如　146
           (c) 昭和39年決定の意義と調査官解説の問題点　147
       (4) 「通説」の成立　148
   3 行われるべき検討　148
       (1) 基本的発想の言語化と比較検討　149
       (2) 定義の見直し　150
       おわりに　151

第9章　名誉概念の「通説」……………………………………… 嘉門 優　152
   1 名誉概念の「通説」と問題点　152
       (1) 「通説」の内容　152
       (2) 「通説」に対する疑問　152
           (a) 事実的な名誉保護？　152
           (b) 被害実態のより正確な把握　154
   2 名誉の規範的な理解　155
   3 アウティング　157
   4 インターネット上の誹謗中傷　158
   5 アイコラ画像・盗撮　160
       (1) 誤信可能性の程度　160

　　　　　⑵　プライバシー侵害　161
　　　6　名誉概念の解釈論と立法論　163

第10章　領得罪の「通説」 ……………………………… 穴沢 大輔　165

　　　1　はじめに　165
　　　2　領得の通説形成過程　167
　　　　⑴　現行刑法制定後における判例の領得概念形成と学説　167
　　　　　　(a)　大判大正 4 年までの判例の展開　167
　　　　　　(b)　大判大正 4 年以降の学説の展開　168
　　　　⑵　所有者のようにふるまう意思の維持（団藤説）と批判　170
　　　　⑶　通説の形成へ　171
　　　　⑷　小　括　172
　　　3　判例分析の視点　172
　　　　⑴　2 つの機能の視点（機能論）　172
　　　　⑵　所有者のようなふるまい論の視点（所有者的支配論）　173
　　　4　おわりに　176
　　　5　補　論──「領得罪の『通説』」（法セ821号〔2023年 6 月〕19頁、
　　　　上述 1 ～ 4 ）掲載後の議論をふまえて　176

第11章　財産的損害をめぐる「通説」 ……………………… 冨川 雅満　181
　　　　実質的個別財産説に潜む問題

　　　1　財産的損害をめぐる通説の現況　181
　　　　⑴　実質的個別財産説は「通説」か？　181
　　　　⑵　実質的個別財産説の問題点　182
　　　2　実質的個別財産説の形成過程　185
　　　　⑴　論拠①の形成過程　185
　　　　　　(a)　戦前から戦後にかけて　185
　　　　　　(b)　戦後から現在にかけて　186
　　　　⑵　論拠②の形成過程　187
　　　　⑶　論拠③および結論命題の形成過程　188
　　　3　各論拠の正当性　189
　　　　⑴　論拠①について　189
　　　　⑵　論拠②③について　191
　　　4　補　論──財産的損害と欺罔行為要件との関係　193

　　　　(1)　重要事項性の来歴　193
　　　　(2)　重要事項性の機能　195
　　5　今後のあるべき議論の方向性　196

第12章　文書偽造罪の「通説」………………………………………… 成瀬 幸典　197

　　1　文書偽造罪の解釈に関する基本的枠組み
　　　　および文書偽造罪の規定形式に関する通説　197
　　　　(1)　解釈の基本的枠組みに関する通説　197
　　　　(2)　規定形式に関する通説としての形式主義　199
　　　　(3)　文書偽造罪をめぐる学説の現状　200
　　2　文書に対する公共の信用という概念の不明確性と
　　　　それに起因する問題　202
　　　　(1)　「公共」という概念の不明確さ
　　　　　　──文書一般が公共の信用の対象になっているのか？　202
　　　　(2)　「信用」という概念の不明確さ
　　　　　　──有形偽造の侵害対象としての「信用」とは？　204
　　3　課題の解決に向けて
　　　　──文書概念・文書の機能を基礎にした考察の重要性　207

◆第3部◆「通説」と実務　　　　　　　　　　　　　　　　　　　　　　　　　209

第13章　刑法の通説と判例 ……………………………………………… 半田 靖史　210
　　　　下級審裁判官の経験から

　　1　はじめに　210
　　2　実務法曹からみた学説そして通説的見解の意義　210
　　　　(1)　下級審にとっての最高裁判例と通説的見解　210
　　　　(2)　判例変更を促す下級審裁判例および通説的見解　211
　　　　(3)　学説による判例分析と実務　213
　　　　(4)　学説と実務の対話　214
　　3　本書所収の刑法総論の論点について
　　　　──判例実務と通説的見解の接近と混乱　215
　　　　(1)　実行行為・未遂犯・不能犯　215

(2)　不作為犯　220
　　　(3)　因果関係　221
　　　(4)　故意　223
　　　(5)　共犯・共同正犯　227
　4　おわりに　230

第14章　刑法の「通説」と判例 ……………………………………… 藤井 敏明　232
　　　最高裁調査官の経験を踏まえて

　1　はじめに　232
　2　判例と刑法の「通説」について　232
　　　(1)　シャクティパット事件
　　　　　（最決平成17・7・4刑集59巻6号403頁）　232
　　　(2)　被害者の行為を利用した殺人事件
　　　　　（最決平成16・1・20刑集58巻1号1頁）　235
　　　(3)　相当の対価を支払い根抵当権を放棄させた詐欺事件
　　　　　（最決平成16・7・7刑集58巻5号309頁）　238
　　　(4)　強制わいせつ罪と性的意図
　　　　　（最大判平成29・11・29刑集71巻9号467頁）　240
　　　(5)　特殊詐欺における実行の着手
　　　　　（最判平成30・3・22刑集72巻1号82頁）　240
　　　(6)　検討のまとめ　243
　3　刑法学説と裁判官の務め──「通説」への期待（管見）　245

　初出一覧　247
　執筆者一覧　248

判例集・定期刊行物・雑誌等の文献略語

［判例集等］
民集…………大審院、最高裁判所民事判例集
刑集…………大審院、最高裁判所刑事判例集
刑録…………大審院刑事判決録
集刑…………最高裁判所裁判集刑事
高刑集………高等裁判所刑事判例集
下刑集………下級裁判所刑事裁判例集
高刑速………高等裁判所刑事裁判速報集
裁特…………高等裁判所刑事判決特報
刑月…………刑事裁判月報
新聞…………法律新聞

［定期刊行物・雑誌］
判時…………判例時報
判タ…………判例タイムズ
ジュリ………ジュリスト
論ジュリ……論究ジュリスト
法教…………法学教室
法時…………法律時報
法セ…………法学セミナー
刑ジャ………刑事法ジャーナル
刑弁…………季刊刑事弁護
曹時…………法曹時報
法協…………法学協会雑誌
最判解刑平成〇年度……最高裁判所判例解説刑事篇平成〇年度
令和〇年度重判解………令和〇年度重要判例解説

第1部

総論

◆ 総論解題 ◆

通説とは何か、何が通説か

仲道 祐樹

1　はじめに

　刑法各論とは異なり[1]、刑法総論においては、とくに「通説」が見えにくくなる傾向がある。その理由として、刑法総論の分野では、刑法各論に比して公表される論文の量が多いという点を挙げることができよう。論文は、一般的な見解が妥当でないと考えて執筆されるものであるから、批判対象となるのは一般的な見解という意味での「通説」である。「通説」を批判する論文が増えると、数の上では「通説」の反対者が多くなる。そうすると、何が「通説」か自体が見えにくくなるのである。
　本書の総論部分においては、この見えにくくなった「通説」を同定することが中心的な課題となる。すなわち、刑法総論分野において、各論点の現在における「通説」は何だととらえられるのか、「通説」とされる枠組みにどのような変化があったのか、なぜそれが「通説」だと評価できるのかを検証し、現在の「通説」を同定することである。ただし、ここでいう「通説の同定」には、「現在、通説といえる見解は存在しない」という結論を含みうる。

---

1) この点について、樋口亮介「暴行罪の『通説』」[本書第8章]。

2　「通説」という難敵

(1)　「通説」の多義性

　もっとも、この作業をするにあたっては、理論的なハードルがある。「通説」というのは何によって決まるのか、である。

　刑法学の場合には、団藤重光、大塚仁の見解を指して「通説」と呼ぶ用法がある[2]。しかし、団藤や大塚の主張する解釈が、常に刑法学者の多数の支持を受けているわけではない。たとえば、団藤も大塚も、因果関係においては折衷的相当因果関係説を採用するが[3]、現在の刑法学者の多数は、折衷的相当因果関係説ではなく、危険の現実化という枠組みを支持している[4]。仮に、団藤・大塚の見解を「通説」であると固定したとする。そうすると、危険の現実化という枠組みは、現在多数の刑法学者の支持を得ているにもかかわらず、「通説」ではないことになる。逆に、もはや現役の刑法学者が誰も支持していない解釈であっても、団藤・大塚が支持しているという事実の一点をもって、「通説」であるとされることになる。

　このズレが示すのは、「通説」と一口にいっても、権威ある学者の見解を指すこともあれば、多数の刑法学者の支持を受けている見解を指す場合もあるという事実である。それ以外にも、「刑法学者や刑事実務にかかわる者が、賛否はともかく共有している考え方」のことを「通説」と呼ぶ用法もありえるであろうし、「『確立した判例』の学説版が通説」、「判例を説明し、かつ判例がない部分でも適用可能な枠組みが通説」、「単に多数の支持を受けているというだけではなく正しい見解というニュアンスを含むのが通説」、「批判対象となるべき一般的な考え方が通説」といった理解もありうるであろう。

　すなわち、「通説」の概念は、そもそも多義的であり、論争的なのである。

2）佐久間修『犯罪概念の基底』（成文堂、2022年）90頁。山口厚『問題探究刑法総論』（有斐閣、1998年）2頁以下も参照。
3）団藤重光『刑法綱要総論〔第3版〕』（創文社、1990年）177頁、大塚仁『刑法概説（総論）〔第4版〕』（有斐閣、2008年）228頁以下。
4）大関龍一「因果関係論の『通説』」〔本書第3章〕。

(2) 「通説」の用法

「通説」に関する先行研究においては、以下のような「通説」の用法がありうることが示されている。

(a) 学説上の多数説としての通説

最も単純なのは、Aという解釈を選ぶ学者が、BやCといった解釈を選ぶ者よりも多数である場合、これを通説と呼ぶ、という用法である[5]。このような通説概念によれば、通説は多数説と同義になるので、通説かどうかは、支持する学者の数を基準として判断されることになる。

(b) 解釈者の共通理解としての通説

他方で、刑法学者や刑事実務家(以下、「刑法解釈者」という)にとっての共通の考え方としての通説という用法もある。この点を明言した文献があるので、少し長いが引用しよう。

「価値判断による解釈の分裂……の中から通説の成立を可能にするものとして、その解釈者全体に共通の考え方があるのではないか。……価値判断を異にし、しかも、解釈の結論を異にするにもかかわらず、一つの通説の好在〔引用者注:存在の誤植か〕を承認する(したがって、通説でない解釈学説をとる者は、自らを通説でないとして承認する)ところに、かれらの間の共通の考え方があるのである。……価値判断を異にするにもかかわらず、このような考え方の共通性があるからこそ通説は成立する……。」[6]

たとえば法律学の試験、とくに司法試験というものが成立するのは、法律家に共通の考え方が(多少の偏差は肯定しつつも)存在し、法律家とそれ以外のあいだの引かれるべきラインに一定の共通理解が存在することが前提となる。引用した見解は、このような「共通の考え方」を通説と呼んでいること

---

5) 田畑忍「通説について」同志社法学11巻1号(1959年)3頁。「1ぺいじ解説 通説とは何か?」法セ37号(1959年)59頁も参照。
6) 唄孝一「問題の所在」法時31巻8号(1959年)45頁。

になる。

　(c)　権威に基づく通説

　さらに、それ以外の考え方も可能である。「通説」という言葉は、単なる「多数説」とは異なる重みを含んでいる。その重みがどこに由来するのか、という観点からみると、先行研究においても、一定の権威に着目する理由づけがみられる。

　たとえば、「判例より一歩はなれ、一歩前進していて、しかも判例を引きつける力をもつ学説が、もっとも好ましい学説だ」との認識から[7]、判例に「『今一歩進め』という学説、体系的に構築された全体をとっていえば、そのかなりの部分は判例と合致し（そのために裁判官にその法に従うことにある安心感を与え）、かつ部分的に今一歩進めという学説、これを通説とよぶことができよう」とする用法がこれである[8]。これは、判例とおおむね合致することをもって、通説となるとの理解といえる[9]。

　また、やや俗な言い方を示すものとして、「A説の学者がB説の学者よりも、学者仲間でえらいとされていること」といった基準を示すものもあるが[10]、これもまた、権威によって通説をとらえていく点に特徴がある。

　(d)　正しい説としての通説

　他方、「通説」には「正しい説」というニュアンスがある、という指摘もある。先行研究においては、「法の意味を客観的論理的に把握した法解釈学

---

[7] 平野龍一『刑法の基礎』（東京大学出版会、1966年）247頁。
[8] 平野龍一「学説の機能」法時31巻8号（1959年）49頁。
[9] 同じような発想は、ドイツにも見られる。ドイツ語にも、支配的見解（herrschende Meinung）という言葉があり、教科書、論文、コンメンタールなどでもよく見かけるが、これもまた、「学説および判例において、（ある特定の法的問題について）多数により主張される見解」とされており（Zimmermann, Die Relevanz einer herrschenden Meinung für Anwendung, Fortbildung und wissenschaftliche Erforschung des Rechts, 1983, S. 42. Vgl. auch Drosdeck, Die herrschende Meinung, 1989, S. 5, Djeffal, ZJS 5/2013, 463）、単なる学説上の多数説を指す「支配的学説（herrschende Lehre）」と区別されている（Zimmermann, S. 25）。
[10] 前掲注5）「1ぺいじ解説」59頁。

説または解釈」としての「正説」を、「多数者の数的支持」としての「通説」と区別しつつ[11]、「理念としての通説は、まさに正説たる通説でなければならない」という指摘が行われている[12]。

3　分析の視点

(1)　作業の基準

以上のように通説の概念が多義的であるとして、では、どのような基準によって、「通説」を同定していくことにするべきであろうか。

まず、判例との合致は、基準とはしにくい[13]。少なくとも日本の刑法学の用語法として、判例と一致していれば通説となる、というのは一般的ではないからである。その好例が、共謀共同正犯をめぐるかつての議論における、判例は共謀共同正犯を肯定するが、通説はこれを否定するという用語法である[14]。

もっとも、本書の各論稿が示すように、判例の存在が通説形成に影響を与えるということはありうる。したがって、分析においておよそ判例を考慮しないというわけではない。

では、「えらい」かはどうか。これは現在の日本の刑法学の状況に鑑みると、基準としては機能しないと思われる。「えらい」研究者は多く存在しており、「えらい」研究者のあいだでも見解が分かれるということは、われわれが日常的に経験していることだからである。

さらに、正しい説かどうかを基準とすることも控えたい。ある学説が「法の意味を客観的論理的に把握した法解釈学説または解釈」であるかは、「法の意味を客観的論理的に把握」することが可能であるという前提が成り立つ

---

11) 田畑・前掲注5) 7頁以下。
12) 田畑・前掲注5) 11頁。
13) 当然ながら、今後の刑法学における用語法が「最高裁判例や実務を決定づけている発想と枠組みの共通する見解を通説と呼ぶ」という方向にシフトすることを理論的に不当とする趣旨ではない。
14) たとえば、西原春夫『刑法総論（下巻）〔改訂準備版〕』（成文堂、1993年）393頁。

かに依存し、その検証が必要となるためである。

　そうすると残るのは、①刑法解釈者の多数が、実際に自説として支持しているかどうか（支持者基準）と、②刑法解釈者のなかで一般的にはこのように考えられているものとしての通説は何か（一般的評価基準）ということになる。両者は、理念的には、どちらかがどちらかに優先するというものではない。

　もっとも、実際の検討において、ある見解が「刑法解釈者のなかで一般的にはこのように考えられている」ものかを確認することは、相当に困難である。教科書の記述から、ある程度推測することは可能である。しかし、それが一般的評価かどうかは、究極的には学界を対象としたアンケート調査などの統計的手法に拠らなければ、学術的には確定できないのである。

　以上の難点があることから、本書では、支持者基準による論稿が多くなっている。

(2) 議論の「解像度」

　なお、以上のような基準を用いて通説同定の作業を行う際に注意すべきなのは、多数の支持、あるいは一般的にはこう考えられるという評価が、どのレベルで成立しているのかである。学説というのは、それが示す基準の部分（たとえば、因果関係は危険の現実化によって判断する）のほか、その基準が正当とされる根拠の部分、基準を充足するかの判断構造の部分にいちおう分けることができる。このような観点からみると、基準としては共通のフレーズを用いているが、実際の判断構造が異なっている、ということはありうるし、逆に、実際の判断構造はほぼ同じなのだが、用いているフレーズや根拠が異なる、ということもありうる。このように、法的議論には議論の「解像度」がある。解像度が低いところ（基準のレベル）では一致しているが、解像度が高いところ（あてはめの段階や判断構造のレベル）では見解の一致をみないということがありうるのである。各論稿において提示されるであろう「通説」を受け取る際には、それがどのような解像度の下に同定された「通説」なのかに充分留意する必要がある。

4 通説概念からみる刑法総論の学説史

　以上の通説概念をふまえて、刑法総論の学説史を見ると、次のように整理されることになる。

　刑法の通説＝団藤・大塚説という理解がなされた時代があったことはおそらく事実である。団藤重光『刑法綱要総論』（創文社）の初版は1957年、大塚仁『刑法概説（総論）』（有斐閣）の初版は1963年であり、平野龍一『刑法総論Ⅰ・Ⅱ』（有斐閣）が揃う1975年まで、団藤、大塚の教科書がスタンダードを形成していたであろうことは想像に難くない。そうすると、この期間の学生（後に刑法解釈者になる者）は、団藤、大塚の教科書で勉強することになるから、団藤、大塚に「一般的な考え方」を見出すことになり、それが刑法の通説＝団藤・大塚説という理解の形成につながったと推測される。

　しかし、団藤・大塚説は、現在の多数の刑法学者が支持している見解というわけではない。たとえば、社会倫理規範違反を中心とした違法理解や、構成要件の定型性を強調する論証を、自説として支持している研究者は少数にとどまる[15]。すなわち、支持者基準からは、団藤・大塚説を「通説」と呼ぶことは難しいということになる。

　では、団藤・大塚説の批判者として登場した平野龍一の見解が「通説」になったのかといわれると、そういうわけでもない。刑法の目的を法益保護に据える理解自体は、広く支持を集めるようになり、その範囲では、支持者基準により「通説」と呼ぶことができよう[16]。しかし、そこから導かれた犯罪論体系（いわゆる結果無価値論の体系）が、多数の支持を得たわけではない。法益保護を刑法の目的としつつ、その手段としての行為規範を重視する立場

---

[15] 大谷實『刑法講義総論〔新版第5版〕』（成文堂、2019年）228頁以下は、社会倫理規範違反を違法性の実質に取り込んでいるし、佐久間修『刑法総論』（成文堂、2009年）64頁は、実行行為の理由づけに定型説を援用している。また、今後、議論の揺り戻しが起こった場合に、これらの見解が再評価されることがありうる点には注意が必要である。
[16] 山口厚『刑法総論〔第3版〕』（有斐閣、2016年）4頁は、「現在の学説の通説的な共通理解」とする。

から、いわゆる行為無価値論の体系も導かれるからである[17]。その意味で、法益保護を刑法の目的とするというレベルの解像度では「通説」と呼ぶことはできても、結果無価値論が「通説」となったとはいえないことになる。

また、結果無価値論自体が、団藤・大塚説という「一般的な考え方」の批判者として登場したという経緯は、刑法解釈者をして結果無価値論を「通説ではない立場」として認識させるものとなったと思われる。その結果、「通説」＝団藤・大塚説、「有力説」＝平野説という対比の構造が構築されたのではないかと思われる。

もっとも、この構造も、実際に団藤・大塚説の支持者が減少することによって、変化を被ることになろう。支持者が減少したことが、刑法解釈者の受け取り方にも影響を与え、団藤・大塚説を「通説」とする共通理解も失われていった一方、（その理由は明らかではないが）平野説のほうを「通説」と呼ぶ共通理解は形成されず、その結果、対比の構造の一方である「通説」の側が脱落し、「有力説」のパラダイムだけが生き残った、のではないだろうか。

5　通説同定の意義と使用上の注意

ここまで読んできて、「それならそもそも、通説とは何かなど論じなくてもよいのではないか」と感じた読者もいるであろう。それはそれでありうるとらえ方である。それでも、「通説」を同定することに、まったく意義がないわけではない。

(1)　理論的意義――議論の共通の土台の提供

1つ目は、議論の共通の土台となるという点である。本書で用いる支持者基準にせよ、一般的評価基準にせよ、刑法解釈者の一般的認識を示すものである。「一般的にはこのように考えるのではないか」という認識にズレがあっては、かみ合った議論は生じない。土台を共通にするからこそ、それを批

---

17)　井田良『講義刑法学・総論〔第2版〕』（有斐閣、2018年）86頁以下、高橋則夫『刑法総論〔第5版〕』（成文堂、2022年）264頁以下など。

判する言説が理解可能となるのである。

　議論の共通の土台を構築することの意義は刑法の内部にとどまらない。他の法領域に属する法律で罰則を有するものは無数に存在しており、日々改正作業が行われている（近時の例として、2020〔令和2〕年の著作権法改正がある）。これらの立法作業で罰則を検討するに際し、「刑法の通説的考え方がこうだから」ということが議論の前提に置かれることがある[18]。このような使われ方があることに鑑みると、時代や学術の発展にあわせて「今の通説」を同定していく作業には、いわば現在の状況を反映していない登記を修正するに似た、刑法学としての責任があるともいえるのである。

(2) 学修上の意義——法的思考の第1ステップ

　2つ目は、とくに学部段階やロースクール未修段階において、法的思考を身につけるにあたり、「まずは通説の枠組みで考えられるようになることを目指す」という、学修上のステップが明確になるという意義がある。たとえばソクラテスメソッドによって、判例の事案に即して対話形式で妥当な解決を探っていくという教授方法を採るとしても、その到達点は、法的に考えられるようになること（すなわち、法的思考のできる者からみて、法的に成り立つ論理が組み立てられるようになったといえること）に置かれるから、その代表的な例として、通説の枠組みで考えられるようになる、ということには学修上の意義はある。

　ただし、これはいわば初学者向けの効用である。それだけに、意義と同じだけの注意が必要である。

　まず、「通説」自体、変わりうるものである。すでに、刑法総論において「通説」が何かが見えにくくなっている、という問題意識が示すように、か

---

[18] 「通説」という言葉こそ使われていないが、リーチサイト対応をめぐる文化審議会著作権分科会法制・基本問題小委員会（平成29年度第4回：平成29〔2017〕年10月20日）において、どのような主観的要件を付すべきかを議論するなかで、背任罪の図利加害目的に関して現在の多数説と評される消極的動機説（通説との評価につき、小林憲太郎『刑法各論の理論と実務』〔判例時報社、2021年〕164頁、多数説との評価につき、橋爪隆『刑法各論の悩みどころ』〔有斐閣、2022年〕399頁）をふまえた批判的意見が示されている（深町晋也委員発言）。

つて確固として存在していた（と思われていた）「通説」が、その地位を（あるいは権威を）失うという現象はまま見られるところである。通説を通説だからと、それだけを盲信して学んでいると、その知識はいずれ古びることになる。重要なのは、1つの問題に対して、どのような考え方がありうるのか、それぞれの基準はいかなる根拠によって導かれているのか、それぞれの基準を適用した場合の具体的な判断構造はどのようなものかを広く学んでおき、法的問題に直面したときに、確実に対応できるような備えをしておくことである（判例を学ぶ際にも同じことがいえる）。通説や判例では対応しきれない問題が生じたときこそ、法律家の腕の見せどころなのであって、結局のところ、判例・通説の代替案としての他説（ひいては、新しい主張を生み出す思考そのもの）を学んでいく必要があるのである。

　関連して、これから同定されるであろう「通説」であっても、それが「通説である」ということ自体は法的論証において意味はないという点にも注意が必要である。ある学説が「通説」になる、という現象はどのようにして起こるのかを考えてみよう。それ自体「通説」概念によるのだが、本書の基準からいえば、「その学説の論拠や帰結が、多くの刑法学者や実務家にとって説得的であり、多数が支持をするに至った、あるいは一般的な考えとして受容されたから」と整理することになろう。そうすると、その学説の妥当性や正当性は、「それが通説だから」という理由によって付与されるわけではないことになる。「通説」になる前に、それが説得的な論拠や納得いく帰結、あるいは明快な基準を提供するものだと受け止められるからこそ、広く支持を集め、一般的な考えとして受容されるのであり、そうして「通説」になるのである。本書は、通説を同定しようと試みるが、そこで同定された「通説」には、それぞれ多くの支持を得るだけの根拠があるということが前提である。要するに、「これが通説である」で論証を終えたつもりにならず（ましてや、本書が示した「通説」を「通説だから」と暗記するなどということをするのではなく）、そこでいう「通説」がいかなる論拠に基づいて主張されたものなのか、それがいかなる帰結につながるのかも理解してほしい。

6　通説の語り方——刑法総論分野の各論文のアプローチと概要

　刑法総論分野では以上のような問題意識のもと、実行行為、未遂、不作為犯、因果関係、故意、共犯について、現在の「通説」の同定を試みる。しかし、その語り口は論稿ごとに異なっている（すなわち、「通説」をどのように同定するかというその方法は一様ではない）。

　たとえば、実行行為という概念は学説が生み出した概念である。それゆえ、仲道祐樹論文［第1章］では、学説史を追うことで、実際に「現実的危険性」に基づく実行行為理解がどの程度の支持を得ていたのかが検証される。山田慧論文［第5章］では、実行の着手と不能犯についての学説の変遷を中心に「通説」の同定が試みられる。大庭沙織論文［第4章］も、故意の内容についての学説の対立軸の変遷を追い、現在の「通説」がどのように登場したのかを示す。これに対して、因果関係論では、学説の構築した道具立てに対して、判例の側でも独自の発展をみせたという経緯がある。大関龍一論文［第3章］が学説側の議論の蓄積を、判例の展開や調査官解説の理解に重ね合わせるかたちで論を展開するのは、このような理由による。さらに伊藤嘉亮論文［第7章］では、判例と学説、そして立法作業の全体をみながら、共同正犯の要件論の「通説」を探る作業が行われる。

　他方、松尾誠紀論文［第2章］は、シャクティパット事件最高裁決定（最決平成17・7・4刑集59巻6号403頁）の調査官解説において「通説」が名指されたという事実から出発する。亀井源太郎論文［第6章］は、共犯という議論の多い領域において、「共犯論を、学界／学会はどのように語ってきたか」という観点から、いちおうの「通説」を同定しようとする。両論文のアプローチは、刑法学の研究手法としては異彩を放つが、そもそも通説が見えにくい分野において、どこを出発点として、どのように通説同定作業を行うか自体が論争的であることをよく示しているといえる。

　各論文が描き出す「通説」をめぐるストーリーもさまざまである。仲道論文は、現在「通説」とされる大塚仁の「現実的危険性」に基づく実行行為理解が多数の支持を得たことはなく、むしろ「構成要件に該当する行為」とい

うレベルで「通説」が形成されているとする。山田論文は、危険性という実質的基準と構成要件該当行為またはそれに密接する行為という形式的基準の併用を「通説」と同定する一方、実際の判断においては異なる発想が混在していることを指摘する。松尾論文は、不作為犯論における「通説」は、きわめて解像度の低いレベルでは成立する（罪刑法定主義に違反しない、保障人説を採用するなど）と同定する一方で、作為義務の発生根拠については「通説不在」の状況にあることを明らかにする。大関論文は、「危険の現実化」というフレーズレベルにおいては「通説」との評価が可能であるとしつつ、そのフレーズの内部には判断構造を異にする2つのモデルが併存していることを喝破する。大庭論文は、かつての「通説」は認識説であったことを明らかにしたうえで、認容説が「通説」とされたタイミングを学説史から丁寧に抽出しつつ、現在の「通説」はなお認容説なのかを検証していく。亀井論文は、学界の問題関心が議論の進展とともに徐々に解像度を上げていく様を描写し、共謀共同正犯肯定説と因果的共犯論をいちおうの「通説」として示しつつ、新判例を契機として、その具体的な内容や理論の妥当性が問い直されはじめたという学説の動きを指摘する。伊藤論文は、「共同実行の意思＋共同実行の事実」が実行共同正犯を念頭に置いたもの、「共謀＋共謀に基づく実行」が共謀共同正犯を念頭に置いたものであったとの認識を示しつつ、次第にその出自が意識されなくなり、相互の互換性を高めていった結果、2つの成立要件が併存するようになったことを示す。

　一口に「通説」といっても、問題となる場面ごとに「通説」が置かれている状況は異なる。この点を意識しながら、読み進めていただきたい。

第1章
実行行為概念の「通説」

仲道 祐樹

1 はじめに

　実行行為の定義についての「通説」として、教科書類では、次のような説明がなされている。すなわち、「通説は実行行為に結果発生の現実的危険性があることを基準とする」[1]、「実行行為とは、通説によれば、構成要件要素としての結果（構成要件的結果）を発生させる現実的危険性を有する行為をいう」[2]、「実行行為の現実的危険性を強調する」のが「通説の立場」である[3]、「通説・判例は、犯行時における事前予測も踏まえた、結果発生の現実的危険性にもとづいて実行行為性を認めてきた」[4]、というのがこれである[5]。
　このような理解が「通説」であったのか、そして現在でも「通説」であるのかを検証するのが、本稿の目的である。このような問題設定には、次の2つの背景がある。
　第1に、先に引用したものを除き、教科書類（後掲2、3で参照される教科書類）においては、実行行為の定義について何が「通説」かが明示されてい

---

1) 本庄武編著『ベイシス刑法総論』（八千代出版、2022年）60頁〔櫻庭総〕。
2) 亀井源太郎ほか『刑法Ⅰ総論〔第2版〕』（日本評論社、2024年）12頁〔佐藤拓磨〕。
3) 橋爪隆『刑法総論の悩みどころ』（有斐閣、2020年）40頁。
4) 佐久間修『刑法総論』（成文堂、2009年）65頁。
5) なお、これらの文献においては、なぜこの見解を「通説」と同定したかの根拠は示されていない。

ない。それゆえ、「現実的危険性」を内容とする実行行為の理解が、他の研究者からも一般的なものとして受容されているという意味での「通説」（一般的評価基準）であると断定することができない。このような理解が「通説」であるかは、実際にその見解を採用している文献をカウントするという方法（支持者基準）によって検証される必要がある。

　第2に、「通説」に言及する教科書のなかにも、「実行行為を一定の構成要件を実現する危険性を有する行為と理解し、危険概念によって実行行為性を判断しようとする」立場を「通説」と位置づける文献のように[6]、「現実的」の語を用いていない「通説」理解がある[7]。それゆえ、「現実的危険性」を内容とする実行行為理解が「通説」なのか、「危険性」を内容とする実行行為理解が「通説」なのか[8]、あるいはそれ以外の理解が「通説」なのかも含めて、検証を行う必要がある。

　近時の文献が「現実的危険性」を内容とする実行行為概念として紹介する見解は、大塚仁のそれである[9]。そこで本稿では、2において、大塚の実行行為概念の生成について素描したうえで、それが大塚の同時代およびそれに続く世代においてどのように受容されていたかを見る。そこでは、「現実的危険性」を内容とする実行行為概念の明示的支持者はごく少数であったことが示される。続いて3において、2010年以降に公刊された教科書類を対象と

6）高橋則夫『刑法総論〔第5版〕』（成文堂、2022年）117頁。
7）実行の着手に関する裁判例でも、「実行行為とは構成要件の充足に至るべき危険性を有する行為に外ならぬ」としたもの（仙台高判昭和33・8・27裁特5巻10号410頁）や「一般的に犯罪構成事実を実現する抽象的危険ある行為がなされたかどうか」を問題とするもの（東京高判昭和29・12・27高刑集7巻12号1785頁）のように、「現実的」の語を用いていないものがある。
8）戦前の段階ですでに「実行の着手」を危険性との関係でとらえる理解は存在していた。たとえば、小野清一郎『刑法講義全』（有斐閣、1932年）173頁、瀧川幸辰『犯罪論序説』（文友堂書店、1938年）245頁以下。しかしいずれも、実行行為の定義としては、構成要件に該当する行為（小野・173頁、瀧川・241頁）としている。
9）たとえば、橋爪・前掲注3）40頁および同注9。安田拓人『基礎から考える刑法総論』（有斐閣、2024年）7頁も参照。大塚仁の見解を通説的見解とするものとして、後藤眞理子「判解」最判解刑平成11年度141頁。佐久間修『犯罪概念の基底』（成文堂、2022年）90頁は、「刑法学界では、団藤重光先生から大塚仁先生に引き継がれた見解が通説とされ」ていたとする。

して、「現実的危険性」を内容とする実行行為概念が「通説」であるかを検証する。ここでも、「現実的危険性」を内容とする実行行為概念は、「通説」といえるほどの支持のある理解ではないことが示される。

2　現実的危険性を内容とする実行行為概念

(1)　現実的危険性の登場

まず、大塚において、実行行為概念を危険性の観点から理解するという発想がいかにして生まれたのかを確認する。その基本的発想は、すでに最初期の論文「間接正犯の正犯性(1)・(2・完)」(1953〔昭和28〕年および1955〔昭和30〕年) に見られる[10]。同論文は、間接正犯の正犯性を論じるにあたり、構成要件論を出発点とし、「構成要件的實行行爲をなした者」が正犯者であるとの理解から、「間接正犯における實行行爲性は如何にして求められるであろうか」という問いを立て、「そこに直接正犯と同視されるべき實體を見出さなければならない」とする[11]。その検討において大塚は、背後者の「その犯罪的意思は直接正犯者と異るものでなく、また被利用者の利用が招來する事態の經緯をも充分考慮して敢て行爲に出でた以上、その誘致行爲には、通常、被利用者の活動を一定の犯罪的結果、すなわち法益侵害に向かわしめる

---

10) 大塚仁「間接正犯の正犯性(1)・(2・完)」刑法雑誌 4 巻 2 号（1953年）148頁以下、5 巻 3 号（1955年）391頁以下（のちに、同『間接正犯の研究』〔有斐閣、1958年〕40頁以下所収）。本稿においては刑法雑誌所収版を参照し、以下、「大塚・間接正犯(1)」、「大塚・間接正犯（2・完）」として引用する。
11) 大塚・間接正犯(1)150頁。なお、大塚・間接正犯（2・完）423頁以下は、道具理論については、「かような仲介者の性格に着目することのみによって、間接正犯の正犯性を論證し得るものでないことはいう迄もない。間接正犯において、正犯としての責任を歸せしめられるのは背後の利用者自身であり、したがつてその正犯としての實體も當然背後者の性格に求められるべきであるが、それは單に被利用者における特色を解明するだけで、反射的に導き得べきものではない」とする。他方、同「間接正犯」『総合判例研究叢書 刑法(21)』（有斐閣、1963年）8 頁は、判例が道具理論に依拠していることについて「判例の性質上、間接正犯の性格についての詳細にわたる理論的説明を期待することは困難であるから、判例のこのような直観的認識をもつて一応満足されるべきであろう」とする。

についての必然的な、したがつてまた現實的な危險性が包藏されているものといわねばならない」との認識を示し、「その危險性に着目する限り、背後者の誘致行爲も直接正犯の實行行爲と何ら徑庭を見ぬところ」である[12]、あるいは、「間接正犯における背後者の行爲としては、嚴密には誘致行爲以外には存しないし、既に事實的觀點から指摘したとおり、その實體も、結果に對する因果的危險性、すなわち法益に向けられた侵害性の點からは直接正犯における實行行爲と何らの相異も認められない」とする[13]。すなわち大塚においては、間接正犯の正犯性を論証するという目的のために、直接正犯との同視可能性を基礎づけるものとして「現實的危險性」という観点が導入されたことになる。

このような着想は、どこから現れたのであろうか。大塚は先に引用した部分に付した注において、「小野・犯罪構成要件の理論七八頁、八〇頁」[14]、および「小野・犯罪構成要件の理論七六、八〇、八九頁」の参照を求めている[15]。該当部分には、「行爲には結果發生の原因となる可能性、すなはち危險性がなければならないし、結果はその危險性の現實化でなければならない」とする記述[16]、および、予備と実行の区別において「或る一つの構成要件を標準として……危險性——構成要件的結果發生の現實的可能性（蓋然性）——のある・なしを確かめなければならない」との記述がある[17]。

このような理解の萌芽は、さらに1932（昭和7）年の小野の論文に見ることができる[18]。ここで小野は、構成要件が抽象的に規定されることに鑑み、その適用上の留意点として、次のようにいう。実行行為は「飽くまでも構成要件に該當する行爲である」が、構成要件は「單に形式的なものではなく、實質的な内容を有するものであり、殊に其は一定の法益を保護する目的を以て概念されたもの」であって、「特に構成要件上の行爲の意味は其の保護客

---

12) 大塚・間接正犯（2・完）426頁。
13) 大塚・間接正犯（2・完）431頁。
14) 大塚・間接正犯（2・完）427頁注9。
15) 大塚・間接正犯（2・完）436頁注16。
16) 小野清一郎「構成要件の一つの契機としての因果關係」『犯罪構成要件の理論』（有斐閣、1953年）79頁。
17) 小野清一郎「構成要件とその修正形式」同・前掲注16）89頁。

體たる法益に対する危險性といふ概念によつて指導されなければならぬ……。但し單なる危險性は未だ犯罪を構成しない。其の行爲の類型的反文化性を意味する場合に於て始めて犯罪を構成する。されば構成要件上の行爲は常に之を類型的な反文化的行爲として理解せねばならぬ」というのである[19]。そして、実行の着手と予備の区別や[20]、共同正犯の成立要件としての実行行為の問題は[21]、このような観点から論じられるべきとする[22]。

以上の概観からは、現実的危険性による実行行為理解は、小野の見解を下敷きとしつつ[23]、1955（昭和30）年に、大塚が間接正犯の文脈において顕在化させたものと整理することができる[24]。

(2) 同時代における現実的危険性

以上のように間接正犯の正犯性の議論を通じて生成された大塚の見解は、

---

18) 小野・前掲注17) 89頁には見解の出典を示す注が付されていないが、該当の章の主題である構成要件の修正形式としての未遂犯と共犯について、小野自身が「これはすでに論文『構成要件の修正形式としての未遂犯および共犯』（昭和七年）において論じたことである」とする（同84頁）。当該の論文が、小野清一郎「構成要件の修正形式としての未遂犯及び共犯」菊井維大編『加藤正治先生還暦祝賀論文集』（有斐閣、1932年）287頁以下である。

19) 小野・前掲注18) 321頁以下。なお、危険性を援用する際に、出典とされているのが、Hans Henckel, Der Gefahrbegriff im Strafrecht, 1930, S. 31 ff. である。もっとも、1932年の文献では、「類型的反文化性」が重視されているのに対して、1953年の文献では、「危險性――構成要件的結果發生の現實的可能性（蓋然性）」が前面に出ているという違いがある。1930年代から1950年代にかけての小野の理解の変化については、東條明徳「実行の着手論の再検討（6・完）」法協138巻10号（2021年）1884頁以下の指摘がある。

20) 小野・前掲注18) 323頁。

21) 小野・前掲注18) 328頁。

22) 瀧川・前掲注8) 241頁以下は、「實行行爲の概念構成によつて實行と豫備とを區別することは今日の通説になつて居る」とする。

23) なお、小野清一郎『新訂刑法講義總論』（有斐閣、1948年）184頁は、実行の着手の客観面として、「その行爲が一般的に犯罪構成事實を實現する危險（抽象的危険性）のあるものであること」を要するとする。現実的可能性としての危険性と抽象的危険性の関係の不分明さが、大塚の危険性理解にも引き継がれている点について、本書山田慧論文[第5章]を参照。

24) 大塚・前掲注11)『総合判例研究叢書』4頁も参照。

その後、実行の着手に応用される。1956（昭和31）年には、「実行の着手とは……実行行為を開始すること、すなわち犯罪構成要件に該当する行為を始めること」との形式的理解を前提に[25]、その実質的内容として「本来、構成要件的行為には、その内容として、予定された結果の発生に対する定型的な因果的可能性……、すなわち法益の侵害について、これを惹起すべき現実的危険性が含まれねばならぬ」との理解が示されている[26]。1963（昭和38）年の教科書初版においても、実行の着手の文脈において、「犯罪構成要件の内容たる行為、すなわち、犯罪実現についての現実的危険性を含む行為を開始することをもって実行の着手と解すべき」とするかたちで登場する[27]。

現実的危険性というフレーズは、大塚の初版の2年後に出版された福田平の教科書にも登場する。すなわち、実行の着手の文脈において「なにが構成要件該当の行為といいうるかは……一般的にいうと、犯罪構成要件を実現する現実的危険性をもつ行為であるといえよう」としたのである[28]。

教科書初版の時点では、大塚も福田も、実行行為の総論的理解としてではなく、実行の着手の議論における「実行」の文脈で「現実的危険性」を用いている点には注意を要する[29]。実行行為の総論的定義としては、「構成要件に該当する狭義の行為」や[30]、「構成要件に該当する行態」が採用されてい

---

25) 大塚仁「実行の着手」大塚仁ほか『総合判例研究叢書 刑法(3)』（有斐閣、1956年）6頁。
26) 大塚・前掲注25）10頁。ただし、同12頁は、「行為が予定された結果の発生に対する定型的な因果的可能性を帯び、法益の侵害を実現すべき危険性を具備するにいたつたばあいに、構成要件に該当する実行行為の開始、すなわち実行の着手があるとするのが判例の立場であるといえよう」とし、「判例の立場」の説明としては「現実的危険性」ではなく「危険性」に拠っている。
27) 大塚仁『刑法概説（総論）』（有斐閣、1963年）134頁。
28) 福田平『刑法総論』（有斐閣、1965年）179頁。なお、正犯性の文脈では「故意犯においては、構成要件実現の意思をもって構成要件実現の現実的可能性ある行態をなした者が正犯」としており（同199頁）、「現実的」の語は用いられているものの、「危険性」ではなく「可能性」の語が使われている（同208頁も参照）。
29) 大塚・前掲注27）130頁は、間接正犯の正犯性の客観面を「被利用者の行為を一定の犯罪の実現、すなわち法益の侵害にいたらせるについての必然的かつ現実的な因果的危険性」に求める。
30) 大塚・前掲注27）124頁。

たのである[31]。このような記述スタイルは、同時代の問題意識に規定されたものと思われる。当時の教科書類では、実行行為の定義に関する項目が立てられていても、そこでは「構成要件に該当する行為を実行行為……という」といった形式的な理解が示されるにとどまっていた[32]。この時期の学問上の関心が、「実行の着手」の解釈問題にあり[33]、実行行為の定義を示す点への関心が薄かったためと推測される。

　大塚および福田の教科書初版以降の時期を調査した範囲では、実行行為や実行の着手に関連して「現実的危険性」の語を用いていたのは、大塚と福田のみであった。戦後期において、大塚に先行する教科書を調査した範囲では、このような理解はほかに見受けられなかった[34]。また、1970年代には、教科書類において危険性への言及が増えるものの、「現実的危険性」の語が登場するわけではなかった[35]。

　1970年代までの期間においては、「現実的危険性」は、実行の着手のなかで用いられる概念であり、かつ、その明示的主張者は、少なくとも教科書類に依拠する限り、大塚と福田の2名に限られていたことになる[36]。

---

31) 福田・前掲注28) 78頁。
32) 団藤重光『刑法綱要 総論』（創文社、1957年）95頁。その他の例として、吉川経夫『刑法総論』（法律文化社、1963年）85頁、正田満三郎『刑法体系總論』（良書普及会、1979年）60頁、香川達夫『刑法講義〔総論〕』（成文堂、1980年）101頁、柏木千秋『刑法総論』（有斐閣、1982年）108頁。
33) 実行の着手における客観説の内容として「犯罪構成要件に該当する行為」あるいはこれに類する表現が登場する教科書類として、齊藤金作『刑法總論』（巌松堂書店、1948年）176頁、安平政吉『改正刑法總論』（巌松堂書店、1948年）309頁以下、植田重正『刑法要説（總論）』（紅帆社、1949年）198頁、不破武夫＝井上正治『刑法總論』（酒井書店、1955年）168頁以下、植松正『刑法概論』（勁草書房、1956年）253頁、木村亀二『刑法總論』（有斐閣、1959年）343頁、吉川・前掲注32) 211頁、青柳文雄『刑法通論Ⅰ 総論』（泉文堂、1965年）331頁。
34) 今回調査したのは、前掲注32)、注33) のほか、江家義男『刑法講義 總則篇〔改訂4版〕』（敬文堂書店、1948年）（同290頁は、「犯罪の構成要件を直接に實現する行為を實行行為」とする）、同『刑法：総論』（千倉書房、1952年）（同118頁は、「構成要件としての行為は、特定の法益に対し一定の侵害的段階に達した行為である。これを『実行行為』という」とする）。

(3) 実行行為概念の総論的定義としての現実的危険性

1980年代以降、教科書類に注目すべき変化が生じる。まず、1986（昭和61）年に大塚仁の教科書の改訂版が公刊されると、そこに初版には見られなかった実行行為の総論的定義が登場する。「実行行為は、それぞれの構成要件の趣旨にかなったものでなければならない。たとえば、挙動犯においては、構成要件的定型を充たすものであれば足りるが、結果犯においては、一定の犯罪的結果を実現する可能性、すなわち、その危険性を含むものであることを要する」というのがこれである[37]。実行行為の総論的定義として「危険性」への言及が登場するが、この時点では「現実的危険性」の語は用いられていない。

また、1991（平成3）年には[38]、大谷實の教科書の第3版が公刊される。そこでは、旧版まで立項されていなかった実行行為の意義についての項目が設けられる。これまで未遂犯の項で言及されるにとどまっていた「現実的危険」の語が、実行行為の定義に組み込まれることになったのである。すなわ

---

35) 平野龍一『刑法総論Ⅰ』（有斐閣、1972年）193頁は、「過失行為は……結果発生の『実質的で許されない危険』を持った行為」であるとし、同『刑法総論Ⅱ』（有斐閣、1975年）313頁は、「未遂犯を処罰するのは、その行為が結果発生の具体的危険性を持っているからである。この危険性とは……行為の持つ法益侵害の客観的な危険性である」とする。また、藤木英雄『刑法講義総論』（弘文堂、1975年）257頁は、「実行の着手……とは、実行行為、すなわち構成要件に属する行為が開始された段階をいうが、実質的には、結果発生の現実の脅威が認められる行為で、実行行為自体あるいは実行ときわめて接着した段階にある行為がなされたときには、実行の着手がある」とする。危険性の語は用いていないが、中義勝『刑法総論』（有斐閣、1971年）186頁は「自他に存する一切の精神的・物理的な障碍を克服して、他に偶然的障碍が存しない限りまっすぐに法益侵害を必然化すると考えられる行為」の開始を実行の着手とし、下村康正『刑法総論』（北樹出版、1979年）93頁は、「犯罪の実行とは結果を発生するに足りる行為が存在しなければならないということである」とする。

36) 本稿は、「現実的危険性」というキーワードそれ自体に着目した「通説」調査を行ったものであり、本文の記述は、「現実的危険性」に関連づけた実行行為理解についてのみ妥当するものである。実行の着手論における実質的客観説の「通説」性については、本書山田論文［第5章］を参照。

37) 大塚仁『刑法概説（総論）〔改訂版〕』（有斐閣、1986年）138頁。もっとも、同156頁は、実行の着手の説明として「実行行為、すなわち、犯罪構成要件の実現にいたる現実的危険性を含む行為を開始することが実行の着手である」とする。

ち、「実行行為とは、基本的構成要件に該当する行為をいう。ところで、およそあらゆる構成要件は一定の法益保護を目的として法定されたものであるから、実行行為といえるためには、形式的に構成要件要素を充たしただけでは足りず、その行為を行えば通常当該構成要件の予定する法益侵害の結果（具体的危険または抽象的危険を含む）を惹起する程度の類型的な危険を有する行為、すなわち法益侵害の現実的危険を有する行為であることを要するのである。かくして、実行行為とは、特定の構成要件要素を満たし、かつ当該構成要件の予定する法益侵害の現実的危険性を有する行為をいうと解すべきである」とされた[39]。

「現実的危険性」を内容とする実行行為概念が大塚の教科書に登場するのは、1997（平成9）年に公刊された第3版である。同書では改訂版で示された、結果犯の実行行為の理解に修正がなされ、「結果犯の実行行為は、所定の犯罪的結果を惹起する可能性、すなわち、その現実的危険性を含んだものであることを要する」とされた[40]。

さらにこの時期には、裁判所書記官研究所編『刑法総論講義案』（法曹会、

---

38) この間においても、内藤謙『刑法講義総論（上）』（有斐閣、1983年）201頁が、「実行行為の実質的内容は、一定の結果発生の可能性、すなわち危険性にある」とし、前田雅英『刑法総論講義』（東京大学出版会、1988年）156頁が、「実行行為の意義」という項目を立て、「各構成要件に該当する行為を実行行為という。……各犯罪類型ごとに定められた結果を発生させる危険性を持った行為のことである」としている。しかし、いずれも「現実的」の語は用いていない。

39) 大谷實『刑法講義総論〔第3版〕』（成文堂、1991年）149頁以下。なお、これに引き続いて、斎藤信治『刑法総論』（有斐閣、1993年）86頁が実行行為について「基本的構成要件実現の現実的危険（感）を帯びた行為、と言い換えても良い（ほぼ同旨、大谷）」として、大谷への依拠を明示している。しかし、斎藤の理論的前提は、「世人に与える衝撃の度合い」（81頁）を重視するというものであり、それゆえに「危険性」ではなく「危険（感）」の語が選択され、かつ「同旨」ではなく「ほぼ同旨」としていると思われる。以上をふまえて本稿では、斎藤を「現実的危険性」のフォロワーとは位置づけないこととした。

40) 大塚仁『刑法概説（総論）〔第3版〕』（有斐閣、1997年）144頁。この定義は、同『刑法概説（総論）〔第4版〕』（有斐閣、2008年）149頁に引き継がれている。なお、福田については、福田平『全訂刑法総論〔第5版〕』（有斐閣、2011年）87頁に至るまで、実行行為の総論的定義に変更はない。

1990年）が、「法益侵害の現実的危険を有し、特定の構成要件に形式的にも実質的にも該当すると認められる行為を、実行行為という」との定義を示している[41]。重要なのは、同書が「判例・実務の基本的動向を理解させることに重点を置いて、記述を展開している」とされる「講義案」であることである[42]。同書の記述は、1990（平成2）年には、現実的危険性に関連づけた実行行為理解が「判例・実務の基本的動向」として少なくとも同書の執筆を担当した裁判官には受け止められていたことを示すといえる[43]。

もっとも、これら以外に、実行行為の総論的理解を現実的危険性で定義する文献は、この時期には見受けられなかった[44]。

(4) 小括

本章の内容をあらためて整理すると、次のとおりである。

まず、1955（昭和30）年に大塚仁が間接正犯との関係で現実的危険性に関連づけた実行行為理解を示し、1956（昭和31）年の文献および1963（昭和

---

41) 裁判所書記官研修所編『刑法総論講義案』（法曹会、1990年）60頁。
42) 裁判所書記官研修所・前掲注42) はしがき。
43) 判例データベースにおいて［現実的危険 or 現実の危険 or 現実的な危険］で検索を行った結果からは、現実的危険性に関連づけた実行行為理解が「判例・実務の基本的動向」であることを裏づけることはできなかった。危険犯の各論的解釈以外で、これらの概念が用いられた LEX/DB および D1-Law 上の最初の例は、宇都宮地判昭40・12・9下刑集7巻12号2189頁であり、同判決には「当裁判所としては、行為が結果発生のおそれある客観的状態に至った場合、換言すれば保護客体を直接危険ならしめるような法益侵害に対する現実的危険性を発生せしめた場合をもって実行の着手があったと解する」との記述が存在する。それ以降、1991（平成3）年までの期間を上記の条件で検索した結果、実行行為との関係で現実的危険に言及したものは、大阪地判昭和57・4・6判タ477号221頁（「未だ殺人の結果発生について直接的危険性ないしは現実的危険性のある行為とは認め難く、従つて、本件犯行をもって、A殺害の実行の着手とみることはできない」）、東京地判昭和60・10・24 D1-Law 29012898（「客観的にみても、判示のとおり少なくとも最初にこれを飲食摂取する客一名に死亡の結果の発生する現実的な危険の発生したことが明らか」）、東京地判昭和61・10・13 D1-Law 29012976（「右行為も結果発生の現実的危険を有するものとして恐喝の実行行為と考えることができる」）、鹿児島地判昭和62・2・10判タ637号234頁（「本件を間接正犯による殺人とする場合、その実行の着手時期については、被害者Aの生命に対する具体的現実的危険を生ぜしめた利用者たる被告人の行為の開始時期とすべき」）の4件であった。

38)年の教科書において、実行の着手の文脈でもこれを用いた。1965（昭和40）年には福田平がこれを自説に組み込むかたちで続いた。しかし同時代において現実的危険性という概念を用いる論者は、調査の範囲では大塚と福田の2名であった。また大塚と福田自身も、この時点では、実行行為の総論的定義としては、構成要件に該当する行為という記述をするにとどまっていた。

その後、1986（昭和61）年に大塚が危険性を内容とする実行行為の総論的定義を示した。これに続いて、1991（平成3）年に大谷實が、1997（平成9）年に大塚が、実行行為の総論的定義に「現実的危険性」を取り込んだことが確認された。また、このような理解を一般的なものとして受け入れていた裁判官が存在したことを示唆する文献が存在した。もっともこの時期に、「現実的危険性」を実行行為の総論的定義として明示していたのは、大谷と大塚の2名であった。

現実的危険性に関連づけた実行行為理解は、「通説」というイメージに反し、同時代的にも多くの支持者がいたわけではなかった。では、現在の学説状況のもとで、現実的危険性の観点からの実行行為の定義は「通説」であるといえるであろうか。

44）1997（平成9）年前後に出版ないし改訂された教科書類として今回調査したものは以下のとおりである。実行行為の総論的定義において「現実的危険性」への言及を含まないものとして、香川達夫『刑法講義〔総論〕〔第3版〕』（成文堂、1995年）110頁以下、曽根威彦『刑法総論〔新版補正版〕』（弘文堂、1996年）63頁、佐久間修『刑法講義〔総論〕』（成文堂、1997年）61頁、高窪貞人ほか『刑法総論〔全訂版〕』（青林書院、1997年）56頁、中野次雄『刑法総論概要〔第3版補訂版〕』（成文堂、1997年）67頁、三原憲三『刑法総論講義〔第2版〕』（成文堂、1997年）87頁、奈良俊夫『概説刑法総論〔第3版〕』（芦書房、1998年）144頁、野村稔『刑法総論〔補訂版〕』（成文堂、1998年）329頁、前田雅英『刑法総論講義〔第3版〕』（東京大学出版会、1998年）109頁、124頁、林幹人『刑法総論』（東京大学出版会、2000年）117頁、堀内捷三『刑法総論』（有斐閣、2000年）52頁、岡野光雄『刑法要説総論』（成文堂、2001年）244頁、齊藤信宰『刑法講義〔総論〕〔第3版〕』（成文堂、2001年）108頁、鈴木茂嗣『刑法総論〔犯罪論〕』（成文堂、2001年）30頁。実行行為の総論的定義を発見できなかったものとして、内田文昭『刑法概要上巻』（青林書院、1995年）、川端博『刑法総論講義』（成文堂、1995年）、阿部純二『刑法総論』（日本評論社、1997年）。

3 現在における実行行為概念の議論状況

(1) 調査範囲と学説状況の概略

以下では、実行行為の定義として、どのような表現が用いられているかに関する調査結果を示す。現在における支持者やその概念を用いた文献の数を調査することが目的であるから、2010年以降新規に、あるいはこの時期に改訂版が発行された教科書類を対象とした。

学説の状況は大きく、(a)現実的危険性を内容とするもの、(b)危険性を内容とするが、現実的危険性とはしていないもの、(c)実行行為という概念を用いないもの、(d)構成要件に該当する行為という形式的定義を用いるものに分けられる。

(2) 学説状況の整理・分析

(a) 現実的危険性を内容とするもの

現実的危険性を内容とする実行行為理解を示すのは、川端博[45]、木村光江[46]、只木誠[47]、橋本正博[48]、日髙義博[49]、山口厚[50]であった。

類似のものとして、「形式的には構成要件に該当する行為、実質的には構成要件的結果発生の類型的・現実的危険を有する行為」とする大谷實の見

---

45) 川端博『刑法総論講義〔第3版〕』(成文堂、2013年) 141頁(「挙動犯の実行行為は、当該構成要件的定型を充足する行為で足りるが、結果犯の実行行為は、構成要件的結果を惹起する可能性、すなわち結果発生の現実的危険性を含むことを要する」)。
46) 木村光江『刑法〔第4版〕』(東京大学出版会、2018年) 29頁(「結果犯の成立には、各犯罪類型ごとに定められた結果を発生させる現実的危険性を持った行為が認定されなければならない……。これを実行行為という」)。
47) 只木誠『コンパクト刑法総論〔第2版〕』(新世社、2022年) 212頁以下(「犯罪構成要件に該当する行為、構成要件を実現する現実的危険性を有し処罰の対象となる行為、すなわち実行行為」)。
48) 橋本正博『法学叢書 刑法総論』(新世社、2015年) 208頁以下(「実行行為(=構成要件該当行為)によってその危険が惹起されることから、行為の危険を重視し、結果発生の現実的危険を含む行為を実行行為とした上で、実行行為の開始時期が実行の着手時期である」とする立場が「支持されるべきである」)。

解[51)]、「現実的実質的危険性ある行為」とする立石二六の見解[52)]がある。

また、共著の教科書においても、現実的危険性を含む定義を用いているものがある[53)]。

(b)　危険性を内容とするが、現実的危険性とはしていないもの

実行行為の定義に「危険性」を含むが、「現実的危険性」とはしていない論者として、伊藤亮吉[54)]、大越義久[55)]、佐伯仁志[56)]、高橋則夫[57)]、橋爪隆[58)]、前田雅英[59)]、山中敬一[60)]が挙げられ、筆者の理解では井田良[61)]、関哲夫[62)]

---

49) 日髙義博『刑法総論〔第2版〕』（成文堂、2022年）393頁（「犯罪の構成要件に該当する行為を『実行行為』といい、その実行行為の開始を『実行の着手』と呼ぶ」）、同396頁（「実行行為の開始の時点には、法益侵害の現実的危険性が認められなければならない」）。
50) 山口厚『刑法総論〔第3版〕』（有斐閣、2016年）51頁（「構成要件的結果への因果関係の起点となる行為は……構成要件的結果を惹起する現実的な危険性が認められる行為……でなければならない。この因果関係の起点となる行為を、一般に、実行行為という」）。
51) 大谷實『刑法講義総論〔新版第5版〕』（成文堂、2019年）122頁。
52) 立石二六『刑法総論〔第4版〕』（成文堂、2015年）123頁。
53) 大塚裕史ほか『基本刑法Ⅰ総論〔第3版〕』（日本評論社、2019年）52頁（「『結果発生の現実的危険性という実質を有し、特定の構成要件に形式的にも実質的にも該当する行為』を実行行為……という」）、松宮孝明編『ハイブリッド刑法総論〔第3版〕』（法律文化社、2020年）50頁〔平山幹子〕（「実行行為……であるためには、構成要件的結果を帰責しうる客観的危険性（構成要件的結果発生の現実的危険性）が認められる必要があります」）。
54) 伊藤亮吉『刑法総論入門講義』（成文堂、2022年）67頁以下（「結果……を発生させる危険性のある行為」を「実行行為……といいます」）。
55) 大越義久『刑法総論〔第5版〕』（有斐閣、2012年）53頁（「実行行為は『行為としての危険』を有する行為であ」り、それは「具体的な結果と切り離されているという意味で一般的な危険判断であ」る）。
56) 佐伯仁志『刑法総論の考え方・楽しみ方』（有斐閣、2013年）61頁（「実行行為性の判断は、事前的な危険判断であり、結果発生のある程度の危険があれば足りるのに対して、未遂の成立時期の判断は、未遂結果が発生したかという事後的な危険判断であり、より高度の切迫した危険が必要」）。
57) 高橋・前掲注6）113頁（「『法益に対する危険行為』が実行行為とされなければならない」）、同115頁（「実行行為における危険の内容は、行為の法益への抽象的危険で足りる」）。

もここに含まれる。

　これらの見解は、現実的危険性を、未遂犯成立に必要となる高度な危険ととらえたうえで、それを実行行為概念と一致させることの妥当性を批判し、それよりも低い危険性を実行行為の内容とする点に特徴がある[63]。このことは共著の教科書においても、「実行行為とは、特定の構成要件の予定する結果発生の類型的危険を有する行為であると説明される。……実行行為において必要とされる結果発生の類型的危険とは、未遂犯成立に必要とされる結果発生の現実的危険と同じであると解されているわけでは必ずしもない」[64]、あるいは「実行行為とは、通説によれば、構成要件要素としての結果（構成要件的結果）を発生させる現実的危険性を有する行為をいう。……なお、『現実的危険性』があるといえるためには、構成要件的結果が発生する高度の可能性までは必要ない。重要なのは、社会生活上許容される限度を超えた危険を創出させたか否かである。したがって、通説が用いる『現実的危険性』という表現は、ややミスリーディングである」というかたちで示されている[65]。

---

58) 橋爪・前掲注3）45頁（「結果発生について実質的危険性を有する行為を実行行為として把握するほうが適切」）。
59) 前田雅英『刑法総論講義〔第8版〕』（東京大学出版会、2024年）88頁（「類型的に結果を発生させる危険性を欠く行為は実行行為性を欠く」）。
60) 山中敬一『刑法総論〔第3版〕』（成文堂、2015年）764頁以下（事前判断によって『危険』とされた行為は、潜在的な実行行為であるが、事後判断によって『具体的危険』が発生したときに、遡って、潜在的実行行為が、真の『実行行為』に転化する）。
61) 井田良『講義刑法学・総論〔第2版〕』（有斐閣、2018年）101頁以下（「構成要件に該当する行為のことを特に実行行為と呼ぶ」、「実行行為といいうるためには、まず、行為そのものが実害……を生じさせる一定程度の危険性を備えていることが必要である」）、同434頁以下（「実質的見地から未遂犯として処罰する理由のある場合にのみ実行の着手を認めるようにするため、実質的客観説のいう『法益侵害ないし構成要件の実現に至る現実的危険性』という限定的基準を援用することは可能である」）。
62) 関哲夫『講義刑法総論〔第2版〕』（成文堂、2018年）257頁（「犯罪結果を惹起する一般的な危険性を有する実行行為」）。
63) 佐伯・前掲注56）61頁、高橋・前掲注6）114頁以下、橋爪・前掲注3）43頁以下。
64) 佐久間修ほか『刑法基本講義総論・各論〔第3版補訂版〕』（有斐閣、2023年）49頁以下〔上嶌一高〕。
65) 亀井ほか・前掲注2）12頁〔佐藤〕。

(c) 実行行為概念を用いないもの

　山口厚による実行行為批判以後においては[66]、実行行為の概念を用いずに論述する教科書も増加している。最近では、小林憲太郎[67]の教科書が明確にそのようなスタンスをとっている。伊東研祐[68]、町野朔[69]、松宮孝明[70]、松原芳博[71]の教科書でも、実行行為概念を極力用いない説明が試みられているようにみえる。

(d) 構成要件に該当する行為とするもの

　「構成要件に該当する行為」またはこれに類する形式的定義のみを示すものもある。調査により確認できた文献を、脚注に示す[72]。また、上述した実質的定義と並んで、「構成要件に該当する行為」との形式的定義を示すものもある[73]。

---

66) 山口厚「条件関係論の意義」法教175号（1995年）65頁以下（のちに、同『問題探究 刑法総論』〔有斐閣、1998年〕1頁以下）。同『刑法総論』（有斐閣、2001年）44頁以下も参照。
67) 小林憲太郎『刑法総論〔第2版〕』（新世社、2020年）。同「『実行行為』」法教415号（2015年）42頁は、同書初版には「実行行為の定義がいっさい登場しない」とする。
68) 伊東研祐『刑法講義 総論』（日本評論社、2010年）。
69) 町野朔『刑法総論』（信山社、2019年）。
70) 松宮孝明『刑法総論講義〔第6版〕』（成文堂、2024年）237頁以下は、未遂犯の説明においても「実行行為」の語を用いていない（同『刑法総論講義〔第5版補訂版〕』〔成文堂、2018年〕77頁では、相当因果関係における広義の相当性の説明として「実行行為」が登場していたが、第6版77頁では、「実行行為」の部分が「実行」に変更されている）。同『先端刑法 総論』（日本評論社、2019年）154頁以下も同様である。
71) 松原芳博『刑法総論〔第3版〕』（日本評論社、2022年）396頁に、正犯論における形式的客観説の説明として、「自ら構成要件該当行為＝実行行為を遂行した者が広義の正犯であるとした」との記述があるものの、同331頁以下（未遂犯）では、「構成要件該当行為」の語を一貫して用いている。
72) 単著では、浅田和茂『刑法総論〔第3版〕』（成文堂、2024年）117頁、萩原滋『刑法概要〔総論〕〔第3版〕』（成文堂、2014年）41頁。共著では、葛原力三ほか『ステップアップ刑法総論』（法律文化社、2022年）15頁〔葛原力三〕、小島秀夫編『刑法総論』（法律文化社、2022年）20頁〔小島秀夫〕、本庄編著・前掲注1）60頁〔櫻庭〕。「犯罪が成立するためには、行為者がその犯罪を実現する手段として、一定の行為に出たことが必要である。これを犯罪の実行行為（構成要件的行為）という」とする内田幸隆＝杉本一敏『刑法総論』（有斐閣、2019年）28頁もここにカウントしている。

(3) 調査結果の整理

以上の調査結果を整理すると次のようになる（調査した文献の総計は31件である）。

①現実的危険性を含む定義を明示するものは単著の教科書で6件、共著の教科書で2件、類似の表現を用いるものが単著で2件であった。
②現実的危険性ではない危険性を内容とする定義を採用するものは、単著9件、共著2件であった。
③解像度を、「危険性」まで広げれば（①＋②）、その数は単著17件、共著4件で、計21件となる。
④構成要件に該当する行為またはこれに類する形式的定義のみを掲げるものは、単著2件、共著4件である。
⑤構成要件に該当する行為またはこれに類する形式的定義を、①または②の実質的定義と併用するものは、単著12件、共著3件である。
⑥解像度を、構成要件に該当する行為またはこれに類する形式的定義を含むもの（④＋⑤）まで広げれば、その数は単著14件、共著7件で、計21件となる。
⑦実行行為概念の使用を意識的に避けていると思われるものは5件である。

(4) 調査結果としての「通説」

以上の調査結果から、現在の実行行為概念の「通説」については次のように整理することができる。まず、現実的危険性を内容とする文献（①）と危険性の程度を緩和する文献（②）では、後者のほうが多数であった。ここから、現実的危険性を含む実行行為の定義は、「通説」といえるだけの支持を得ているものではない、ということが導かれる。

---

73) 単著として、井田・前掲注61) 101頁、大越・前掲注55) 52頁、大谷・前掲注51) 122頁、川端・前掲注45) 140頁以下、関・前掲注62) 86頁、高橋・前掲注6) 113頁、只木・前掲注47) 212頁以下、立石・前掲注52) 122頁、橋爪・前掲注3) 37頁、橋本・前掲注48) 47頁、日高・前掲注49) 393頁、前田・前掲注59) 88頁。共著として、大塚（裕）ほか・前掲注53) 52頁、佐久間ほか・前掲注64) 49頁〔上嶌〕、松宮編・前掲注53) 50頁〔平山〕。

現実的危険性を内容とする文献（①）と危険性の程度を緩和する文献（②）とのあいだに「危険性」という共通性を見出して、これをひとまとまりとすると相当の多数を占めることになる（③）。他方、「構成要件に該当する行為」という形式的な定義を含んだ実行行為理解（⑥）が、③と同数を占める。

　以上の結果をどのように解釈するかが問題である。この点について本稿は、③のような「危険性」のみに着目した合算は、危険性の程度を緩和する文献（②）が、現実的危険性との関係で自覚的に緩和を行っているという事実を無視するものであって妥当ではないと考える。そのため、今回の調査結果において③の数字は重視すべきではない。このように考えると、「構成要件に該当する行為」という形式的な定義を含んだ実行行為理解（⑥）が最大であると位置づけることになる。

　もっとも、このような解釈には次の指摘が考えられる。とくに形式的定義と実質的定義を併用している論者において、形式的定義のほうはその主張の主眼ではないという可能性は排斥できず、そのため、その部分をとらえて「通説」同定の根拠とするのは不適切であるとの指摘がこれである。この指摘には十分理由があると思われるが、本稿ではなお、形式的定義をあえて併記していることのほうを重視したい。というのは、①ないし②の文献であっても、「構成要件に該当する行為」という形式的定義を併用していない文献も存在しているところ[74]、このような定義を併用している文献は、そこに何らかの意味をもたせているという読み方もまた排斥されないためである。また、「構成要件に該当する行為」という形式的な定義を含んだ実行行為理解（⑥）は、「構成要件に該当する行為」という枠組みを共有はしている点で、現実的危険性から自覚的に距離をとった危険性理解（②）の場合とは異なっている。

　以上より、今回の調査結果から、本稿は、「構成要件に該当する行為」という形式的な定義を含んだ実行行為理解（⑥）を現在の実行行為概念の「通説」であると同定したい。

74）亀井ほか・前掲注2）〔佐藤〕、木村（光）・前掲注46）、佐伯・前掲注56）、山口・前掲注50）、山中・前掲注60）がこれに当たる。

4 「構成要件に該当する行為」という「通説」の意義と課題

　では、このように同定された「通説」にどのように向き合うべきであろうか。2つの受け止め方が可能である。

　1つ目は消極的な受け止め方である。従来、形式的な実行行為理解に対しては、「この定義は、あまりに包括的であって実際の判断基準としては有用でないと思われる」との指摘がなされてきた[75]。この批判を前提にすると、本稿の調査によって「有用ではない」定義が「通説」として残されただけであると評価されることになる。

　2つ目は積極的な受け止め方である。本稿はこちらの受け止め方にコミットする。上述の批判は、大塚の見解や大塚の同時代ないしそれに続く世代の研究者が有していた共通認識をふまえると、事柄の一面しかとらえていないきらいがある。すでに示したように、大塚自身は、実行行為概念について「実行行為は、それぞれの構成要件の趣旨にかなったものでなければならない」として、挙動犯と結果犯とで実行行為の内容を別異にとらえていた[76]。大塚と同時代ないしそれに続く世代の文献にも、実行行為の内容の具体的確定は、各論の問題であるという認識が見られる[77]。文献には、実行の着手の問題は「各種の犯罪態様との関連で具体的に決定するほかないのが実情である……。そうだとすれば、総論的な定義としては、いきおい抽象的・形式的とならざるをえない」と明言するものもあったのである[78]。

　犯罪類型のなかには、現実的危険性が問題となるものもあれば、そうでは

---

75) 西田典之（橋爪隆補訂）『刑法総論〔第3版〕』（弘文堂、2019年）87頁。なお同所では、実行行為が「既遂結果発生の具体的危険すなわち未遂結果と相当因果関係を有する行為」と定義されている。
76) 大塚・前掲注37）138頁。
77) 参照しえた範囲で、福田・前掲注28）78頁、佐伯千仭『刑法講義（総論）』（有斐閣、1968年）160頁、荘子邦雄『刑法総論』（青林書院新社、1969年）614頁、藤木・前掲注35）257頁、西原春夫『刑法総論』（成文堂、1977年）282頁、正田・前掲注32）61頁、柏木・前掲注32）109頁。現代でも、橋爪・前掲注3）37頁以下。
78) 団藤重光責任編集『注釈刑法(2)Ⅱ　総則(3)』（有斐閣、1969年）461頁〔香川達夫〕。

ないものもある[79]。ここから、実行行為の総論的定義として「現実的危険性」が強調されたことにより、大塚が意図していたもう１つの側面である構成要件ごとの違いを考慮に入れるという視点が後退してしまった可能性が示唆される。むしろ、「構成要件に該当する行為」という定義に立ち返ることは、実行行為概念は各論的に論じられるべきものであるとの出発点に議論を引き戻すものであるともいえるのである。各論解釈に開かれた概念であるという前提を明確に示すことができるという点をふまえれば、「構成要件に該当する行為」という定義には積極的意義が認められると思われる。

　後者のような積極的な受け止めが可能である場合、今後の刑法学に求められるのは、各論的な実行行為概念の構築であろう[80]。とりわけ、各構成要件が何を禁止の対象としているのか[81]、その際には危険性の観点からの判断が必須なのか、単純なあてはめで足りるのかが論じられるべきこととなろう[82]。各論的視点から、実行の着手、正犯共犯論、（本稿では取り上げなかったが）不作為犯論を検証するという大きな課題がそこに存在するのである。

---

[79] 近時でも、東條・前掲注19）1969頁の指摘がある。
[80] 日本刑法学会第102回大会ワークショップ「実行の着手」（オーガナイザー：冨川雅満）が犯罪類型ごとの各論的考察から実行の着手にアプローチしたことや、最判平成30・3・22刑集72巻1号82頁の調査官解説（向井香津子「判解」最判解刑平成30年度91頁）が、「本判決は、詐欺罪の構成要件を念頭に判断されたもの」であるとしたことは、このような課題を認識していたことのあらわれといえる。
[81] 東條・前掲注19）1956頁以下。たとえば詐欺罪について禁止される行為の内容を明らかにしようとする試みとして、高橋則夫「詐欺罪の規範論的構造」浅田和茂ほか編『刑事法学の系譜』（信山社、2022年）740頁以下。
[82] 東條・前掲注19）1968頁以下。

第2章

不作為犯論の「通説」

松尾 誠紀

1 はじめに

　犯罪は作為によるだけでなく、期待された行為をしないという不作為によって行われる場合もある。その不作為犯は、不作為が明示的に構成要件要素として規定されている真正不作為犯（たとえば不退去罪〔刑法130条〕）と、通常は作為により実現される構成要件を不作為により実現する不真正不作為犯（たとえば不作為による殺人罪〔刑法199条〕）に分けられる[1]。もっとも、両者のうち、教科書等では、不真正不作為犯の検討に重点が置かれる。不真正不作為犯は、不作為が構成要件上明示されていないところに不作為犯の成立を認めるものであるため、誰のいかなる不作為に不作為犯が成立するのかが直ちに明らかではないからである。本稿は、そのようにして議論が活発な不真正不作為犯論について、現在の「通説」を見極めようとするものである。

　「通説」の見極めを行うにあたり、本稿では、次に示す最高裁調査官による評価を起点とする。不真正不作為犯に関して最も重要な判例は、不作為による殺人罪の成立を認めた最高裁平成17（2005）年7月4日決定（シャクティ事件決定）[2]であるが、同決定に関する最高裁調査官による解説（最判解）は、不真正不作為犯論における作為義務に関する学説を、主観説、多元説、限定説に分類し、そのうちの多元説を「通説」と評価する[3]。しかし正直な

---

1) 山口厚『刑法総論〔第3版〕』（有斐閣、2016年）75頁。
2) 最決平成17・7・4刑集59巻6号403頁。
3) 藤井敏明「判解」最判解刑平成17年度196頁。

ところ、教科書等での議論状況からすれば、限定説こそ「通説」ではないのかという印象をもたないではない。そこで、最判解はどのような内容をもつ理解を多元説と表したのか、他方で、限定説は「通説」ではないのか、このような視点から、とくに作為義務をめぐる現在の「通説」を考えていくことにする。

2　一般的な理解が得られた議論の土台

　作為義務をめぐる「通説」を考える前提として、その議論の土台として一般的な理解が得られている3つのこと（この範囲では「通説」といえること）を確認しておく。

　第1に、不真正不作為犯の成立を認めたとしても罪刑法定主義に反するものではないとの理解である。作為犯が「○○してはならない」との禁止規範に違反するものであるのに対し、不作為犯は「○○せよ」という命令規範に違反するものとされる。仮に「人を殺した者」を処罰する殺人罪が禁止規範であるとすると、その規定により命令規範違反である不作為犯を処罰すれば罪刑法定主義に反することになる[4]。しかし現在では、殺人罪の規定には、禁止規範も命令規範も含むとされており、不作為犯の処罰がこの点において罪刑法定主義に反することはないと解されている[5]。

　第2に、因果関係の肯定である。殺人罪をはじめとする結果犯においては、その成立において因果関係の充足が必要であるが、不作為犯については、無から有は生じないとする見方もあって、因果関係の有無をめぐり議論が展開されたこともあった[6]。しかし現在では、「期待された作為がなされていれば、結果が回避された」といえる場合には因果関係が肯定されると解されて

---

4) 金沢文雄「不真正不作為犯の問題性」団藤重光ほか編『犯罪と刑罰（上）（佐伯千仭博士還暦祝賀）』（有斐閣、1968年）224頁以下。

5) 山口・前掲注1) 76頁以下、西田典之（橋爪隆補訂）『刑法総論〔第3版〕』（弘文堂、2019年）122頁以下、井田良『講義刑法学・総論〔第2版〕』（有斐閣、2018年）153頁など。松宮孝明『刑法総論講義〔第6版〕』（成文堂、2024年）89頁以下はこの理解に批判的である。

6) 団藤重光責任編集『注釈刑法(2) I 総則(2)』（有斐閣、1968年）31頁、54頁〔内藤謙〕。

いる[7]。

　第3に、保障人説を採用することで不真正不作為犯を構成要件該当性の問題とし、保障人的地位にある者の不作為にのみ構成要件該当性を認めることである[8]。たとえば、幼児Aが池で溺れているところに偶然通りがかった第三者Xが、見て見ぬふりをして立ち去り、Aが死亡した場合、Xが「救助すれば、死亡しなかった」といえれば、上記の意味での因果関係は肯定されるかもしれない。しかしだからといってXに不作為による殺人罪が認められるべきではない。不真正不作為犯の成立範囲は、保障人的地位によって限定されるのである。すなわち、保障人的地位にある者だけが作為義務を有しており、それゆえ保障人的地位にある者の不作為のみが構成要件に該当する[9]。もっとも、保障人説は不真正不作為犯を構成要件該当性の問題と位置づける考え方の枠組みにすぎないから、どのような理由から誰に保障人的地位（作為義務）が認められるのかが、不真正不作為犯論の重要な課題となる。そこで、保障人的地位に基づく作為義務について、その「通説」の見極めを試みる。

---

7) 西田・前掲注5）123頁以下など。最決平成元・12・15刑集43巻13号879頁も参照。近時は、本文で示した枠組みを、結果回避可能性ないし条件関係と位置づけ、それとは別に「危険の現実化」の関係も必要とする見解が有力である（山口・前掲注1）80頁以下、井田・前掲注5）154頁注(12)など）。
　　他方、結果防止可能性を作為義務の前提に置き、それを実行行為の内容に取り込む見解も見られる（前田雅英『刑法総論講義〔第8版〕』〔東京大学出版会、2024年〕111頁以下参照。前田・同112頁以下は、実行行為内容としての結果防止可能性と因果関係における結果回避可能性とのあいだに、結果回避の可能性に関する程度の相違を認める。大谷實『刑法講義総論〔新版第5版〕』〔成文堂、2019年〕132頁以下も参照）。判例においても、たとえば、福岡高判平成19・7・6（2007WLJPCA07068014）は、罪となるべき事実において、結果防止可能性と作為義務（違反）を内容とした実行行為を示す。
8) かつては、作為義務論は違法性の問題と位置づけられていた（団藤編・前掲注6）31頁〔内藤謙〕）。
9) 山口・前掲注1）81頁、西田・前掲注5）125頁以下、井田・前掲注5）155頁以下など。保障人的地位は構成要件に属するが、作為義務は違法性に属するとする見解もある（福田平『全訂刑法総論〔第4版〕』〔有斐閣、2004年〕94頁注(2)など）。

3　作為義務をめぐる「通説」

(1)　「多元説」と「限定説」

(a)　最判解による学説の分類

最判解は、学説を、①主観説、②多元説、③限定説の3つに分類する[10]。②多元説については、「法令、契約・事務管理等、慣習、条理（特に先行行為）に基づき作為義務が発生するとする（団藤重光、大塚仁、福田平、平野龍一、大谷實、前田雅英など通説）」[11] とまとめており、最判解が多元説を「通説」と評価する点が目を引く。③限定説については、「多元説の指摘する個々の作為義務の発生根拠の根底にある共通の要件あるいは実質的な根拠を設定し、不作為犯の成立する範囲を限定しようとするもの」[12] とまとめ、それに含まれる学説として、日髙義博、堀内捷三、西田典之を挙げる。最判解はこうした学説をふまえてシャクティ事件における作為義務の有無の検討を行う。

以下では、最判解の視点を通して、②多元説、③限定説の特徴の把握を図り、さらに最判解自身の理解の把握にも取り組む[13]。

(b)　「多元説」とされる見解の特徴

多元説として引用されるのは、団藤重光、大塚仁、福田平、平野龍一、大谷實、前田雅英である。各見解の内容は、**表1**のようにまとめられる[14]。多元説では、①作為義務の発生根拠だけでなく、②作為犯との同価値性という要素も併せて考慮され、総合的に作為義務の有無が判断される点に特徴があ

---

10) 主観説・多元説・限定説による分類は、山口厚『問題探究 刑法総論』（有斐閣、1998年）38頁以下に始まる山口の分類の仕方と同じである（ただし、最判解で多元説に含められる論者は、山口のそれと同じではない）。
11) 藤井・前掲注3）196頁。
12) 藤井・前掲注3）197頁。
13) 最判解は①主観説も挙げるが、主観説は妥当でないとの理解が一般的と思われるため（大塚仁『刑法概説（総論）〔第3版増補版〕』〔有斐閣、2005年〕152頁注(15)、山口・前掲注1）87頁など）、「通説」の見極めを目的とする本稿では検討の対象とはしない。

表1 「多言説」のまとめ

	作為義務の発生根拠	同価値性	言及された適用事例
① 団藤重光	法令、契約、慣習・条理。親族法上の身分関係、事実関係	作為義務の内容・強弱を、行為態様と相関的に全体として考察	殺人、放火、詐欺、死体遺棄
② 大塚仁	法令、契約・事務管理、慣習・条理（監護者、管理者、売主等、先行行為）	不作為の実行行為性を認めるために同価値性が必要（作為犯と同等の犯罪性、同様の現実的危険性が必要）。不作為の具体的事情を考慮	殺人、保護責任者遺棄、放火、詐欺、死体遺棄
③ 福田平	法令、契約・事務管理、慣習・条理（先行行為、所有者・管理者、取引上の信義誠実の原則、危険共同体・生活共同体）	不作為の実行行為性を認めるために同価値性が必要。同価値であるために保障人的地位が必要。保障人的地位は特定の構成要件との関連で具体的事情が考慮されて論定される	殺人、保護責任者遺棄、放火、詐欺、死体遺棄
④ 平野龍一	法令、契約、先行行為。事務管理、引受け、自己の管理下にあること	同価値性があるときに作為義務が認められる	殺人、保護責任者遺棄、放火
⑤ 大谷實	依存関係に基づき作為義務の根拠となるものとして、法令、契約・事務管理、条理、慣習（先行行為、所有者・管理者、財産上の取引の場合、慣習）	不作為の実行行為性を認めるために同価値性が必要。作為と同様の法益侵害の現実的危険性を求める。その危険性は特別な関係に基づく依存関係ゆえに認められる	殺人、保護責任者遺棄、放火、詐欺
⑥ 前田雅英	形式的根拠として、法令、契約・事務管理、慣習、条理（先行行為）	法令等の違背が直ちに作為義務を基礎づけず、同価値性が必要。そのため作為義務の実質的内容として本文⑦〜⑦などの要素を挙げる	殺人、保護責任者遺棄、放火、詐欺

る（②同価値性が限定機能をもつ）。

①作為義務の発生根拠については、法令、契約・事務管理、慣習、条理が挙げられ、さらに、慣習・条理に基づく場合として、先行行為、所有者・管理者などの場合が類型化される（大塚、福田）。こうした発生根拠によって、殺人罪、放火罪だけでなく、詐欺罪、死体遺棄罪にも適用事例の幅を広げる。もっとも、多元説のなかでも、たとえば、前田は、法令、契約・事務管理、慣習、条理を挙げつつも、これらにあてはまることで常に作為義務が生じ

14）最判解では福田・前田を除いて出典の明示はないが、シャクティ事件決定が示された2005年を基準に、次の文献を参照した。①団藤重光『刑法綱要総論〔第3版〕』（創文社、1990年）142頁以下、②大塚・前掲注13）144頁以下、③福田・前掲注9）88頁以下、④平野龍一『刑法総論Ⅰ』（有斐閣、1972年）147頁以下、⑤大谷實『新版 刑法講義総論〔追補版〕』（成文堂、2004年）147頁以下、⑥前田雅英『刑法総論講義〔第4版〕』（東京大学出版会、2006年）122頁以下。

わけではないとして、さらに同価値性の観点から、㋐すでに発生している危険性をコントロールしうる地位があること、㋑結果発生の危険に重大な原因を与えたか、㋒作為の容易性、㋓ほかに結果防止可能な者がいたか、㋔法令・契約等に基づく行為者と被害者の関係などの事実的要素を含む実質的な要素をも考慮して作為義務の有無が判断されるとする[15]。これは、法令・契約等の形式的根拠に基づく義務づけを否定したものではなく、実質的観点を考慮に加えたものと解される[16]。

このようにして、多元説には、法令・契約等の形式的根拠だけでなく、実質的な要素をも考慮する理解が含まれるが、作為義務の発生根拠としては複数の要素を挙げつつ、さらに作為犯との同価値性も考慮し、作為義務の存否を総合的に判断する見解と捉えられる。

(c)　「限定説」とされる見解の特徴

限定説として引用されるのは、日髙義博、堀内捷三、西田典之である[17]。各見解の内容は、**表2**のとおりであるが、作為義務の発生根拠として、日髙は先行行為を求め、堀内は事実上の引受け行為（その認定基準として、結果の発生を阻止する結果条件行為の開始・反復・継続および排他性の確保）を求め、西田は（自己の意思に基づく）排他的支配および（自己の意思に基づかない）支配領域性（この場合には身分関係等に基づく規範的要素がある場合に限る）を有することを求める。限定説の問題意識は、それを等置問題の解決に置く日髙を除き、堀内・西田においては、作為義務の発生根拠を、法令、契約・事

---

15) 福田・前掲注9）92頁も、作為義務は契約・事務管理に伴って、義務を負う地位を引き受けたことから生ずるため、事実上の引受け行為に重要性があるとする。大谷・前掲注14）154頁以下は、同価値性の観点から不作為犯に作為犯と同様の現実的危険性を求め、その理解から、作為義務は社会生活上の依存関係を根拠に生ずるとの実質的観点を示す。そしてその依存関係が認められるものとして、法令、契約・事務管理、条理・慣習の場合があるとする。
16) 福田平＝大塚仁「《対談》最近の重要判例に見る刑法理論上の諸問題（5・下）」現代刑事法65号（2004年）7頁以下。
17) 参照文献は、①日髙義博『不真正不作為犯の理論』（慶應通信、1979年）、②堀内捷三『不作為犯論』（青林書院新社、1978年）、③西田典之「不作為犯論」芝原邦爾ほか編『刑法理論の現代的展開 総論Ｉ』（日本評論社、1988年）67頁以下。

表2 「限定説」のまとめ

	問題意識	作為義務の発生根拠	言及された適用事例
① 日髙義博	不真正不作為犯と作為犯との存在構造上のギャップという等置問題の解決	不作為者が当該不作為をなす以前に、法益侵害に向かう因果の流れを自ら設定していること	殺人、放火
② 堀内捷三	条理・慣習等の一般条項に基づく作為義務判断によって成立範囲が不明確になる。不作為犯の処罰範囲拡大の阻止の必要性	作為義務は不作為者と結果とのあいだの依存関係に基づく。その依存性は、事実上の引受け行為（①結果条件行為の開始、②行為の反復・継続、③排他性の確保）に基づく	殺人、遺棄、放火
③ 西田典之	法律、契約・事務管理、条理を根拠とすることに対し限定論理が必要	同価値であるために因果経過の具体的・現実的支配が必要。①自己の意思に基づく排他的支配／②それに基づかない支配領域性（身分関係等に基づく保護・管理義務を負う場合に限る）	殺人、放火

務管理、条理・慣習と捉える大塚らの見解に対する限定論理の必要性にある。その限定のために、堀内は、事実的な依存性を必要とし、西田は、因果経過を具体的・現実的に支配していたことを求めて、ともに事実的要素に基づく限界づけを図る。もちろん限定を目的とすることと事実的要素との結びつきは必然的ではない。しかし大塚らの見解において発生根拠に条理が含まれることを批判し、作為義務の範囲の明確化を目的としていたことから、その範囲の広がりを防ぐために規範的な根拠を排除し、より事実的な限定要素に基づくことを求めたということと思われる。このようにして、限定説は、支配・依存等の事実的要素でもって作為義務の範囲を限界づけようとした点に特徴を有する[18]。

(d) 最判解自身の理解

シャクティ事件決定当時、学説では上述の限定説だけでなく、限定説の系

---

[18] 西田・前掲注17) 91頁以下は、自己の意思に基づかずに支配領域を有する場合には、不作為者こそが作為すべきであったという規範的要素（身分関係等）を求めるから、この場合では規範的要素の存否が作為義務の範囲を限界づける（「法益保護の要求と作為と不作為の同価値性という要求の調和点」と表す）。ただ、そこでの規範的要素は支配により限界づけられた枠内で、さらにその範囲を限定するものであるから、作為義務の範囲の大外は支配という事実的要素で限界づけられている。

統にあるといえる後述の見解（佐伯仁志、山口厚など）もすでに有力に主張されていた。そのなかにおいて最判解は、多元説を「通説」と評価する。最判解の立場からすれば、その意図は、ある見解を「通説」と示すことで、自らの理解が一般的な学説から外れてはいないことを示す点にあると思われる。だとすれば最判解自身も多元説を採ると考えられるが、それはどのような理解に基づくものであろうか[19]。

　最判解は、シャクティ事件について、「多元説によれば、本決定を契約・事務管理と条理（先行行為）が総合されたものと理解することが可能であろう」[20]としつつも、最判解自身はそうした形式的根拠に基づいて直接的に作為義務を基礎づけることはしない。最判解は、シャクティ事件について、ⓐ被害者を入院中の病院から運び出させてその生命に危険な状態を生じさせたこと、ⓑ被害者の手当てが全面的に被告人にゆだねられ、生殺与奪の権が与えられた状況にあったことに着目し、すなわち、ⓐ危険創出とⓑ支配性という複数の事実的な実質的要素に基づいて作為義務が認められたものとする[21]。加えて、最判解は、ⓐⓑの事情が「被告人に作為義務を生じさせ、その不作為が作為による殺人と同視し得るものと評価すべき事情として重要であったということができる」として、同価値性をも考慮する。こうしてみると、たしかに最判解は、形式的根拠に基づいて直接的に作為義務を基礎づけることはしていない。しかし、多元説にも実質的要素を考慮する理解は主張されているし、しかも最判解は実質的要素を複数考慮している。さらに同価値性をも加味して、総合的な考慮を行う。だとすると、最判解自身はまさに多元説の判断枠組みを採るものといえる[22]。

---

19) 藤井敏明元最高裁調査官による［本書第14章］も参照。
20) 藤井・前掲注３) 203頁注(4)。
21) 藤井・前掲注３) 202頁以下。同193頁以下は、不作為による殺人罪に関する下級審の裁判例においても危険創出もしくは支配性に関する事情を考慮していたことを確認する。
22) 藤井・前掲注３) 202頁以下は、「不真正不作為犯の成否の判断が、当該不作為が作為と同視できるかという実質的なものである以上、……多角的な分析は必要」と明言する。

(2) 学説状況の整理

(1)で示したとおり、最判解は多元説を採用し、それを「通説」と評価した。もっとも、学説では、上述の限定説は非常に有力であり、限定説こそが「通説」とする見方もありうる。たとえば、西田のいう「排他的支配」は作為義務論において一般的に言及される表現といえる。そこで、多元説と限定説という対立構図に基づいて学説状況をさらに整理し、限定説は「通説」ではないのかという視点から、「通説」を見極める作業を続けることとする[23]。

(a)「多元説」の現在と反「限定説」

シャクティ事件決定の後、多元説に位置づけられる大谷は新版第5版（2019年）、前田は第8版（2024年）まで教科書の改訂を重ねた。基本的な内容は上述と同様である[24]。

これに加えて学説では、限定説をより明確に批判する見解も主張されている。すなわち、支配・依存、危険創出といった事実的要素からの義務づけに懐疑的で、当為の側面に基づく規範的な根拠づけ（たとえば親・公務員などの法的・制度的保障に基づく根拠づけ）が欠かせないとする見解である（塩見淳、安田拓人）[25]。

---

23) これ以降の考察では、「通説」の形成力という観点から、主な教科書および連載の執筆者の見解を取り上げる。

24) 作為義務を法益保護義務と危険源管理義務に分けて整理する機能的二分説も、多元的なアプローチを採るものである（山中敬一『刑法総論〔第3版〕』〔成文堂、2015年〕244頁以下、町野朔『刑法総論』〔信山社、2019年〕116頁以下、高橋則夫『刑法総論〔第5版〕』〔成文堂、2022年〕171頁以下）。

25) 塩見淳『刑法の道しるべ』（有斐閣、2015年）29頁以下、安田拓人「不作為犯」法教490号（2021年）110頁以下。中森喜彦「保障人説」現代刑事法41号（2002年）6頁以下は、佐伯仁志「保障人的地位の発生根拠について」内藤謙ほか編『刑事法学の課題と展望（香川達夫博士古稀祝賀）』（成文堂、1996年）101頁の理解に対し、「論者は社会的期待の要素を重視すれば法と道徳の限界が失われ、不作為犯の成立範囲が不明確になると批判するが、法が社会関係を対象とする以上、人の社会的役割の違いが重要な意味を持つのは当然のことと思われる」、「事実的事情のみによって不真正不作為犯の成立限界を画するのは無理だと言わなければならない」とするが、塩見・安田の基礎には中森のこの理解があると思われる。岩間康夫「不真正不作為犯における先行行為の意義」高橋則夫ほか編『日髙義博先生古稀祝賀論文集（上）』（成文堂、2018年）30頁以下も参照。

現在の学説においては限定説とは異なるこのような見解がある一方、ただ、先述のとおり、限定説が「通説」とする見方もありうる。そこで、限定説の状況把握も重要となる。

(b)　「限定説」からの西田系統
　限定説は（ほかに佐伯仁志、山口厚などによる下支えもあって）シャクティ事件決定当時においてすでに有力な学説であったと思われるが、現在の限定説は、(1)(c)で示した特徴を受け継ぎつつも、見解の淘汰と細分化が行われたといえる[26]。
　まず、限定説内部での見解の淘汰の点でいえば、第1に、先行行為に基づき直ちに作為義務を認めることも、先行行為がある範囲にのみ作為義務を認めることも妥当ではないとして、日髙は共通して批判される（前者の批判は、単純なひき逃げでも被害者の死亡への認識があれば直ちに不作為による殺人罪となるが、そうすべきではないという理解に基づくものである）[27]。第2に、結果条件行為の開始・反復・継続を求める堀内への批判も共通である。これらの結果、限定説のなかでは、排他的支配／支配領域性に基づく西田への基本的支持が残る（西田系統）。
　西田系統の各見解は、支配・依存という事実的要素を土台とすることで作

---

26) 参照文献は、①佐伯・前掲注25）95頁以下、同『刑法総論の考え方・楽しみ方』（有斐閣、2013年）80頁以下、②小林憲太郎「不作為による関与」判時2249号（2015年）3頁以下、同『刑法総論の理論と実務』（判例時報社、2018年）101頁以下、③山口・前掲注10）31頁以下、同「不真正不作為犯に関する覚書」小林充先生佐藤文哉先生古稀祝賀刑事裁判論集刊行会編『小林充先生・佐藤文哉先生古稀祝賀刑事裁判論集（上）』（判例タイムズ社、2006年）22頁以下、同・前掲注1）74頁以下、④林幹人『刑法総論〔第2版〕』（東京大学出版会、2008年）146頁以下、⑤松原芳博『刑法総論〔第3版〕』（日本評論社、2022年）95頁以下、⑥橋爪隆『刑法総論の悩みどころ』（有斐閣、2020年）58頁以下、⑦井田良『刑法総論の理論構造』（成文堂、2005年）32頁以下、同・前掲注5）150頁以下（同157頁以下は、作為義務発生根拠・同価値性等の総合考慮に基づく多元説の枠組みを示しつつ、それを補うものとして依存等の事実的要素に基づく実質的根拠を重要とする）。
27) もっとも、小林・前掲注26）『刑法総論の理論と実務』130頁以下は、単純なひき逃げについても不作為による殺人罪が成立する理論的余地はあるとする。

為義務の基本的な限界づけが事実的要素に基づく点で共通する。また、西田が、同価値性の内容として作為犯と同じ事実的要素、つまり、不作為者が結果へと向かう因果の流れを掌中に収めていたこと（因果経過の具体的・現実的支配）を求めたことで、同価値性が作為義務の発生根拠に取り込まれ、同価値性が作為義務の判断において独立して検討されることがない点においても共通する。

　もっとも、西田系統は、西田の見解自体にある問題点に基づき修正が加えられて、作為義務を根拠づける要素、あるいは付加的要件（作為義務の範囲を限定する要素）[28]の内容理解の違いにより、表3のように細分化されるに至る。

(3)　西田系統は「通説」か

　限定説は以上のようにして西田系統に至る。それでは、西田系統は「通説」といえるか。たしかに、シャクティ事件についても西田系統の各見解から作為義務を肯定することができるため[29]、たとえ最判解と立場が異なっても、西田系統としてはその有力性を維持しえたといえる。しかし、以下の4点を理由に、「通説」との評価は妨げられると思われる。

　第1に、排他的支配があれば作為義務が認められるとする西田の見解は有力であるが、現在の西田系統では、当初の排他的支配概念は、排他性も支配性も維持されておらず、その要件としての位置づけを捉え直す見解すら見られる。その結果として、支配に関する共通性を見出すことが難しい。この変化の背景には、欠陥製造物の回収義務違反（過失不作為犯）をめぐる議論が大きく影響している。排他性に関していえば、過失犯である回収義務違反では過失同時犯の場合もあるため、排他性まで求めれば、結果として回収義務を基礎づけることができないときがある。そのため、作為犯においても排他性までは求められていないとして、作為義務の根拠づけから排他性を除く見解が主張されている（山口、橋爪）。また、支配性については、西田の当初の

28）山口・前掲注10）43頁。
29）藤井・前掲注3）203頁注(4)。

表3 「西田系統」のまとめ

		従前の学説への主な批判	作為義務の発生根拠	言及された適用事例
Ⓐ 危険創出重視型 作為義務の正当化根拠として危険創出を求めるもの	① 佐伯仁志	形式的根拠（法令・契約・条理）批判。日高批判（単なるひき逃げのような過失犯が広く故意犯になる）。堀内批判（ひき逃げ・保護行為の開始・反復・継続の要求は不当）	排他的支配と危険創出。排他的支配は同価値性を担保するもの。危険創出は自由主義原理（他人の利益を害しない限り処罰されない）に基づくもの。特別の知識に基づく排他的支配を肯定	殺人、放火。不作為の詐欺を疑問視
	② 小林憲太郎	親・公務員等の制度の義務を批判。発生根拠の多元的理解を批判。法益保護・危険源管理の引受けに基づく義務を批判（引受けが危険創出に含められる場合を認める）	当該個人が他者の自由に対してつくりだした危険を取り除き、その現実化を阻止することだけが義務づけられうる（危険創出説）。排他的支配を（単独）正犯性を基礎づけるものと理解	殺人、保護責任者遺棄、過失致死傷。詐欺は限定的
Ⓑ 支配・依存重視型 危険創出に基づく作為義務の正当化を批判し、危険創出を考慮しないもの	③ 山口厚	法令、契約、条理（先行行為）を批判。危険創出（佐伯）批判（正当化根拠としての危険創出を疑問視）。排他性批判（同時犯との関係）	「結果原因の支配」（結果に向かう危険の原因の支配。結果回避の引受け・依存の関係）。①危険源の支配／②法益の脆弱性の支配の場合がある。事実的基礎に基づく限界設定を求める	殺人、過失致死傷。詐欺は否定的
	④ 林幹人	形式的根拠（法令、契約、事務管理、慣習・条理）批判。多元説批判。日高批判（ひき逃げに関して）。堀内批判。危険創出（佐伯）批判。一部に規範的要素の考慮を認める点で西田を批判	危険源または法益に対する排他的支配を自ら設定したとき。不作為による共犯でも排他的支配を肯定しうるとする。作為義務とは別に同価値性による限定を不要とする	殺人、保護責任者遺棄、過失致死傷、放火
	⑤ 松原芳博	法令、契約、条理（先行行為）を批判（日高批判を含む〔単純なひき逃げが不作為殺人になる〕）。堀内批判（引受け行為の開始の要求は不当）。危険創出（佐伯）批判	排他的支配（法益存続の不作為者への依存）が必要（法益支配／危険源支配）。排他的支配の意識的設定、または身分・社会的地位に基づく恒常的な保護・監視関係があることを求める	殺人、遺棄、過失致死傷。詐欺は否定的
Ⓒ 危険創出／支配・依存型 危険創出の考慮を否定はしないが、危険創出がない場合にも作為義務を認めるもの	⑥ 橋爪隆	法令、契約、条理を批判。形式的根拠が同価値性を求めることも批判。日高・堀内批判（危険創出、保護・依存の観点には理解）。排他性批判（同時犯との関係）	「結果原因の支配」（法益・危険源の支配）。付加的要件として、危険創出行為、保護の引受けのほか、親子・行為者の地位等の規範的要素に基づく場合を認める	殺人、保護責任者遺棄、過失致死傷
	⑦ 井田良	多元説との比較において、実質的・統一的根拠による成立範囲の明確化を重視。日高批判（単なるひき逃げが不作為殺人になる）。堀内批判（引受け行為の開始の要求は不当）	法益の維持・存続の具体的・排他的な依存関係の存在を基礎に、①保護状態の依存／②保護の引受け／③危険創出がある場合。ただしこれらがある場合に制限できないともする	殺人、保護責任者遺棄、放火

　排他的支配は空間的な閉鎖性（居室に乳児と母親だけがいる場合）をイメージさせるものであったが、欠陥製造物の回収義務との関係で、特別の知識に基づく支配をも含める見解が主張された（佐伯）。そうした理解が結果的に規範的な観点を取り込むこととなり[30]、事実的な支配概念の希薄化がもたらさ

れた[31]。さらに、排他的支配を作為義務の発生根拠としてではなく、(単独)正犯性の要件と捉え直す見解もある（小林）[32]。

　第2に、西田系統は細分化が著しいため、ひとまとまりの見解として捉えるのが難しい。西田系統は、同価値性を独立の要件としては考慮せず、支配・依存という事実的要素を基礎とする理解であるが、支配・依存があれば直ちに義務づけられるわけではなく（そのままでは広すぎる）、それを限定する付加的要件を必要とする。ただし、付加的要件は、支配・依存という要素自体からは導き出せないため、各論者の理解に従いさまざまに付け足される。それが結果的に、引受け等により支配・依存状況を自ら設定したことを求める見解（山口、林。松原も）、危険創出を求める見解（佐伯、小林。橋爪も）、（後述のように）身分関係等の規範的要素に基づく場合を認める見解（橋爪、松原）など著しい細分化の原因となっている。それゆえに西田系統はその内部で多数理解が形成されにくい理論構造をもつといえる。

　第3に、作為義務の存否を常に支配・依存という事実的要素にかからせる

---

30) たとえば、岡部雅人「刑事製造物責任における回収義務の発生根拠」刑ジャ37号（2013年）15頁以下。
31) この点を強く指摘する見解として、塩見・前掲注25) 39頁以下。なお、欠陥製造物の回収義務違反をめぐる議論が、排他的支配概念に影響を与えたのだとすれば、不真正不作為犯に関する作為義務論と過失犯は土台が共通なのか。問題は、不作為犯が過失犯の何と土台を共通にしているのかである。学説は、①保障人的地位は不作為犯として過失犯でも共通に用いられるが、注意義務の内容は過失犯として保障人的地位とは別に考える見解（大塚裕史「過失不作為犯の競合」井上正仁＝酒巻匡編『三井誠先生古稀祝賀論文集』〔有斐閣、2012年〕154頁以下など）、②不作為犯の作為義務と過失犯の注意義務を同じものとして扱う見解（鎮目征樹「公務員の刑法上の作為義務」研修730号〔2009年〕4頁以下、橋爪・前掲注26) 210頁以下など）、さらに、③過失犯ではもっぱら注意義務のみを考える見解（稲垣悠一『欠陥製品に関する刑事過失責任と不作為犯論』〔専修大学出版局、2014年〕260頁以下など。なお、樋口亮介「注意義務の内容確定プロセスを基礎に置く過失犯の判断枠組み(2)」曹時70巻1号〔2018年〕65頁以下は、故意不作為犯と過失犯の非パラレル性を指摘する）に分けられる（山本紘之「過失不作為犯の系譜」浅田和茂ほか編『刑事法学の系譜（内田文昭先生米寿記念)』〔信山社、2022年〕431頁以下も参照）。ただ、教科書等での扱いが乏しいため、この点に関する一般的な理解を見出すのは難しい。過失不作為犯について不真正不作為犯に関する作為義務論で説明をする見解は、あくまで特定の立場を前提とするものといえる。
32) 島田聡一郎「不作為犯」法教263号（2002年）114頁以下も同旨。

ことへの疑問も強く主張されている（限定説の外から、塩見、安田）[33]。この種の疑問は、西田系統の内部でも、たとえば生まれてきた乳児に対する作為義務について、自宅での出産行為を危険創出と捉えて義務づける見解（佐伯、小林）[34]に反対し、親子等の身分関係（規範的要素）に基づく義務づけを認める見解において表れている（橋爪、松原）[35]。

第4に、支配・依存に基づく基礎づけは、殺人罪、放火罪の事例では説明しやすいが、不真正不作為犯で扱われることの多い、詐欺罪、死体遺棄罪については適用事例としてほぼ挙げられていないため、不真正不作為犯論で扱われるすべての事案を説明できるものではない[36]。射程の短さは「通説」との評価を阻害する一因になりうると思われる。

このような理由から、西田系統を「通説」と評価することは難しいと考えられる。

4　まとめ

不真正不作為犯論に関していえば、不真正不作為犯処罰が罪刑法定主義に反しない、因果関係は肯定される、保障人説を採用する、という議論の土台においては「通説」があるといえる。しかし、作為義務をめぐっては、法令・契約等の形式的根拠だけでは基礎づけが足りないとする消極的な点では一般的な理解を見出せるものの、積極的な基礎づけという点では、最判解のいうとおりに多元説が「通説」であるとは確定的にいえないし、限定説（西

---

33) わが子が海で溺れているのに他人がいるからといって親の救助義務が否定されてよいのかとの疑問である（塩見・前掲注25）37頁、安田・前掲注25）115頁）。
34) 現在、小林憲太郎「実務・学説・目的的行為論(2)」判時2567号（2023年）103頁は異なる見方を主張する。
35) もともと西田・前掲注17）91頁以下、山口・前掲注10）42頁以下は、身分関係等の規範的要素に基づく限定を認めていた。
36) 死体遺棄罪に関する指摘として、松尾誠紀「死体遺棄罪と不作為犯」法と政治68巻1号（2017年）79頁以下。なお、佐伯・前掲注25）116頁以下、山口・前掲注1）92頁、小林・前掲注26）『刑法総論の理論と実務』116頁以下、松原・前掲注)108頁注30は、不作為の詐欺に言及するが、その成立に否定的あるいは限定的である。

田系統）が「通説」であるとすることも難しい[37]。強いていうならば、事例の帰結として、脆弱な法益の保護を意識的に引き受けて支配・依存性のある状況をつくっていれば作為義務を認める、とすることには、多元説および限定説全体において一般的な理解があるのかもしれない。しかし、そこでの作為義務の肯定を基礎づける理由はさまざまであるから、その事例についても理論的な意味での「通説」で答えることはできない。

---

37) 両者の相違をふまえてバランスよく考察するものとして、嶋矢貴之「不作為犯」嶋矢ほか著『刑法事例の歩き方』（有斐閣、2023年）247頁以下。

第3章

因果関係論の「通説」
危険の現実化論の系譜とその内実

大関 龍一

1 はじめに

　因果関係論のかつての通説は、団藤重光、大塚仁らによって支持された折衷的相当因果関係説であった。しかし、現在では「実行行為の危険が結果へと現実化したか」を問う危険の現実化論が広く普及し、後述のように、判例も「危険の現実化」という表現を用いている。もっとも、危険の現実化をどのように判断するかについて、必ずしも見解は一致していない。そこで、本稿では、折衷的相当因果関係説に代わって、危険の現実化論が支持を広げるに至った経緯を検証したうえで、危険の現実化論が現在の通説といえるか、仮に通説であるとしてそれはどのような解像度の下に同定されるかを明らかにする。

2 危険の現実化論の生成と発展

(1) 判断基底論をめぐる伝統的対立
　折衷的相当因果関係説は、①行為の時に立って、通常人が知りまたは予見することができたであろう一般的事情、および行為者が現に知りまたは予見していた特別な事情を基礎として（判断基底論）、②その行為から結果が発生するのが経験上通常であるかを問う（相当性判断）見解[1]である。この見解の特徴は、相当性判断に先立って基礎事情に限定を加えること、行為時を判断時点として相当性を判断することにある。この見解は、一般人も知ること

ができず行為者も知らなかった事情を判断の基礎から除外することにより妥当な処罰範囲を確保できると考えられたため、多くの支持を集めた。

　これに対し、因果関係は客観的なものでなければならないとの理解から、①の判断基底論につき、行為の当時に存在したすべての事情および行為の後に生じた事情のうち予見可能であったものを相当性判断の基礎とする客観的相当因果関係説[2]も有力に主張された。折衷説と客観説の対立は、被害者の隠れた疾病など行為時の特殊事情が結果発生に影響を与えた事例においてとくに実益を有するものであった（後述4参照）。

(2) 相当性の判断方法をめぐる混乱

　1967年に最高裁が米兵ひき逃げ事件[3]において因果関係を否定する判断を示すと[4]、判断基底論とは別次元の問題として、相当性の判断方法に関する議論が活発化した。米兵ひき逃げ事件では、同乗者が被害者を引きずり降ろすという介在事情が行為時点で一般人にとって予見不可能であり被告人もこれをとくに予見していなかったため、折衷説にせよ客観説にせよ、従来の相当因果関係説の定式によれば、この事情は判断の基礎から除外されることになる。しかし、その後の相当性の判断方法については十分な議論がなかったため、判例の結論をどのように評価するかをめぐって見解の対立が生じた。

---

1) 団藤重光『刑法綱要総論〔第3版〕』（創文社、1990年）176-177頁（初版：1957年）、大塚仁『刑法概説（総論）〔第4版〕』（有斐閣、2008年）227頁以下（初版：1963年）、福田平『全訂刑法総論〔第5版〕』（有斐閣、2011年）104-105頁（初版：1965年）など。
2) 不破武夫＝井上正治『刑法総論』（酒井書店、1955年）88頁、青柳文雄『刑法通論Ⅰ総論』（泉文堂、1965年）152頁、平野龍一『刑法総論Ⅰ』（有斐閣、1972年）141頁など。
3) 最決昭和42・10・24刑集21巻8号1116頁（自動車を運転していた被告人が、自転車で通行中の被害者と衝突し、これを自車の屋根の上にはね上げたまま走行中、これに気づいた同乗者が、被害者の身体をさかさまに引きずり降ろし、舗装道路上に転落させ、被害者は頭部の打撲に基づく脳くも膜下出血等によって死亡したが、死因となった頭部の傷害が自動車との衝突の際に生じたものか、道路面への転落の際に生じたものか確定しがたい事案において、「被告人の前記過失行為から被害者の前記死の結果の発生することが、われわれの経験則上当然予想しえられるところであるとは到底いえない」として、刑法上の因果関係を否定した）。
4) 海老原震一「判解」最判解刑昭和42年度286頁は、最高裁の判断を折衷的相当因果関係説によった判断であると評価した。

第1に、現実の因果経過を離れて当該行為から結果に至ることの相当性を判断する立場から、米兵ひき逃げ事件では、被害者が自動車に引きずり降ろされなくても、落ちて頭を打って死ぬ可能性はあったので、判例とは異なり、因果関係は肯定されると主張された[5]。しかし、この見解は、相当因果関係は現実の条件関係を前提とするから、仮定の因果経過を問題としても意味がないと批判され[6]、支持を集めなかった。

　第2に、判断基底論と相当性判断を厳密に区別せず、介在事情の判断基底からの除外を相当性の否定に直結させる立場から、米兵ひき逃げ事件では、同乗者が被害者を引きずり降ろすという介在事情を一般人は予見しえなかった（かつ被告人も予見していなかった）以上、客観説に立つにせよ、折衷説に立つにせよ、判例と同様に、因果関係は否定されると主張された[7]。しかし、この見解は、判断基底を画して相当性を判断する定式にのっとっていないのではないか[8]、結局のところ相当性判断にとって判断基底論が意味をなしていないのではないか[9]と批判された。

(3)　2つの相当性概念の区別——危険の現実化論の登場

　相当性判断の内実をめぐる議論が不十分であったなか、井上祐司は、1973年公刊の『行為無価値と過失犯論』において、ドイツの刑法学者エンギッシュの理論を援用して、当該行為の一般的な結果惹起の蓋然性を問う「広義の相当性」＝「行為の相当性」＝「危険性の判断」と、当該行為の危険性がまさに当該事件の具体的な因果経過を通じて発生した結果に実現したかを問う「狭義の相当性」＝「因果経過の相当性」＝「危険の実現の判断」とを区別し、新たな判断方法を提唱した[10]。この時点で、因果関係の内容として危険の現実化を要求する意味での危険の現実化論が登場したことになるが、当時

5）平野・前掲注2）146頁。平野龍一『犯罪論の諸問題（上）総論』（有斐閣、1981年）42頁も参照。
6）福田平＝大塚仁『対談刑法総論（上）』（有斐閣、1986年）77頁〔大塚仁発言〕。
7）大塚仁「判批」判時528号（1968年）146頁、福田＝大塚（仁）・前掲注6）77頁〔大塚（仁）発言〕。
8）井上祐司『行為無価値と過失犯論』（成文堂、1973年）169-170頁。
9）山中敬一『刑法における因果関係と帰属』（成文堂、1984年）233頁。

はあくまで相当因果関係説の1つのヴァリエーションとして位置づけられた。

2種類の相当性のうち、広義の相当性＝危険性判断は、行為時を判断時点とするものであり、従来の定式同様、判断基底を画して相当性を判断するものであった。他方、狭義の相当性＝危険の実現の判断は、現実に生じた因果経過を判断対象とするものである。井上は、その判断に際して、従来の定式のように、判断時点を行為時に固定し、現実の因果経過を行為時に繰り上げて相当性を判断するのは不自然であると考えた[11]。そこで、危険の実現の判断は、「事件の本質的因果流れを抽出し、その因果流れの一こま一こまを検討して、その全体が経験上通常であることを結論」[12]すべきであるとした。具体的には、「㋐被告人の行為じたいのもつ危険性の大いさ、㋑介在事情じたいのもつ危険性の大いさ、㋒介在事情が介入する時点におけるそれまでの因果経過と介入との関係（それまでの因果経過から強制的に、または自然、必然的に介在事情が現れたのか、またはまったく独立、新規に、偶然に介入するに至ったのか）、この三つの契機が全体の因果経過の経験的な通常性を決定することになる」（㋐～㋒筆者）[13]と主張した。この危険実現判断の特徴は、①現実の因果経過を判断対象とする点、②事後的視点から諸事情（㋐～㋒）の総合考慮により因果経過全体の結びつき方を評価する点に見出される（以下、これらの特徴をもつ思考方法を「総合考慮モデル」と呼ぶ）。これは、行為時に立った予測判断を前提としない点で、従来の相当性判断の定式とはまったく異なる発想に立つものであった。

その後、2つの相当性概念を区別する考え方は広く普及した[14]が、危険実現の判断方法に関する井上の見解は、「因果経過の一こま一こまの段階ごとにつねに相当因果関係が認められて、条件説に近い結論になるのではなか

---

10) 井上（祐）・前掲注8）148-149頁（初出：1965年）、185頁、224-225頁（初出：1971年）。
11) 井上（祐）・前掲注8）173頁以下。
12) 井上（祐）・前掲注8）190頁。
13) 井上（祐）・前掲注8）225頁。
14) 中山研一『刑法総論』（成文堂、1982年）180頁、内藤謙『刑法講義総論（上）』（有斐閣、1983年）279頁、曽根威彦『刑法総論〔第4版〕』（弘文堂、2008年）72頁（初版：1987年）など。

ろうか」[15]などと批判され、支持を集めなかった。その代わりに、危険の実現を肯定するためには、結果に至る因果経過が、「実行行為から生ずることが予想される範囲内のもの」でなければならないが、「ある実行行為から生ずる因果の流れはいくとおりも予想されることが多い」ところ、「現にたどった因果過程がそのどれか一つに該当すれば、それで相当性を認めて差し支えない」とする見解[16]が主張された。この見解は、①現実の因果経過を判断対象とする点では、総合考慮モデルと同様の特徴をもつが、②現実の因果経過が実行行為から予測される範囲内に収まっていること、すなわち現実の因果経過が実行行為に含まれる危険に包摂されることを要求する点では、異なる特徴をもつ（以下、これらの特徴をもつ思考方法を「危険包摂モデル」と呼ぶ）。これは、現実の因果経過を問題にするといっても、あくまで行為時に立った予測判断をベースとするものであったため、事後判断に尽きる総合考慮モデルとは異なり、従来の相当性判断定式の枠内に位置づけることが可能であった。それゆえ、1970年代後半から1980年代にかけて危険包摂モデルの意味で理解された相当因果関係説が多数説を形成していくこととなった。

(4) 調査官解説における危険の現実化論

その後、1990年前後に、因果関係に関する最高裁判例[17]が相次いで出され、これらは調査官解説によって「危険性の現実化」に重点を置いた説示をしていると評価された[18]。このうち、夜間潜水事件（1992年）の調査官解説は、

---

15) 内藤・前掲注14) 284頁。
16) 中野次雄『刑法総論概要〔第3版補訂版〕』（成文堂、1997年）110-111頁（初版：1979年）。内藤・前掲注14) 280頁、町野朔「因果関係論」中山研一ほか編『現代刑法講座 第1巻 刑法の基礎理論』（成文堂、1977年）341頁以下（町野朔『犯罪論の展開Ⅰ』〔有斐閣、1989年〕所収）、荘子邦雄『刑法総論〔第3版〕』（青林書院、1996年）130頁以下（新版〔1981年〕以来、同内容）なども参照。井上（祐）・前掲注8) 185-186頁も、エンギッシュの危険実現判断について、この見解と同趣旨に理解していた。
17) 最決昭和63・5・11刑集42巻5号807頁（柔道整復師事件）、最決平成2・11・20刑集44巻8号837頁（大阪南港事件）、最決平成4・12・17刑集46巻9号683頁（夜間潜水事件）。
18) 永井敏雄「判解」最判解刑昭和63年度275頁、井上弘通「判解」最判解刑平成4年度223頁、234頁。

危険の現実化の判断にあたって、介在事情たる第三者や被害者の不適切な行動が、「被告人の行為に当然導かれる範囲内のものにとどまること」[19]、被告人の行為の「危険性の範囲内にあって、そのような行動が予測され得る」[20]ことを重視しており、危険の現実化の判断方法について危険包摂モデルの発想に立脚していることがうかがえる。

　他方、大阪南港事件（1990年）の調査官解説は、むしろ総合考慮モデルに親和的な発想から、実行行為時に立った予測判断をベースに置く従来の相当因果関係説に再考を迫った。すなわち、「これまでの通説的な相当因果関係説においては、予見（予測）可能性が相当性判断の実質的基準になるとされているが、具体的影響力（寄与度）という観点からの検討が十分されておらず、右の影響力と予見可能性との関係について十分な説明がされてきたとはいいがた」[21]いと評価した。さらには、相当因果関係説の思考方法について、被告人の行為と結果との結びつきを具体的に探究することにより、結果への寄与の有無・態様等を認定し、これに基づいて因果関係を判断する実務における思考方法とマッチしない面がある[22]と指摘した。これは、危険包摂モデルが多数説化していた学界に大きなインパクトを与えるものであった。大阪南港事件のように、介在事情が異常で予測不可能である一方、実行行為の結果に対する（医学的な見地からみた）影響力が強固な事案は従来の議論においてほとんど念頭に置かれてこなかったこともあり、学界では、この種の事案の処理をめぐって「相当因果関係説の危機」[23]が生じているとの問題意識が共有されることとなった。

(5)　狭義の相当性＝危険の現実化の判断方法をめぐる議論の進展

　1990年代から2000年代前半にかけては、相当因果関係説の危機を克服するために、相当因果関係の判断方法を見直す動きが活発化したが、主なアプロ

---

19)　井上（弘）・前掲注18）224頁。
20)　井上（弘）・前掲注18）225頁。
21)　大谷直人「判解」最判解刑平成2年度241頁。
22)　大谷直人「時の判例」ジュリ974号（1991年）59頁。
23)　井田良『犯罪論の現在と目的的行為論』（成文堂、1995年）79頁。

ーチは次の2つであった。

　第1のアプローチは、行為と結果との結びつきの具体的な探究という視点を正面から取り入れるため、総合考慮モデルの発想を採用し、狭義の相当性判断の考慮要素に「結果に対する寄与度（影響力）」の概念を組み込もうとするものであった。具体的には、行為後の介在事情が結果発生に影響を及ぼす事例において、狭義の相当性は、①実行行為の有する結果発生の確率の大小（実行行為の危険性の程度）、②介在事情の異常性の大小、③介在事情の結果への寄与の大小の3点を組み合わせて判断すべきであって、実行行為それ自体の危険性が高く、介在事情の結果発生に対する寄与度が小さい場合には、介在事情がいかに異常な事態であっても狭義の相当性が否定されることはないとした[24]。このアプローチによれば、大阪南港事件では、介在事情の予見可能性の有無にかかわらず、端的に、実行行為それ自体が被害者の死因を形成し、介在事情は幾分か死期を早める影響を与えるものにすぎないことを根拠に因果関係が肯定されることになる。

　第2のアプローチは、行為時に立った予測判断という視点を維持するため、現実の結びつきの具体的探究という視点を取り入れるのではなく、危険包摂モデルを堅持しつつ、因果経過の抽象化という作業を介することによって「危機」に対応しようとするものであった。具体的には、狭義の相当性の判断において、現実の因果経過と予測された因果経過が細部にわたるまで合致する必要はなく、「ある程度まで因果経過および結果発生の態様を『抽象化』し、具体的な介在事情を度外視した上で、その経験的通常性を判断せざるを得ない」のであって、この抽象化は「死因が同一であるとみられる範囲内」（傍点原文）では許容されるとした[25]。このアプローチによれば、大阪南港事件では、介在事情それ自体は予見不可能であるとしても、被害者が同一の死因で死亡することは被告人の行為から生じると予測しうる範囲内に収ま

---

24) 前田雅英『刑法の基礎 総論』（有斐閣、1993年）110頁以下。曽根威彦『刑法における結果帰属の理論』（成文堂、2012年）59頁以下、佐伯仁志『刑法総論の考え方・楽しみ方』（有斐閣、2013年）69頁など参照。
25) 井田・前掲注23）92頁。林幹人『刑法総論〔第2版〕』（東京大学出版会、2008年）137頁、松原芳博『刑法総論〔第3版〕』（日本評論社、2022年）85頁など参照。

っていることを根拠に因果関係が肯定されることになる。

3 危険の現実化論の現状

(1) 判例理論としての「危険の現実化」

2000年代中盤になると、因果関係論に関する判例[26]が再び相次ぎ、これらの調査官解説[27]は、生じた結果が被告人の行為による危険が現実化したものと評価できるかどうかという観点から因果関係の有無を判断するのが判例の立場であると明確に指摘した。また、これと相前後して、山口厚は、「判例は、被告人の行為の危険性が結果へと現実化した場合に、因果関係を肯定する態度を採っている」[28]と評価し、この立場への支持を表明した[29]。さらに、2010年の日航機ニアミス事件[30]、2012年の三菱自工タイヤ脱落事件[31]において、最高裁は「危険の現実化」という表現を明示的に使用するに至った。

こうした流れを受けて、現在では、「危険の現実化」という観点から因果関係を判断するのが判例理論であるとの理解が一般的となっている[32]。

(2) 危険の現実化は通説か？——「通説」の同定

近時の判例理論に影響を受けて、現在、刑法上の因果関係を肯定するためには「実行行為の危険性が結果に現実化したこと」が必要であるとする見

---

[26] 最決平成15・7・16刑集57巻7号950頁（高速道路進入事件）、最決平成16・2・17刑集58巻2号169頁（患者不養生事件）、最決平成16・10・19刑集58巻7号645頁（高速道路停車事件）、最決平成18・3・27刑集60巻3号382頁（トランク監禁事件）。

[27] 山口雅高「判解」最判解刑平成15年度416頁、前田巌「判解」最判解刑平成16年度144頁、上田哲「判解」最判解刑平成16年度478頁、多和田隆史「判解」最判解刑平成18年度231頁。

[28] 山口厚「被害者の行為の介在と因果関係」法教292号（2005年）105頁（同『新判例から見た刑法〔第3版〕』〔有斐閣、2015年〕所収）。

[29] この立場への支持をはじめて表明したのは、山口厚『刑法総論〔第2版〕』（有斐閣、2007年）60頁。

[30] 最決平成22・10・26刑集64巻7号1019頁。

[31] 最決平成24・2・8刑集66巻4号200頁。

解[33]が多数の支持を集めている。この見解は、「危険の現実化説」[34]という名称で呼ばれ、相当因果関係説とは区別された独自の見解に位置づけられることがある。もっとも、かねてより、相当因果関係説の1つのヴァリエーションとして、「狭義の相当性＝危険の現実化」を要求する見解は主張されており、現在「相当因果関係説」を支持する見解においても、「狭義の相当性＝危険の現実化」は要求されている[35]。また、ドイツの学説を手がかりとした「客観的帰属論」と呼ばれる見解[36]も有力に主張されているが、この見解も、危険創出連関と危険実現連関をその内容とし、「行為者の行為によって創出された危険が結果に実現したこと」を要求している。こうしてみると、「危険の現実化説」と呼ぶか、「相当因果関係説」と呼ぶか、「客観的帰属論」と呼ぶかは名称の違いにすぎず、現在では、因果関係（ないし客観的帰属）を肯定するために「危険の現実化」を要求する見解（本稿では「危険の

---

32) 大塚裕史ほか『基本刑法Ⅰ総論〔第3版〕』（日本評論社、2019年）73頁以下〔大塚裕史〕、亀井源太郎ほか『刑法Ⅰ総論〔第2版〕』（日本評論社、2024年）17頁以下〔佐藤拓磨〕、裁判所職員総合研修所監修『刑法総論講義案〔4訂版〕』（司法協会、2016年）95頁以下、島田一「被害者の行為の介在と因果関係」池田修＝杉田宗久編『新実例刑法〔総論〕』（青林書院、2014年）53頁以下、小坂敏幸「行為の危険性の現実化——因果関係」植村立郎編『刑事事実認定重要判決50選（上）〔第3版〕』（立花書房、2020年）25頁以下（標題が第2版〔2013年〕の「因果関係(1)」から変更されている）など。

33) 山口厚『刑法総論〔第3版〕』（有斐閣、2016年）60頁以下、井田良『講義刑法学・総論〔第2版〕』（有斐閣、2018年）135頁以下、小林憲太郎『刑法総論の理論と実務』（判例時報社、2018年）143頁以下、前田雅英『刑法総論講義〔第8版〕』（東京大学出版会、2024年）150頁以下、橋爪隆『刑法総論の悩みどころ』（有斐閣、2020年）1頁以下など。

34) 橋爪・前掲注33) 1頁、井田・前掲注33) 135頁など。

35) 浅田和茂『刑法総論〔第3版〕』（成文堂、2024年）138頁、松宮孝明『先端刑法 総論』（日本評論社、2019年）39頁など。内田幸隆＝杉本一敏『刑法総論』（有斐閣、2019年）47頁〔杉本一敏〕、松原・前掲注25) 76頁は、相当因果関係と危険の現実化を同視する。なお、「危険の現実化説」と「相当因果関係説」が対置される場合、「相当因果関係説」は、①広義の相当性と狭義の相当性を区別せずに、判断基底を画して相当性を判断する見解（＝旧通説）を指す表現として用いられることもあれば、②①のほか危険包摂モデルも含めた表現として用いられることもある。

36) 山中敬一『刑法総論〔第3版〕』（成文堂、2015年）291頁以下、高橋則夫『刑法総論〔第5版〕』（成文堂、2022年）141頁以下、伊東研祐『刑法講義 総論』（日本評論社、2010年）86頁以下など。同理論に基づく研究書として、山中敬一『刑法における客観的帰属の理論』（成文堂、1997年）。

現実化論」と指称してきた）が、刑法解釈者の圧倒的多数の支持を得ているといえる。

　また、こうした状況のもと、学生向けの概説書や演習書[37]において危険の現実化論をベースとした解説が展開されているほか、「危険の現実化」という表現を用いることに否定的な見解からも批判対象として危険の現実化論に言及されている[38]ことからすれば、危険の現実化論が、刑法解釈者のなかで一般的にはこのように考えられているものとしての通説となっていることがうかがえる[39]。

　以上をふまえると、「支持者基準」と「一般的評価基準」の両面から、危険の現実化論が「通説」であると同定することができる[40]。

(3) 危険の現実化の判断構造――２つの思考モデルの併存

　このように、「危険の現実化」というフレーズレベルで通説を同定できるものの、その判断構造をめぐっては２つの異なる理解が併存している。

　１つの理解は、【A】危険の現実化の判断は、「現実に生じた因果経過を具体的事実に即して分析し、実行行為のもつ危険性がどの程度のものであったか、行為および行為後に介入した事情のそれぞれが具体的結果の発生に対しいかなる因果的寄与をなしたか、そのような具体的な経過をたどってそのような具体的態様の結果に至る予測可能性はどの程度あったかといった点を考慮しつつ、因果経過が実行行為のもつ危険の現実化ないし確証の過程として評価しうるかどうかを問う」[41]ものであるとし、「各要素の総合的衡量判

---

37) 大塚（裕）ほか・前掲注32) 73頁以下〔大塚〕、亀井ほか・前掲注32) 17頁以下〔佐藤〕、井田良ほか『刑法事例演習教材〔第３版〕』（有斐閣、2020年) 38頁、46頁、57頁、144頁など。
38) 大谷實『刑法講義総論〔新版第５版〕』（成文堂、2019年) 219頁以下、町野朔『刑法総論』（信山社、2019年) 142頁以下など。
39) 橋爪・前掲注33) １頁、小池信太郎「因果関係」嶋矢貴之ほか『刑法事例の歩き方』（有斐閣、2023年) 30頁参照。
40) 通説の同定基準につき、本書仲道祐樹論文〔第１章〕参照。
41) 井田・前掲注33) 143頁（井田・前掲注23) 以来の主張から改説。井田良「刑法における因果関係論をめぐって」慶應法学40号〔2018年〕１頁以下参照）。裁判所職員総合研修所監修・前掲注32) 96頁も参照。

断」[42]であるとする。もう１つの理解は、【B】「危険の現実化の判断は、まず①実行行為に内在している危険性の内容を明らかにして、②それが現実の因果経過および結果惹起によって実現されていると評価できるかを検証するプロセス」[43]であるとし、「『危険の現実化』の核心は、予測された経緯と現実の経緯との『一致』、言い換えれば、『現実の経緯』をたどることが行為だけを見ても既に予測できた、といえることにある」[44]とする。

　【A】説は総合考慮モデルに、【B】説は危険包摂モデルに立脚するものであって、相当因果関係説内部で２つの判断構造が併存していた状況がそのまま残存していることがわかる。したがって、現在の学説状況を「相当因果関係説対危険の現実化説」という構図で整理することは必ずしも適切とはいえない。危険の現実化論が通説化したといっても、議論の実態は変わっていないのである。しかし、この２つのモデルの併存状態について現在の学説は必ずしも自覚的でなく、両モデルを明確に区別する文献はほとんどない[45]。両モデルはまったく異なる思考プロセスをたどるものであるから、両モデルを一括りに「危険の現実化」として論じている現状は、あらゆる場面でミスコミュニケーションを生じさせているのではないかと思われる。

(4)　２つの思考モデルの対立点

　現在、危険の現実化の判断方法をめぐってさまざまな対立点が存在しているが、２つの思考モデルを軸に整理し直せば、以下の３点に集約することができる。

　第１点は、１段階構造をとるか、２段階構造をとるかである。総合考慮モデルは、事後的視点から諸事情の総合考慮により因果経過全体が「危険の現実化」と評価できるような形態で結びついているかを問うものであり、《事

---

42)　前田・前掲注33) 151頁。
43)　橋爪・前掲注33) 13頁。高橋直哉『刑法の授業［上巻］』（成文堂、2022年) 35頁も参照。
44)　杉本一敏「因果関係・不作為犯」法教442号（2017年）15頁。同旨、安田拓人「実行行為と因果関係」法教487号（2021年）99頁。
45)　樋口亮介「判批」佐伯仁志＝橋爪隆編『刑法判例百選Ⅰ総論〔第８版〕』（有斐閣、2020年）29頁は、２つの思考方法の併存を示唆する。

後判断として「危険の現実化」を一挙に問う１段階構造》[46]である。これに対し、危険包摂モデルは、事前的視点から実行行為のもつ危険性を判断（予測判断）したうえで、事後的視点から現実の因果経過が実行行為のもつ危険性の現実化と評価できるかを問う（包摂判断）ものであり、《事前判断として「危険」を問い、事後判断として「現実化」を問う２段階構造》[47]である[48]。

　第２点は、因果経過の通常性（予見可能性）の位置づけである。総合考慮モデルによれば、因果経過の通常性は危険の現実化を判断するための１つの考慮要素にすぎないことになる[49]。これに対し、危険包摂モデルによれば、第１段階の危険性判断において、事前的視点からその後の因果経過を展望的に判断せざるをえないから、どのような因果をたどりうるかという意味での、因果経過の通常性ないし予見可能性を検討することが必須となる。

　第３点は、判断基底論の必要性である。総合考慮モデルによれば、直截に因果経過全体の結びつき方を問うことになるから、判断基底を画する作業は不要となる[50]。これに対し、危険包摂モデルによれば、第１段階の危険性判断において、行為時に存在した事情につき、危険性の判断資料に限定を加えるべきかという観点から判断基底論が問題となり、これとの関係で、客観説

---

46) なお、危険の現実化は、概念上、危険性判断を前提とするから、総合考慮モデルの思考方法は、本来、危険の現実化という枠組みに合致しないはずである。じつは、総合考慮モデルの元祖である井上祐司もこのことに自覚的であり、後年、「行為の危険性という契機は、『危険の実現』の有無にとり、決定的役割を演じえない」（井上祐司「行為後の事情と相当性説」法政研究51巻１号〔1984年〕２頁）として、危険判断と危険実現判断を区別する枠組みを放棄した。

47) ただし、危険包摂モデルも現実の因果経過を判断対象とするものであるから、実際の適用にあたっては、現実の因果経過を見越した危険性判断が行われる。それゆえ、橋爪・前掲注33）14頁は、「現実に発生した結果を引き起こす危険性が実行行為に内在していたかだけを問題にすればたりる」とする。

48) 客観的帰責の判断構造を、①事前判断一元説、②事後判断一元説、③事前・事後判断二元説という観点から分析するものとして、杉本一敏「相当因果関係と結果回避可能性(2)」法研論集101号（2002年）383頁。

49) 山口・前掲注33）60頁、小林憲太郎『刑法総論〔第２版〕』（新世社、2020年）55頁など。

50) 先駆的主張として、山中・前掲注９）230頁以下。佐伯・前掲注24）70頁も参照。

対折衷説という伝統的な対立が維持されることになる[51]。

4　今後に向けて

　ここまでの検討をまとめると、因果関係（ないし客観的帰属）を肯定するために「実行行為の危険が結果に現実化したこと」を要求する見解（危険の現実化論）が通説であるが、危険の現実化の判断構造をめぐって、「事後的視点から諸事情の総合考慮により実行行為から結果に至る現実の因果経過全体が『危険の現実化』と評価できるかを問う」総合考慮モデルと、「事前的視点から実行行為のもつ『危険性』の内容を明らかにしたうえで、事後的視点から現実の因果経過が実行行為のもつ危険性の『現実化』と評価できるかを問う」危険包摂モデルが併存しているということになる。

　両モデルを区別することは単なる概念の整理にとどまるものではなく、大阪南港事件の処理方法の違いに見られるように（2⑸）、いずれのモデルを採用するかによって、事例判断にあたっての着眼点や思考プロセス、重視される要素などが異なってくる。たとえば、高速道路進入事件では、総合考慮モデルに立てば、実行行為と介在事情の現実の結びつきの強さ、すなわち被害者が逃走のため高速道路に進入するという介在事情が被告人の激しい暴行によって誘発されたこと[52]が決定的となる。これに対し、危険包摂モデルに立てば、誘発関係それ自体が危険の現実化を基礎づけるのではなく、被害者が生命を危険にさらすような逃走手段を選択するに至る危険性が被告人の暴行行為に見出されるかが決定的となる。

　また、被害者の隠れた疾病などの素因が結果に影響を与えた事例[53]、たとえば、被害者に軽度の暴行を加え、健常者であればそれ単独で死亡すること

---

51) 内田＝杉本・前掲注35) 51頁〔杉本〕、松原・前掲注25) 80頁、橋爪・前掲注33) 15頁など。
52) 山口・前掲注33) 61頁、小林・前掲注33) 171-172頁参照。
53) この種の事例に関する判例・学説の状況および私見につき、大関龍一「被害者の素因の競合と危険の現実化(1)・(2・完)」早稲田法学96巻2号179頁以下、同3号43頁以下(2021年)。同「因果関係の論証パターン」法セ839号（2024年) 8頁以下も参照。

のない程度の傷害を負わせたが、被害者が血友病に罹患していたため失血死したという事例では、より顕著な差が生じる。総合考慮モデルによれば、素因の影響も因果経過の一こまとして取り上げられ、①実行行為そのものの危険性（軽度の暴行）、②併発事情の異常性（血友病は稀な疾患）、③実行行為と併発事情それぞれの結果に対する寄与度（暴行単独では死に至らない程度の傷害、血友病が競合して死亡）などから、実行行為と結果の結びつきの強さを判断することになる[54]。これに対し、危険包摂モデルによれば、第1段階の危険性判断における判断基底論の立場によって、結論が分かれうる。客観説を採用すれば、実行行為時に存在する血友病という事情を判断資料に組み込んで危険性を判断するため、暴行行為に被害者を失血死させる危険性が見出され、危険の現実化が肯定されることになる。他方、折衷説を採用すれば、血友病という事情は、これを一般人が認識しえたか、行為者がとくに認識していた場合には危険性判断の資料に組み込まれるが、そうでない場合は判断資料から除外されるため、暴行行為に被害者を失血死させる危険性を見出せないとして、危険の現実化を否定する余地がある。

　このように、いずれのモデルに立つかによって事例の処理方法に差が生じ、ひいては刑事裁判における争点設定の仕方も変わってくる。現在の学説は、事例の類型化を通じて判断基準を具体化していくという方向性で一致している[55]が、類型的考察を意味のあるものにするためには、思考モデルを区別しておくことが有益であろう。この2つのモデルの関係について、一方のみが理論的に正しいのか、あるいは2つの使い分けや組み合わせが許されるのかといった点は今後の検討課題である[56]。学生の読者においては、さしあた

---

[54] 前田・前掲注33）152頁、157頁以下。さらに、山中・前掲注36）『刑法における客観的帰属の理論』533頁以下、塩見淳『刑法の道しるべ』（有斐閣、2015年）23頁も参照。なお、小林・前掲注33）148頁以下は、この種の事例を危険の現実化論の射程外とする。

[55] 有力な類型論は、危険の現実化の態様を、①実行行為の危険性が結果へ直接現実化した場合（直接型）と、②実行行為の危険性が直接の原因である介在事情を介して結果へ間接的に現実化した場合（間接型）に区別する（山口・前掲注33）61頁、橋爪・前掲注33）10-11頁など）。

[56] 私見につき、大関龍一「危険の現実化論の沿革と判断構造(1)〜（3・完）」早稲田法学98巻2号61頁以下、同3号1頁以下、同4号1頁以下（2023年）。

り、2つのモデルの違いを理解したうえで、事例検討に際してはどちらか使いやすいモデルを用いて結論を導ければ十分であろう[57]。

　［付記］　本稿は、JSPS科学研究費（JP23K12385）の助成による研究成果の一部である。

---

[57] なお、危険の現実化論を採用するとして、実行行為と結果の事実的結びつきの意味での条件関係をどのように位置づけるかという問題もある。①条件関係の存在を確認したうえで、危険の現実化を問うべきとする見解（大塚〔裕〕ほか・前掲注32）73頁〔大塚〔裕〕〕、井田・前掲注33）125頁など）がある一方で、②危険の現実化の判断には条件関係が当然含まれているから、危険の現実化だけを問えばよいとする見解（山口・前掲注33）61頁、橋爪・前掲注33）12頁など）もある。もっとも、②も条件関係を不要とする趣旨ではなく、条件関係が否定される場合は危険の現実化が当然に否定されるため、条件関係を独立に問う必要がないとするにすぎないから、いずれの見解に立っても結論は変わらない。

第4章
故意論の「通説」

大庭 沙織

1　はじめに

　刑法の授業やそこで指定されているテキスト、コンメンタール等で、故意は、「犯罪事実の認識および認容」であり、判例および通説は認容説を採っていると学ぶ学生は多いと思われる。しかしながら、故意論の歴史的な沿革を見てみると、最初から認容説が通説であり判例の立場であるとされてきたわけではないし、近年の基本書を見てもむしろ認容説を主張している論者は多くなく、蓋然性説、動機説、実現意思説と学説が複数に分かれているのが現状であるといえる。すなわち、いまだに認容説を通説と説明する刑法学の講義や実務と現在の故意論とは、乖離があるように思われるのである。
　そこで本稿では、未必の故意と認識ある過失の区別をめぐる議論の歴史的沿革を示したうえで、認容説が通説とされるようになった背景を示すこととする。そして、認容説の根拠および問題点を示し、近年の学説の諸相を紹介して、認容説を支持するかどうか、支持するとすればどのような理由に基づくべきかを読者に問う契機としたい。

2　認容説登場以前の学説の状況

　認容説は一般に、意思説から派生したものと理解されている。元来、故意の内容については意思主義と認識主義とが対立するとされてきた。そして認識主義から派生したのが蓋然性説であり、現代では蓋然性説 vs 認容説との

構図のもと、認容説が通説であると説明されている。しかし、意思主義 vs 認識主義の構図で論じられていた時代は、じつは認識主義が通説だったのである。そこで、本章では、故意をめぐる学説の歴史的沿革を概観し、「認容」という文言がいつ登場し、認容説が通説とされていったのかを紹介する[1]。

まず、著者が調べたところ、1900年頃から基本書において希望主義（意欲主義）vs 認識主義（豫見主義）という構図が示されている[2]。犯罪結果に対する希望までは不要であるとして[3]、多くの学説は認識主義を採り[4]、通説・判例とも認識主義であると説明されていた。もっとも、ここで希望主義と対立するとされる認識主義が支持されていたといっても、意思的要素が不要であるとされていたわけではなかった[5]。ここでの対立軸は結果発生の「希望」まで必要とするかであって、意思的要素の要否をめぐる議論ではなかったのである。認識主義と呼称されていても、そこに含まれる見解のなかには、故意とは犯罪行為を行おうとする決意（決心）であるとする見解[6]や、犯罪結果の発生を認識しつつ行為した以上は希望が認められるとする見解[7]がある。

前者の見解は、故意には、単なる認識だけではなく決意（決心）が必要であるとする[8]。この見解をとる各論者が、故意責任の根拠をどのように理解

---

1) 詳しくは大庭沙織「故意の議論の変遷：認容説を中心に」刑弁116号（2023年）53頁以下。
2) 小疇傳『刑法総論（日本法律学校33年度第1部法学講義）』（日本法律学校、1900年）109-110頁、岡田朝太郎『刑法講義案総則〔6版〕』（有斐閣、1902年、1903年）32頁、平沼騏一郎『刑法汎論』（東京法学院、1906年）139頁、牧野英一『刑法総論』（日本大学、1907年）80頁、泉二新熊『日本刑法論上巻（総論）』（有斐閣、1908年）456頁。
3) たとえば平沼・前掲注2）139頁、牧野・前掲注2）80頁。
4) これに対して、意思主義を採るものとして大場茂馬『刑法総論 下巻』（中央大学、1913年）700頁。
5) 本文に挙げた認識主義の見解に対して、純粋に認識主義の立場をとっていたと解されるのは泉二新熊である。泉二は、故意は「罪と為る可き事実の認識豫見」であるとしていた（同・前掲注2）452頁）。
6) 江木衷『現行刑法汎論〔改正増補3版〕』（博聞社、1888年）166頁、古賀廉造『古賀廉造先生講述刑法新論』（和佛法律学校出版部、1898年）340-341頁。
7) 小疇・前掲注2）110頁、松原一雄『新刑法論』（清水書店、1904年）78頁、勝本勘三郎『刑法要論上巻（総則）』（明治大学、1913年）196-197頁。

していたかは必ずしも明らかでないが、故意犯処罰の根拠は、故意犯が徳義（道徳）に違背した点にあったと解されていたものと理解できる[9]。というのも、旧刑法は折衷主義刑法理論を採用しており、国家は「背徳加害の所為」のみを処罰することができるが、社会に害を加える行為であっても、犯意のような精神的要素がなければ「徳義」に違背していないからである[10]。また、犯罪行為をする決意は、行為者の反社会的性格を表すものとして[11]、責任の根拠を、違法行為をした行為者の反社会的性格に求める社会的責任論の立場からも必要であるとされていた。

　後者の見解は、行為者が犯罪結果発生を認識しつつその行為をした以上は、結果発生を希望していたということだと解する見解である。この見解によれば、故意の要素として要求される行為者の心理状態は犯罪結果発生の認識で足りる。ここでは、「認容」という概念はいまだ出てきていないし、行為者の実際の心理状態として「結果の発生を許す」等の心理状態が要求されているわけではないが、認容説のような表現が散見される。たとえば小疇傳が未必の故意を、行為者が仮に結果発生を確信したとしてもその行為を止めなかったとき、すなわち、「行為者が結果の発生を許したとき」に認められるとし、「此の如く犯意ありと言い得るには少くとも行為者に於て結果の発生を許すことを要する」と述べており[12]、実際の心理状態としてではなく仮定ではあるが「結果の発生を許す」という認容説的な表現をしている[13]。また、勝本勘三郎は、結果発生の可能性を認識しながらそれを回避しない場合に未

---

8) 岡田朝太郎『日本刑法論』（有斐閣、1894年）201頁。もっとも、平沼・前掲注2）133頁は、犯罪事実の認識と決意とを分けて考えることはできないとし、「犯罪事実の認識を決意と分別して之を故意と称すると二者を併合して之を故意と称するとは語の争に過ぎず」と指摘した。
9) 宮城浩藏『日本刑法講義第1冊』（明治法律学校講法会、1891年）592頁も参照。
10) 岡田・前掲注8）165頁。
11) 江家義男『刑法大意』（江家義男、1938年）65頁、牧野英一『日本刑法上巻總論〔重訂版〕』（有斐閣、1937年）185頁、八木胖『刑法總論』（評論社、1953年）271頁、市川秀雄『刑法總論』（春秋社、1955年）210頁参照。
12) 小疇傳『新刑法論 総則』（清水書店、1910年）316頁。
13) 玄守道『刑法における未必の故意――日・独比較法史研究』（法律文化社、2021年）42頁参照。

必の故意が認められるとし、そのような場合には「仮令結果の発生することあるも尚ほ且つ行為を敢行するの意思あるが故に結果を知覚して之れを甘諾（Einwilligen）」[14]していたというのであるが、ここでも「甘諾」という認容に当たる表現が用いられている。もっとも、ここでいう「甘諾」の内実は「認識＋行為」であって、実際に「甘諾していた」という心理状態が要求されているわけではない。

3　認容説の登場

(1)　「認容」の登場

このように、当時は認識説が通説であるとされており、自らの主張が通説と異なることを自覚しつつも[15]、小野清一郎は、故意を認めるためには行為者に認識があったというだけでは足りず、犯罪事実の「認識が行為者の意思決定に対して或る実際的な関係を有したることを必要とする。即ち其の結果の表象が行為の動機と為りたること又は少くとも其の意思決定に於て実際的に顧慮され認容されたることを必要とすると考える。其の意味に於ては意思説が正当である」との考えを示した[16]。

小野は、刑法38条の「罪を犯す意思」の解釈として、「一．犯罪構成事実を表象し、且つ其の発生を認容して行為に出でたること」、「二．行為の違法性を意識したること」、「三．行為の当時に於ける具体的状況上行為者に対し其の行為に出でざることを期待し得べかりし場合なること」を示した[17]。そして、未必の故意が問題となるのは、結果発生の単なる可能性の認識しかない場合であるが、「行為者が其の結果の発生を已むを得ざるものとし、又は全く之を意に介せずして行為したる場合、即ち結果を積極的又は消極的に認容したるとき」に未必の故意が認められるとした[18]。

---

14) 勝本・前掲注7) 201頁。
15) 小野清一郎『刑法講義総論』（有斐閣、1932年）141頁。
16) 小野・前掲注15) 146頁。玄・前掲注13) 46頁によれば、小野は意思説の立場から認容を故意の基準とした日本最初の論者である。
17) 小野・前掲注15) 144頁。

小野が認容を故意の要素とする主張をしたことによって、希望主義 vs 認識主義という学説の対立が変化した。1930年代後半以降、「観念主義 vs 意思主義（希望主義と認容主義（許容主義））」[19]とする整理や、「希望主義 vs 認識主義 vs 認容主義」[20]とする整理が見られる。認容主義は、希望主義は犯罪結果発生の希望まで必要とすることにより故意を認める範囲が狭すぎ、認識主義は単に犯罪結果発生の認識があれば故意を認めるからその範囲が広すぎるという問題を指摘して主張された面があることから、認識主義とも希望主義とも対立するという図式になる[21]。そして、1949年には、「未必の故意と認識ある過失の区別に関する学説としては、認容説と蓋然性説とが激しく対立している」[22]という記述が見られる。もっとも、判例・通説の立場については、なお認識説であると説明されていた[23]。

(2) 団藤重光による認容説の主張

たとえば学生の答案を見ていると、故意を論じる際に「反規範的人格態度」というワードが挙げられ、故意には「認容」が必要であるという説明がいまだに散見されるが、学生本人が自覚的であるかは別として、このような説明は団藤重光の見解によるものであると思われる。

団藤重光は『刑法綱要総論』（創文社、1957年）213頁において、「故意において、行為者の反規範的人格態度がもっとも明白に認められる」とし、故意が認められるためには「犯罪事実の表象・認容」が必要であるとした。団藤

---

18) 小野・前掲注15) 147頁。
19) 江家・前掲注11) 64-65頁参照。
20) 齊藤金作『刑法総則大意』（東山堂、1942年）171頁参照。
21) 齊藤・前掲注20) 171頁。
22) 井上正治『刑法総論』（惇信堂、1949年）149頁。
23) 小野清一郎『刑法概論』（法文社、1952年）131頁、佐伯千仭『刑法総論』（有信堂、1953年）129頁、滝川春雄『刑法総論講義〔第4版〕』（世界思想社、1955年）125頁、齊藤金作『刑法総論〔改訂版〕』（有斐閣、1955年）171頁、小泉英一『刑法総論』（敬文堂書店、1957年）134頁、吉田常次郎『刑法総論』（有信堂、1961年）124頁、中義勝『刑法総論』（有斐閣、1971年）111頁（判例の立場は蓋然性説だとする）。なお、認容主義が通説であるような説明は1942年の時点で齊藤・前掲注20) 176頁においてすでに見られる。

は、犯罪事実の認容に「犯罪事実の発生に対する積極的な人格態度」が見出されるとしたのである[24]。その後、1960年代にはすでに認容説が通説とされるようになる[25]。

このように団藤は、「行為の背後における人格態度の直接的な反規範性が、故意責任の本質をなす」[26]とするのであるが、団藤が人格形成責任論に立っているからこそ、行為者の「人格」を直接的に問題とするのである。たしかに、かつては団藤以外にも故意責任を行為者人格の反規範性から説明して認容説を採る論者はおり、一定の支持を得ていたといえる[27]。しかし、現在では人格責任論や人格形成責任論は支持を失っているのであり、認容説を支持するにしても、次項(3)で挙げるような、行為者人格とは別の根拠に基づかなければならないであろう。人格責任論に対しては、過去の人格の形成過程を明らかにすること[28]や、有責的に形成された人格とそうでない人格との区別[29]、「人格形成の過程における責任の有無・程度を画定すること」[30]は困難であると指摘されている。そればかりか、そもそも、刑法が行為者の人格に立ち入って責任を認めること自体が不当であるとされ、支持者を失っているのである。すなわち、それはプライバシーの侵害である[31]とか、「個人生活への不当な介入である」[32]とされるだけでなく、個別の犯罪行為を離れて

---

[24] 団藤重光『刑法綱要総論』（創文社、1957年）216頁注10参照。
[25] 福田平＝大塚仁『刑法総論』（青林書院、1961年）129頁、青柳文雄『刑法通論Ⅰ総論』（泉文堂、1965年）268頁、福田平『刑法総論』（有斐閣、1965年）93頁、大塚仁『刑法要論』（成文堂、1968年）84頁、団藤重光責任編集『注釈刑法(2)Ⅱ 総則(3)』（有斐閣、1969年）〔福田平〕321頁など。
[26] 団藤・前掲注24）233頁。
[27] 吉川経夫『刑法総論』（法文社、1954年）97頁、不破武夫＝井上正治『刑法総論』（酒井書店、1955年）123頁、138頁、大塚・前掲注25）84頁、146頁、大塚仁ほか編『大コンメンタール刑法 第3巻〔第38条～第42条〕〔第2版〕』（青林書院、1999年）81頁、85頁〔大塚仁〕。
[28] 林幹人『刑法総論〔第2版〕』（東京大学出版会、2008年）43頁、西田典之（橋爪隆補訂）『刑法総論〔第3版〕』（弘文堂、2019年）221頁。
[29] 川端博『刑法総論講義〔第3版〕』（成文堂、2013年）412頁。
[30] 井田良『講義刑法学・総論〔第2版〕』（有斐閣、2018年）390頁。
[31] 林・前掲注28）43頁。
[32] 川端・前掲注29）412頁。

人格形成過程について責任を問うことは、行為責任の原則に反し[33]、罪刑法定主義にも矛盾する[34]のである。

(3) 「認容」が要求される理由
(a) 責任論に基づく理由

団藤が主張した人格形成責任論のほか、認容を要求する根拠はほかにも複数挙げられている。まず、最初に認容を要求した小野は、その責任論においては「反道義的なる行為に付き其の行為者に対し道義的社会倫理的非難を帰することを得べきこと」[35]という意味での道義的責任論を支持し、故意の場合に「高度の道義的責任」が認められるとしていた[36]。これに対しては、小野が「認容」に含むとした消極的認容についても「高度の道義的責任」が認められるのかという疑問をもたれうる[37]。もっとも、小野は故意の説明において、犯罪結果発生の認識・認容よりも違法性の意識のほうで道義的責任とのかかわりを論じており[38]、認容という要素のみに「高度の道義的責任」を見出していたのではなく、むしろ違法性の意識を有していた点にこれを見出しているように思われる。これに対して団藤は、その支持する人格責任論は「道義的責任論の立場をとりながら、当の行為だけでなく、その背後にある人格に責任の基礎をみとめるものである」[39]としつつ、「当の行為における

---

33) 曽根威彦『刑法原論』（成文堂、2016年）290頁、松原芳博『刑法総論〔第3版〕』（日本評論社、2022年）234頁。人格形成責任論は行為を超えて人格形成過程について非難を向けることになるため、過度に重い責任を問うことになると指摘されている（曽根・同290頁。浅田和茂『刑法総論〔第3版〕』〔成文堂、2024年〕281頁も参照）。
34) 井田・前掲注30) 390頁。
35) 小野・前掲注15) 125-126頁。
36) 小野・前掲注15) 139頁。
37) 玄・前掲注13) 46頁も参照。
38) 小野・前掲注15) 148頁。道義的責任論に立ち、違法性の意識を要求しつつ認容説を採るものとして、小泉英一『刑法要論 第1分冊』（巌松堂、1939-1940年）135-136頁、大塚仁『刑法概説（総論）』（有斐閣、1963年）290頁、齊藤金作『刑法講義』（成文堂、1967年）69-70頁（ただし自然犯・法定犯区別説）、岡野光雄『刑法要説総論』（成文堂、2001年）179-180頁。
39) 団藤・前掲注24) 184頁。

違法性の意識よりも……むしろ行為の背後における人格態度の直接的な反規範性が、故意責任の本質をなす」とし、違法性の意識は故意の要件ではないとしたのである[40]。

認容は結果発生に対する肯定的な心理状態であるから、そのような心理状態を有したことについて道義的非難を向けるという考え方は馴染みやすく、責任論とのかかわりも大きいように思われる。したがって、(とくに団藤説のような) 認容説を採る場合は、道義的責任論や人格責任論を採るのか、そして違法性の意識を故意の要素とするのかどうかについて自覚的に検討しておくべきであろう。

(b) 故意に意思的要素を取り込むことの必要性に基づく理由

認容を要求する理由には、認識的要素だけでなく意思的要素そのもの、あるいは認識と意思とのかかわりが必要であるということが挙げられることも多い。すなわち、認容は、行為者に結果発生への意思があったこと[41]や、犯罪結果の表象が行為者の意思決定に取り入れられたことが必要であり[42]、それを示すものとして必要であるとされる。

これは、犯罪結果の認識が実際に行為へと結びつくことが必要であるという理由である。しかし、現在は、かつてのように認識説、意思説、認容説の3つしかないわけではなく、動機説や実現意思説があることから、あえて認容を要求する理由としては十分ではないように思われる。また、「犯罪事実を認識 (表象) して犯罪行為に出た以上、犯罪事実を生じさせる意思 (決意) は当然に存在する。したがって、故意は犯罪事実の認識であるというときの『認識』とは、犯罪事実を生じさせる意思 (決意) を当然に含んでいる」[43]という指摘や、意思的要素はすでに行為意思に含まれている[44]という

---

40) 団藤・前掲注24) 233頁。
41) 内田文昭『刑法Ⅰ (総論)』(青林書院新社、1977年) 110頁。
42) 小野・前掲注23) 131頁、吉川・前掲注27) 99頁、福田＝大塚・前掲注25) 129頁、福田平＝大塚仁編『講義刑法総論』(青林書院新社、1980年) 111頁〔竹内正〕。このような認容の役割を指摘するものとして、松原・前掲注33) 248頁も参照。
43) 内藤謙『刑法講義総論 (下) Ⅰ』(有斐閣、1991年) 894頁。
44) 山口厚『刑法総論〔第3版〕』(有斐閣、2016年) 214-215頁。

指摘もある。

(c) 認容が重い責任あるいは高い違法性を基礎づけるという理由

故意犯は過失犯よりも強い非難が向けられるのであるが、その理由を、故意を責任要素とする見解は、認容があることによって重い責任が根拠づけられると説明し[45]、故意を違法要素とする見解は、認容は法秩序に対する攻撃的態度を示すものであり、違法の程度が高いと説明する[46]。しかし、認容という行為者の主観的な態度ではなく、結果発生の可能性が高いことを認識しながら行為に出たことそれ自体に重い責任を認めてもよいようにも思われるし、後者についてはそもそも故意を違法要素とすべきなのかという疑問がある。

4 認容説の問題点

(1) 故意の成立範囲

認容説はもともと、認識主義によれば故意を認める範囲が広すぎ、意思説によれば故意を認める範囲が狭すぎることから主張されたのであった。しかし、認容説が、「犯罪結果発生の可能性の認識＋認容」がある場合に故意を認め、認識の対象たる「犯罪結果の可能性」を、蓋然性説が要求するような高度なものではなく単なる可能性で足りるとすると、故意を認める範囲がかえって広くなってしまうという問題が指摘されている[47]。認容説は「結果が発生してもしかたがない」、「やむをえない」という消極的認容でも足りるとしていることから、実際のところ、「単なる可能性の認識」しかない場合に故意を認める範囲を限定する機能が認容にはないように思われる。反対に、

---

[45] 不破＝井上・前掲注27) 140頁。岡野光雄『刑法要説総論〔第2版〕』（成文堂、2009年) 177頁は人格責任論には立脚しないが、「故意を責任要素と解する立場では、意思的要素を軽視しては故意責任の実体を的確に把握できないと考える」とする。
[46] 西原春夫『刑法総論』（成文堂、1968年) 112頁。
[47] 内藤・前掲注43) 1087-1088頁。これに対して、板倉宏『刑法総論』（勁草書房、2004年) 235頁は、認容があると認められるためには「行為者の考えていた蓋然性の程度が相当高度のものであることが必要である」とする。

結果発生の蓋然性を認識した場合、蓋然性を認識しつつ行為したということから少なくとも消極的認容はあったと認定されて、認容説も故意を認めるのであろうが[48]、理論的には、認容がないとされれば故意は認められず、故意を認める範囲が不当に狭くなるという問題がある[49]。

(2) 消極的認容も含むことについて

小野が「認容」を主張した当時から、犯罪結果が発生することが「好ましい」、「よい」といった積極的認容だけでなく、「やむをえない」、「しかたがない」といった消極的認容も「認容」に含まれてきた。さらに、「意に介さない」とか「無関心」といった心理状態も認容に含まれると解されており、「認容」の意味が曖昧であるという批判がある[50]。たしかに、積極的認容に絞ってしまうと故意犯を認める範囲が狭すぎてしまい、意思説とあまり変わらなくなってしまうものの、消極的認容にまで「認容」を広げたことによって、認容説が当初目指した故意犯の成立範囲の適切な限界づけができていないのではないか。また、故意と過失を区別する要素として認容を要求しても、「しかたがない」、「やむをえない」あるいは「無関心」といった消極的認容それ自体に過失犯に対する非難との有意な差を根拠づけるほどの悪質さがあるといえるか疑問である。

(3) 認容が情緒的要素であることについて

認容説は意思主義から派生したものであるが、積極的認容も消極的認容も、決意という意思的要素ではなく、行為者自身が犯罪事実をその心中でどう受けとめるかという情緒的要素であるということが指摘されている[51]。このような情緒的要素は行為者の悪しき心情を示すものであって、故意の内容とは

---

48) 只木誠『コンパクト刑法総論〔第2版〕』（新世社、2022年）159頁参照。
49) 内藤・前掲注43) 1087頁。
50) 井田・前掲注30) 177頁。これに対して、立石二六『刑法総論』（成文堂、1999年）198頁は、「『無関心』というのは、意思的・情意的側面の欠落であるから、消極的認容ということは認容説では考え難い」とする。
51) 内藤・前掲注43) 1088頁等。

無関係であるだけでなく、「情緒的な要素を考慮すると、故意の認定に際して倫理的な観点が紛れ込むことになり、犯罪の成立範囲が拡大する危険がある」[52]との批判が向けられている。

これに対しては、認容説の論者も、認容が情緒的要素であることを認めつつ、「例えば、結果が『発生するならしてもよい』と行為者が思うとき、その認容は希望や意欲よりは弱められているけれども、意思的性質をもつことは否定できないように思われる」[53]といった反論がなされている。また、「行為者に対する道義的な非難を加えるにつき、『情緒的』な要素を斟酌することは不当でな」いという反論が可能である[54]とされている。もっとも、後者の反論については、その前提として故意犯に対して加えられる非難を道義的非難と解する立場を採るべきかが問題となろう。

(4) 立証の困難性

認容という心理状態については、結果発生の可能性の認識や決意に比べて認定が困難なはずであるということが指摘され、認定が困難であることからそれが恣意的になるおそれがあるとの批判がある[55]。

5　近年の学説の諸相

(1) 近年における認容説の状況

ここでは、主に2000年代以降の学説の状況を取り上げるが、判例および通説の立場は認容説であると説明する基本書はなお多くみられる[56]。認容説を採るものとして引用され紹介されている基本書のなかには、大塚仁『刑法概要（総論）〔第4版〕』（有斐閣、2008年）183頁、佐久間修『刑法総論』（成文堂、

---

52) 堀内捷三『刑法総論』（有斐閣、2000年）93頁。
53) 立石・前掲注50) 198頁。
54) 只木・前掲注48) 159頁。
55) 内藤・前掲注43) 1088頁。これに対しては、認容が「明らかにならなければ『疑わしきは被告人の利益に』の原則に従うまでであ」るという反論が可能であるとされている（只木・前掲注48) 159頁）。

2009年）115頁、福田平『全訂刑法総論〔第5版〕』（有斐閣、2011年）113頁のように2000年代以降のものも含まれているが[57]、その他は、小野清一郎『新訂刑法講義総論〔増補版〕』（有斐閣、1954年）153頁、植松正『再訂刑法概論Ⅰ総論』（勁草書房、1974年）248頁、佐伯千仭『刑法講義総論〔4訂版〕』（有斐閣、1981年）255頁、団藤重光『刑法綱要総論〔第3版〕』（創文社、1990年）295頁、西原春夫『刑法総論（上巻）〔改訂版〕』（成文堂、1993年）183頁、内田文昭『改訂刑法Ⅰ（総論）〔補正版〕』（青林書院、1997年）120頁と、比較的古いものが多い[58]。なお、上記のとおり大塚仁、福田平も基本書の最新版は2000年以降に出ているものの、すでに福田平＝大塚仁『刑法総論』（青林書院、1961年）129頁で古くから認容説を採っていたのであり、近年の学説の傾向として認容説の支持者が多いという根拠にはならないように思われる。

2010年代以降に基本書を公刊した認容説の支持者としては、日髙義博『刑法総論〔第2版〕』（成文堂、2022年）292頁があるが、未必の故意と認識ある過失は「実現意思が認められるか否かで区別され」、「結果発生を認容していることに実現意思の発露が認められるのである」[59]としており、故意の本質について認容というよりは実現意思にあるとする立場であるように思われる。

判例の立場についても、前述のとおり判例は認識説に立っていると解されてきたところ、最判昭和23・3・16刑集2巻3号227頁が、盗品等有償譲受罪（当時は贓物故買罪）の故意について「贓物であるかも知れないと思いながらしかも敢てこれを買受ける意思（いわゆる未必の故意）があれば足りる」

---

56) 大塚ほか編・前掲注27) 85頁〔大塚仁〕、板倉・前掲注47) 234頁、大塚仁『刑法概説総論〔第4版〕』（有斐閣、2008年）183頁215頁も同旨、佐久間修『刑法総論』（成文堂、2009年）115頁、西田典之ほか編『注釈刑法 第1巻 総論』（有斐閣、2010年）513頁〔髙山佳奈子〕、岡野・前掲注45) 177頁、山中敬一『刑法総論〔第3版〕』（成文堂、2015年）330頁、井田・前掲注30) 177頁、西田・前掲注28) 232頁、日髙義博『刑法総論〔第2版〕』（成文堂、2022年）298頁（ただし、判例は蓋然性説をとっているとする〔299頁〕)、松原・前掲注33) 247頁（ただし、「通説的見解」とする）。
57) 佐伯仁志『刑法総論の考え方・楽しみ方』（有斐閣、2013年）248頁以下も認容説として紹介されているが、後述のとおり本稿では区別することとする。
58) 認容説のラインナップは高橋則夫『刑法総論〔第5版〕』（成文堂、2022年）190頁注26を参考にした。
59) 日髙・前掲注56) 298-299頁。

と示し、この「敢て」が認容を意味すると解され、1957年に団藤重光が「実質的には認容説だといってよいとおもわれる」との理解を示した[60]。そして、その後も同様の理解が他の基本書においても示されてきた[61]。もっとも、平野龍一は「結果の発生を認識しながら、『あえてでなく』行為に出るということはありえない。いいかえると認識しながら行為に出たときは常に故意があるのであって、『あえて』というのは、これに付け加えて何かを要求するものではないのである」と指摘し[62]、判例は認識の有無で故意と過失とを区別していると説明していた[63]。近年では、判例はむしろ、蓋然性説や動機説に近いと指摘されている[64]。

判例が実際には認識の有無で故意を判断しているとされるのは、従来の認容説も認めているように、行為者が犯罪結果発生の高い危険性を認識しつつ行為した場合には消極的認容があったといえ、故意が認められるからであろう。裁判例の判決文を見ると、故意の認定において、たとえば「認識、認容があった」という記述があっても、行為者が犯罪結果発生の危険性を認識していたか否かが主たる認定の対象となっているのである。これに対して故意の認定が困難になるのが、行為者の認識した危険性がそれほど高くない場合である。近年では、認識的要素と意思的要素とが相補的関係にあると理解し、このような場合に故意を認めるためには犯罪結果発生の積極的認容、期待、意図という、より強い意思的要素が必要であるとする見解[65]がある。この見解には、単なる可能性の認識と消極的認容さえあれば故意を認めてよいと

---

[60] 団藤・前掲注24）217頁注10。

[61] 福田＝大塚・前掲注25）130頁、青柳・前掲注25）268頁、大塚・前掲注25）84頁、団藤編・前掲注25）321頁〔福田平〕、内田文昭『刑法解釈学論集 総論1』（立花書房、1982年）90頁、中山研一『刑法総論の基本問題』（成文堂、1974年）164頁、西田・前掲注56）513頁〔髙山佳奈子〕。

[62] 平野龍一『刑法総論Ⅰ』（有斐閣、1972年）186頁。「あえて」の理解については松宮孝明『刑法総論講義〔第6版〕』（成文堂、2024年）182頁も参照。

[63] 平野・前掲注62）181頁。中山研一『口述刑法総論〔第2版〕』（成文堂、1983年）272頁も同旨。

[64] 大谷實『刑法総論〔第5版〕』（成文堂、2018年）91頁、松宮・前掲注62）182頁、日高・前掲注56）299-300頁。浅田・前掲注33）315頁は、判例は「認識説ないし蓋然性説に立ったものかは、かならずしも明らかではない」とする。

するよりも故意を認める範囲が限定されるというメリットはあるが、いわば「認識的要素が弱い」のを、犯罪結果発生を「望ましい」、「好ましい」と思う悪しき心情で補って故意を認めるものであり、心情刑法であるという批判が向けられる[66]。

(2) 近年支持されている学説

近年公刊された基本書において支持されている学説としては、認容説よりも、蓋然性説、動機説、実現意思説が挙げられ、どれか1つが有力というわけではなく、分散しているように思われる。

(a) 蓋然性説および動機説

蓋然性説[67]は、故意の要素としてとくに意思的要素を要求するわけではなく、犯罪結果発生の蓋然性の認識があれば故意を認めてよいとする見解である。そして、動機説のなかには、結果発生の可能性を認識したにもかかわらず反対動機を形成しなかった場合に故意を認めるとする見解[68]がある。両者は区別されているが、蓋然性説のなかには蓋然性の程度について、それを認識した行為者が反対動機を形成しうる程度のものを要求する見解[69]もあり、また、動機説の上記見解のなかには、結果発生の蓋然性の認識を要求

---

65) 遠藤邦彦「殺意の概念と証拠構造に関する覚書」「植村立郎判事退官記念論文集」編集委員会編『現代刑事法の諸問題(2)』（立花書房、2011年）206頁以下、佐伯・前掲注57) 250-252頁、原田保孝「殺意」小林充＝植村立郎編『刑事事実認定重要判決50選(上)〔第2版〕』（立花書房、2013年）381頁。この見解に基づくものと解される裁判例として、福岡高判平成29・1・27 LEX/DB 25545313、最判令和3・1・29刑集75巻1号1頁の控訴審判決（東京高判令和元・12・17刑集75巻1号102頁）。
66) 安達光治「判批」法セ797号（2021年）128頁。
67) 林・前掲注28) 244頁、前田雅英『刑法総論講義〔第8版〕』（東京大学出版会、2024年）175-176頁、町野朔『刑法総論』（信山社、2020年）168頁、浅田・前掲注33) 314頁。
68) 西田・前掲注28) 232頁、松宮・前掲注62) 181頁。曽根・前掲注33) 327頁は、犯罪結果発生の認識が行為の動機となっている場合に故意が認められると説明しているが、故意の本質については、「『犯罪事実の認識』を行為を思いとどまる動機としないで行為に出たこと」にあるとしており、動機説のなかでもここに分類されるものと解される。
69) 浅田・前掲注33) 314頁。

し、それを反対動機としなかったことが故意を認めるために必要だとする見解[70]もある。すなわち、故意として必要な心理状態としては、いずれも犯罪結果発生の蓋然性の認識を要求し、それを反対動機としなかった点に故意犯としての重い処罰の根拠を見出している点で、両者は共通している[71]。

その一方で、動機説のなかには、犯罪結果発生の認識が反対動機とならなかったことを故意の本質とするのではなく、その認識が行為に出る動機となったことを故意の本質とする見解[72]もある。この見解は、故意の認識的要素だけでなく意思的要素も重視し、認識が意思に結びついたかどうかという意味での動機を未必の故意と認識ある過失の区別基準とするのである。

(b) 実現意思説

近年意思的要素を重視する立場として支持されていると思われるのは、認識した犯罪事実を実現しようとする意思であるとする実現意思説[73]である。実現意思は、「法益侵害に向けて行為を操縦していく」意思であり、実現意思の有無は、「認識的・知的要素を前提として、その客観的危険の認識を行為形成にどこまで真摯に計算に入れ、法益侵害結果の回避をどこまで信頼したかによって判断される」[74]。これに対して井田良は、「構成要件該当事実が実現する蓋然性（すなわち、結果の不発生を当てにすることが不合理な程度の可

---

70) 西田・前掲注28）232頁。松宮・前掲注62）181頁も動機説をとり、蓋然性の認識が必要であるとは示していないが、「『反対動機となるべき危険性の認識』は、『ある程度高度の』ものであることを必要とする」（182頁）としている。また、反対動機ではなく、認識と意思の一定の結びつきとしての動機を要求する松原・前掲注33）248頁も、蓋然性を「認識と意思決定との結びつきを認定するための有力な手がかり」とする。

71) 山口・前掲注44）201頁は、故意犯について、「行為の違法性を基礎付ける事実を認識・予見した者は、それによって当該行為を行うことが違法であるという認識（違法性の意識）に到達して、反対動機を形成し、当該行為にでることを思いとどまらなければならない」のに行為に出たことに対して非難されるとし、自己の支持する認識説について「この見解は動機説とも呼ばれている」と説明している（215頁）。中山研一『新版　口述刑法総論〔補訂2版〕』（成文堂、2007年）215頁も参照。

72) 大谷・前掲注64）91頁。

73) 川端・前掲注29）215頁、山中・前掲注56）332頁、井田・前掲注30）165頁、高橋・前掲注58）190頁。

74) 山中・前掲注56）333頁。

能性）を認識したときには、回避措置がとられない限り、事実の発生は実現意思に取り入れられたといえることから故意が認められる」[75]として、回避措置が実際にとられたかという客観的な基準を採用しており、この点に特徴がある[76]。

6　おわりに

　故意論の「通説」は認容説であるということは、広く認識されてきたところであるが、本稿で論じたように、団藤重光が認容説を主張する以前の通説は認識説であったのであり、また、現在は、認容説以外に蓋然性説、動機説、実現意思説にも支持者が分散しており、どの説が通説であるか断言することは難しい状況である。もっとも、行為者に犯罪結果発生に対する意図がある場合や犯罪結果発生の確実性を認識している場合に故意が認められることについては争いがないし、犯罪結果発生の高い可能性（蓋然性）の認識がある場合も、理由づけは学説ごとに異なるものの故意が認められ、多くの場合において学説間で結論に大きな差は出ないであろう。しかしながら、行為者が認識した犯罪結果発生の可能性が高いとはいえない場合という限界事例において妥当な結論を導けるかどうか、その結論の説得的な理由づけはどのようなものか、という点で、とくにどの説を採用すべきかが重要な問題となる。また、「故意」に意思的要素が必要なのか、その意思的要素とは何なのか、どのように「故意」に関連づけるのかは見解が分かれており、今なお決着をみない問題である。

　「認容説が通説である」と安易に理解するのではなく、各説の対立点がどこにあるかを意識しつつ各説の主張を理解し、「故意」というものを多角的に把握していくことが妥当であると思われる。

---

75) 井田・前掲注30) 179頁。
76) 髙橋・前掲注58) 191頁も実現意思の下位規範として「結果回避措置の存在と程度」を挙げている。

第5章

未遂犯論の「通説」

山田 慧

1　はじめに

　現在の未遂犯論の「通説」を同定しようとする際、近年、未遂犯論が活況を呈する契機となった特殊詐欺事案にかかる最判平成30・3・22刑集72巻1号82頁の調査官解説が目を惹く。そこでは、実行の着手時期について、構成要件該当行為およびそれに密接する行為という形式的基準と、結果発生の危険性という実質的基準の両者の観点から検討する考え方が「通説的見解」であると位置づけられている[1]。

　もっともこうした考え方には、素朴な疑問もありうる。最決平成16・3・22刑集58巻3号187頁（以下、「クロロホルム事件決定」）の調査官解説でも、こうした通説的見解の妥当性が示されたが[2]、本決定では、「第1行為〔引用者注：被害者を海中に投棄するためにクロロホルムを吸引させる行為〕は第2行為〔引用者注：被害者を海中に投棄する行為〕を確実かつ容易に行うために必要不可欠なものであったといえること、第1行為に成功した場合、それ以降の殺害計画を遂行する上で障害となるような特段の事情が存しなかったと認められることや、第1行為と第2行為との間の時間的場所的近接性などに照らすと、第1行為は第2行為に密接な行為であり、実行犯3名が第1行為を開始した時点で既に殺人に至る客観的な危険性が明らかに認められるから、

1）向井香津子「判解」最判解刑平成30年度166頁。
2）平木正洋「判解」最判解刑平成16年度162頁。

その時点において殺人罪の実行の着手があったものと解するのが相当である」と判示されている。ここでは、密接性と危険性は、同一の下位基準によって同時的に認定されており、密接性と危険性は独立の基準と位置づけられていないのではないかとの疑問が湧く。

　また、仮に、結果発生の「危険性」という基準が独自の意義をもつとしても、「危険性」という用語が、「客観的」、「現実的」、「実質的」、「具体的」などのさまざまな修飾語を付して語られることも、「通説的理解」の内実を不分明にさせている[3]。

　こうしたなか、近年では、実行の着手論と不能犯論を峻別したうえで、前者は、結果が発生する可能性やその程度を意味する「危険性」ではなく、行為者の犯行計画を基礎として、未遂として処罰されるほどに犯行が進捗したといえるのはどの段階か、つまり、刑法が法益を保護するために設定している規範を決定的に乗り越えたといえるのはいつかを問うべきとの見解（進捗説）が有力に展開されている[4]。

　以上のような状況に照らし、本稿では、実行の着手論における「危険性」の扱われ方と「密接性」との関係についての変遷を主に追いながら、不能犯論も含めた、現在における未遂犯論の「通説」の同定を試みたい。その際、以下のとおりに時代を区切る。①現行刑法制定後、判例上、密接性基準が確立したと思われる1934（昭和9）年まで、②危険性基準の端緒となったと思われる判例が登場する1954（昭和29）年まで、③危険性基準を明確に打ち出した判例が登場する1970（昭和45）年まで、④学説上、危険性概念に対する疑問が提示される1987（昭和62）年まで、⑤調査官解説において「密接性」と「危険性」の双方を考慮する見解が支持された、クロロホルム事件決定が

3）仲道祐樹「実行行為概念の『通説』」[本書第1章] も参照。
4）進捗説の展開の契機となったものとして、佐藤拓磨『未遂犯と実行の着手』（慶應義塾大学出版会、2016年）。その後、具体的に進捗説を展開したものとして、樋口亮介「実行行為概念について」山口厚ほか編『西田典之先生献呈論文集』（有斐閣、2017年）19頁、佐藤拓磨「実行の着手について」研修838号（2018年）3頁。東條明徳「実行の着手論の再検討（6・完）」法協138巻10号（2021年）1876頁、冨川雅満「特殊詐欺における実行の着手」法時91巻11号（2019年）74頁、安田拓人「実行の着手」法教503号（2022年）99頁も参照。

登場する2004（平成16）年まで、⑥現在まで。

2　未遂犯論の史的展開

(1)　現行刑法制定後～1934（昭和9）年まで
(a)　実行の着手論
　大判昭和9・10・19刑集13巻1473頁は、住居侵入窃盗の事案において、「他人の財物に対する事実上の支配を犯すに付密接なる行為を為したるとき」に窃盗罪の実行の着手が認められるとし、被害者宅に侵入後、金品物色のために箪笥に近寄る行為に窃盗罪の実行の着手を認めた。
　学説上でも、本判決が出される以前から、構成要件そのものに属する挙動およびそれに近接（密接）する挙動に実行の着手を認めるべきとの議論が展開されていた[5]。

(b)　不能犯論と実行の着手論との関係
　この時期の不能犯論は、当時の判例[6]に沿うかたちで、結果の発生が絶対的に不能であれば不能犯であり、相対的に不能であったにすぎなければ未遂犯とする理解が主流であった[7]。ここでは、法益侵害の危険性を問う不能犯論と、あくまで構成要件に属する行為（「実行」）との関係性が問題となる実行の着手論は切り分けられていたと理解することができる[8]。

5）大塲茂馬『刑法総論 下巻』（信山社、1994年〔1911年の復刻版〕）784-785頁、神谷健夫＝神原甚造『刑法詳論』（清水書店、1913年）321頁、富田山壽『日本刑法 総論第2巻』（講法会・清水書店、1917年）304頁、岡田庄作『刑法原論 総論〔増訂改版第16版〕』（明治大学出版部、1924年）315頁、島田武夫『刑法概論（総論）〔第4版〕』（有斐閣、1934年）138頁。
6）たとえば、大判明治44・10・12刑録17輯1672頁（建造物を焼燬する目的で火を放ったが、火力が微弱であったため焼燬に至らなかった事例で、未遂犯の成立を肯定）。
7）岡田・前掲注5）344-345頁。山岡萬之助『刑法原理〔訂正増補第15版〕』（日本大学、1923年）216頁以下も参照。泉二新熊『日本刑法 上巻（総論）〔第36版〕』（有斐閣、1923年）535頁は、多数の学者が本説を採用してきたとしており、佐瀬昌三『刑法大意 第1分冊』（清水書店、1937年）222頁でも、本説が「従来の通説」と称されている。

(c) 少数説としての主観説

現行刑法制定直後より、刑罰は犯罪を行う危険な行為者の性質を取り除くために科されるとの理解（新派）を前提に、実行の着手は、行為者の犯意が行為に明確に表れたときに認められ[9]、不能犯については、犯意が存在する限り原則可罰的である[10]、あるいは、少なくとも行為者の認識した事実が実害を生じさせるのに足りるものであれば可罰的であるなどと説かれた[11]。

(2) 1934（昭和9）年～1954（昭和29）年まで

(a) 実行の着手論

有力に展開された主観説に対し、刑罰は法益を侵害する行為を対象に科されなければならないとの理解（旧派）から異を唱えたのが小野清一郎である。小野は、反道義的行為の社会的類型としての「構成要件」を重視し、その「構成要件に該当する行為」である「実行行為」概念を中核的要素に据えた犯罪論を展開した[12]。そして、実行の着手については、構成要件に該当する行為の開始（構成要件の一部実現）をもって認められるとされつつ[13]、構成

---

8) なお、大場・前掲注5) 869頁以下では、絶対的不能と相対的不能は、犯罪構成事実をもともと欠く場合か否かにより決せられ、危険性の有無を指標とすべきではないと論じられた。もっとも、犯罪構成事実を当初より欠く場合は、結果が発生する危険性がない以上不処罰になるとの説明（島田・前掲注5) 147頁）も展開されており、大場・前掲注5) 780頁でも、「未遂犯を構成するには犯罪を可能ならしめ又は容易ならしむるの行為を開始するを以て足れりと為さず更に進て犯罪を構成する行為其ものに着手することを要す」と論じられており、実行の着手論と不能犯論は切り分けられていたように思われる。

9) 犯意がその遂行的行為によって確定的に認められるときに実行の着手が肯定されると論じたものとして、牧野英一『日本刑法〔増訂第16版 第1分冊〕』（有斐閣、1923年）198頁。平井彦三郎『刑法論綱 総論』（松華堂書店、1930年）326頁も参照。犯意の飛躍的表動が認められるときに着手が肯定されると論じたものとして、宮本英脩『刑法大綱 総論』（弘文堂、1932年）177頁以下。江家義男『刑法講義 総論』（東山堂書房、1938年）110頁以下も参照。

10) 宮本・前掲注9) 191頁以下。

11) 牧野英一『刑法通義』（警眼社、1907年）99頁。

12) 小野清一郎『犯罪構成要件の理論』（有斐閣、1953年）195頁以下（初出1928年）。

13) 小野・前掲注12) 264頁（初出1932年）。

要件は、社会生活において生じる経験的事実を類型化したものにほかならないので、単に形式的なものではなく、実質的な内容を有するものであって、構成要件上の行為の意味は、当該刑罰法規により保護されるべき法益およびそれに対する危険性という概念によって指導されなければならないとも説かれた[14]。

小野の主張を契機として、実行の着手時期の判断において、法益侵害または構成要件的結果発生の「危険性」という基準を考慮する主張が、学説において浸透していくことになった[15]。しかし、ここでの「危険性」を、「当該行為がもつ社会的・類型的な性質」として理解しているように思われるもの[16]と、「具体的な当該事象において、特定の法益侵害結果が生じる危険性」として理解しているように思われるもの[17]が混在していた。もっとも、いずれにせよ、この時期においては、「構成要件該当行為に密接する行為（構成要件の一部実現）」という従来の基準と、「危険性」という基準は、相互補

---

14) 小野・前掲注12) 266頁（初出1932年）。
15) なおも、構成要件該当行為およびそれに密接する動作に着手が認められるとのみ論じるものとして、沼義雄『刑法大要〔改訂増補4版〕』（良榮堂、1942年）116頁。
　また、現行刑法制定直後から登場した主観説は、1960年代頃まで支持者が存在した（実行の着手論につき、木村亀二『新刑法読本〔全訂増補版〕』〔法文社、1961年〕254頁以下。市川秀雄「実行の着手」日本刑法学会編『刑事法講座 第2巻 刑法Ⅱ』〔有斐閣、1952年〕389頁以下、八木国之「実行の着手の学説に関する基本観念の再検討――いわゆる折衷説の批判を契機として」法学新報72巻11・12号〔1965年〕189頁以下も参照。不能犯論につき、草野豹一郎『刑法要論』〔有斐閣、1956年〕114頁、木村亀二「不能犯及び事実の欠缺」日本刑法学会編・前掲『刑事法講座 第2巻 刑法Ⅱ』433頁以下、齊藤金作『刑法総論〔改訂版〕』〔有斐閣、1955年〕221頁。竹田直平「不能犯」日本刑法学会編『刑法講座 第4巻 未犯・共犯・罪数』〔有斐閣、1963年〕38頁も参照）ものの、新派刑法理論の退潮に伴い、それ以降は支持を完全に失った。
16)「予備、未遂、既遂の形式に於てそれぞれに危険性の程度が段階的に表現され」、実行の着手を認めるためには、「その行為が一般的に犯罪構成事実を実現する危険（抽象的危険性）のあるものであること」が必要であり、「その危険性の有無は社会の事実の定型的観察によって定むべきである」と論じるものとして、小野清一郎『新訂刑法講義総論』（有斐閣、1948年）182-183頁。「行為者の犯罪意志は、未遂と既遂とにおいて全く同一である。ただ行為の段階的経過の中に表現された『類型性』において、侵害の危険性を異にする」と論じるものとして、井上正治『刑法学 総則』（朝倉書店、1951年）183-184頁。

完的に考慮されうる独立の概念であると位置づけられていたわけではなく、後者が前者の内容を実質化するものと理解されていたのである[18]。

(b) 不能犯論と実行の着手論との関係

このような、危険性概念による判断の実質化は、不能犯論においては、従来の絶対不能と相対不能の区別は困難であるとの問題点を克服する試みとして現れることとなった。つまり、行為者の故意を考慮しつつ、「社会観念」に基づいた危険性の有無を基準とすべきとの主張が展開されるに至った。こうした危険性判断について、行為の社会的・類型的な性質を問う点で、実行の着手論における危険性判断と同様のものであることを示唆する叙述も見られた[19]。もっとも、実行の着手論における危険性を、個別具体的な事案におけるものと理解しているように思われる論者においても、「社会観念」に基

---

[17]「形式的に一定の構成要件を基準として、当該行為が事物自然の経過において一定犯罪の法定事実を実現し、殊に結果を実現するに必要欠くべからざる状況に至った」場合に実行の着手が肯定されると論じたものとして、安平政吉『改正刑法総論』(厳松堂書店、1948年) 310頁。その行為が行われることによって犯罪が成立する相当高度の蓋然性があるかを検討すべきとするものとして、不破武夫＝井上正治『刑法総論』(酒井書店、1955年) 169頁。瀧川幸辰『改訂犯罪論序説』(有斐閣、1947年) 184頁以下も参照。

[18]「客観的に犯罪構成事実を実現する危険性の成立する程度に犯意の遂行性が確実化されたる場合」に実行の着手が肯定されるとしつつ、それは「犯意が犯罪構成事実の一部……又は之が接近行為として徴表されたるや否に依り決定さるべきである」と説明するものとして、佐瀬・前掲注7) 206頁。予備と未遂の区別につき、条文における一定の動詞に該当する行為を重視しつつ、実質的には、いかなる行為が概念的にその行為の貫徹により犯罪を完成させるかという点を確定することによって決せられると説くものとして、瀧川・前掲注17) 184頁。安平・前掲注17)の主張も参照。なお、安平は、同箇所において、実行の着手は「行為者の一定犯罪実行への意思が、構成要件の一部実現によって、そこに実現への段階に入ったものと見られ得べきかどうかにより決せら」れるとも論じている。

江家・前掲注9) 109頁では、「各種の犯罪に付き何が構成要件の一部なりやを吟味するときは、構成要件を数個の事実に分割し得る犯罪(例へば詐欺罪の如く、人を欺罔する行為と財物を交付せしむる行為)を除けば、構成要件の一部なる観念は全く生じ得ないのである(例へば殺人罪の如きは人の生命を奪ふことが構成要件であって、其の一部なるものは有り得ない)。そこで、何が実行の着手なりやは之れを実質的に論定せねばならぬ。而して客観説は之れを遂行行為の客観的危険性(近接的蓋然性)に依り定め」ようとするのであると論じている。

づいた危険性判断により不能犯の成否を決する見解は支持されており[20]、ここでは、実行の着手論と不能犯論における危険性概念の関係がいかに解されていたのかは、なお判然としない[21]。

(3) 1954（昭和29）年〜1970（昭和45）年まで
(a) 実行の着手論

以上のような議論状況のなか、最決昭和29・5・6刑集8巻5号634頁は、その原審[22]が、「行為が結果発生のおそれある客観的状態に到つたかどうかを考慮し、如何なる段階までは準備行為即ち、予備と認むべきか、如何なる段階に達した場合構成要件に該当する行為の開始即ち実行の著手と認め得るかを決定する」と述べたうえで、被害者のズボンの尻ポケットから現金をすり取ろうとして同ポケットの外側に触れた行為につき窃盗罪の実行の着手を認めたところ、その結論を是認する判断を示した。本決定は、原審が示した一般論をも容認したものであるとも評され[23]、結果発生の危険性という基準が、実行の着手に関する判例実務においても採られるようになったことが見て取れる[24]。

---

19) 小野・前掲注12) 267頁（初出1932年）では、「類型的反文化性」という観点から、実行の着手論も不能犯論も、実質的な考慮を要するものであると論じられている。井上・前掲注16) 206-207頁も参照。未遂犯は抽象的危険犯であることを強調したものとして、西山富夫「不能犯の理論」法制研究21巻1号（1953年）71頁。
20) 安平・前掲注17) 328頁。
21) 安平・前掲注17) 326頁は、一般人および行為者の予見しえた事情により危険性を判断する具体的危険説について、ドイツでは、「犯行に際しての具体的事情如何によって」危険性の有無を決定しようとするものとして主張されたと説明している。社会観念に基づいた危険性判断は、個別事案における具体的な危険性の有無を問うものであるとの理解を示すものともいえようか。なお、実行の着手論においては、個別事案における具体的な危険性を問題にしつつ、犯罪構成要件として規定されている犯罪行為の主体・目的物・手段・随伴的事情等に最初から欠缺がある場合には、犯罪が成立する客観的な危険性（違法性）が認められず、未遂犯は成立しない（「構成要件の欠缺論」）として、むしろ形式的な判断基準を提示しようとする主張も見られた（不破＝井上・前掲注17) 178頁、瀧川・前掲注17) 198-199頁）。
22) 広島高判昭和28・10・5高刑集6巻9号1261頁。
23) 青柳文雄「判解」最判解刑事昭和29年度94頁。

こうした実務の動きに対して、実行の着手時期につき、学説上では、なお も、「構成要件の一部実現」や「構成要件該当行為に密接する行為」などが 基準となると述べるものも存在したが[25]、「構成要件的行為には、……法益 の侵害について、これを惹起すべき現実的危険性が含まれねばなら」ず、そ うした「現実的危険性」の有無により、実行の着手および不能犯の成否が判 断されるとの主張を展開したのが大塚仁であった[26]。もっとも、ここでの 「現実的危険性」は「予定された結果の発生に対する定型的な因果的可能 性[27]」を意味すると説明されており、この限りで、行為の社会的・類型的な 危険を問う小野の見解とその趣旨は異ならなかったといえる[28]。

他方で、同時期において見逃せない主張を展開したのが、西原春夫である。 西原は、1961年の論稿で、「構成要件に該当する行為」などを指標とする見 解を「形式的客観説」、法益侵害の現実的危険性などを指標とする見解を 「実質的客観説」と称した。そのうえで、法益侵害に対する現実的危険性を 発生させたかどうかの判断は、行為者が何を目的とし、どのような手段でそ れを追求しようとしていたかという行為者の主観面（犯行計画）を度外視し ては行えないと指摘した。つまり、たとえば、窃盗の意思（故意）で他人の ポケットに手を触れる行為でも、行為者の犯行計画上、それがまさに懐中物 を窃取するためのものであったのか、それとも「あたり行為」だったのかで、 法益侵害の現実的危険性は変わるのであって、故意に基づく類型的行為の危

---

24) 森美樹「判批」警察研究30巻5号（1959年）97頁。大塚仁「実行の着手」大塚仁ほか 『総合判例研究叢書 刑法(3)』（有斐閣、1956年）38頁も参照。
25) 植松正『刑法概論〔初版〕』（勁草書房、1956年）253頁以下。青柳文雄『刑法通論 I 総論』（泉文堂、1965年）332頁注2も参照。
26) 大塚・前掲注24)10頁以下。同様の主張として、福田平『刑法総論〔初版〕』（有斐閣、 1965年）179頁。
27) 大塚・前掲注24)10頁。
28) 同時期において、団藤重光『刑法綱要総論〔初版〕』（創文社、1957年）264頁は、実 行の着手の判断において、基本的構成要件に該当する行為の少なくとも一部が行われ たことを要求しつつ、構成要件的特徴を示していなくても、全体としてみて、定型的に 構成要件の内容をなすと解される行為であればよく、また、こうした定型性をそもそも 欠く行為が不能犯であると論じた。そして、同118頁以下では、科学的見地と社会通念 に照らした結果発生の危険の有無により、不能犯の成否が決せられると説かれた。

険性判断にとどまらず、犯行計画をも斟酌した、個別具体的な事案における特定の結果との関係で「危険性」を捉えるべきとの問題意識を示したのである[29]。そして、こうした主観面を考慮する立場を「客観説」と称することはできないことから、「折衷説」として、行為者の犯罪計画に照らし法益侵害の危険が切迫した時点に実行の着手が認められると論じた[30]。

そして、最決昭和40・3・9刑集19巻2号69頁は、金目の物を窃取する意図で電気器具商店への侵入窃盗を試みた事案で、「なるべく金を盗りたいので自己の左側に認めた煙草売場の方に行きかけた際、本件被害者らが帰宅した事実が認められるというのであるから、原判決が被告人に窃盗の着手行為があったものと認め……たのは相当である」との判断を下した。本決定に対しては、従来、窃盗罪の実行の着手時期の判断につき示されてきた「密接性」の判断は「危険性」の有無の判断に帰着するのであって、またその危険性判断には行為者の犯行計画が影響を与えるとされた点で、折衷説的な傾向を示すものであるとの評価が多く見られた[31]。

(b) 不能犯論と実行の着手論との関係

不能犯論については、実行の着手論における主張の差異にかかわらず、なおも、行為者の主観および一般人の認識を基礎にした危険性判断を指標とする具体的危険説が多くの支持を集めていたといえる[32]。こうした不能犯論の

---

29) 仲地哲哉「判批」宮沢浩一＝大野真義編『判例演習講座 刑法Ⅰ（総論）』（世界思想社、1972年）250頁も参照。
30) 西原春夫「間接正犯における実行行為」刑法雑誌12巻1号（1961年）82頁、89頁以下。なお、木村亀二『刑法総論〔初版〕』（有斐閣、1959年）345頁。また、同時期において、類似の主張を展開したものとして、大谷實「予備と未遂の限界——特に実行の著手の意義について」同志社法学13巻3号（1961年）104頁以下。
31) 墨谷葵「判批」平野龍一編『刑法判例百選Ⅰ総論』（有斐閣、1978年）156-157頁、八木国之「判批」平野編・前掲『刑法判例百選Ⅰ総論』154-155頁、仲地・前掲注29）252頁など。
32) 佐伯千仭『刑法総論〔第2版〕』（有信堂、1956年）170頁以下、植松・前掲注25）273頁以下、団藤・前掲注28）118-119頁、大塚仁『刑法概説（総論）〔初版〕』（有斐閣、1963年）181-182頁、福田・前掲注26）191頁以下、青柳・前掲注25）140頁、団藤重光責任編集『注釈刑法(2)Ⅱ 総則(3)』（有斐閣、1969年）496頁〔香川達夫〕。

動向と実行の着手論における危険性概念の理解について、大塚は小野の議論を引き継いだと思われる一方で[33]、「法益侵害の現実的危険性を含むことは、……未遂犯の本質である……。この点において未遂犯は不能犯と区別される。不能犯は結果の実現に対する危険性を含まぬばあいであって、その行為には実行行為性が欠け、したがって実行の着手の問題も生ずる余地がないのである（傍点は引用者）[34]」とも論じており、こうした言説からは、逆に、仮に不能犯ではないとしても、別途、実行の着手の問題が生じ、それが否定されうることを想定していたようにも捉えられる[35]。

(4) 1970（昭和45）年〜1987（昭和62）年まで
(a) 実行の着手論

最決昭和45・7・28刑集24巻7号585頁では、被告人が共犯者とともに被害者をダンプカーの運転席に引きずりこみ、その後、約5800メートル離れた工事現場まで移動し、同所において運転席内で被害者を強姦した事案につき、「被告人が同女をダンプカーの運転席に引きずり込もうとした段階においてすでに強姦に至る客観的な危険性が明らかに認められるから、その時点において強姦行為の着手があったと解するのが相当であ」ると判示された。当時の本決定への評価としては、実行の着手が肯定されたのは、あくまで旧強姦罪における構成要件に規定された暴行行為ではあるものの、折衷説を採用し

---

33) 団藤編・前掲注32) 497頁以下〔香川達夫〕は、住居侵入窃盗罪における物色行為や、屋外窃盗におけるポケットへの手の挿入行為をもって実行の着手（実行行為）が肯定されることから、実行に着手後、たとえば、客体不存在の事実があったとしても、未遂犯の成立に影響するところはないとしなければならないとし、実行行為といいうるものについてまで、さらに不能犯か否かを考慮する必要はないと論じている。
34) 大塚・前掲注24) 11頁。
35) 小野清一郎ほか『刑法（ポケット註釈全書）〔初版〕』（有斐閣、1952年）93頁〔植松正〕も、実行の着手は、「犯罪構成要件に該当する事実を実現する行為を開始すること」であるが、客観説を前提にする限りは、「一般的に犯罪構成事実を実現する抽象的危険性の生ずること」が必要であるとし、「その危険性を欠くものは『不能犯』として処罰の対象にはならない。従って、すくなくとも構成要件の一部に該当する行為が開始されなければならない」と説きつつ、「とはいえ、具体的には、どれだけの行為があれば、着手があったといえるかということは問題である」と述べている。

たうえで実行の着手を肯定したものであるとの評価が多くを占めた[36]。

この頃から、学説上では、違法論の対立が激化するなか、未遂犯論も、あるべき違法観を前提とした「危険性」概念の探求へと移行することとなった。つまり、実行の着手論においては、行為無価値論からは、小野の主張に始まる実行行為概念が基軸にされつつも[37]、「自他に存する一切の精神的・物理的な障碍を克服して、他に偶然的障碍が存しない限りまっすぐに法益侵害を必然化すると考えられる行為[38]」に実行の着手が認められるなどといった主張も展開された。他方、結果無価値論者からは、従来の主観説に対置された客観説は、あくまで「行為」に着目することで、「一定の価値観に沿う行為」が刑法によって強制されるおそれがある点などが懸念され[39]、実行の着手は、結果発生の危険が客観的・具体的に切迫した時点（「結果としての危険」の発生時点）で認められるべきであって、必ずしも、実行行為の開始時点と連動させる必要はないと論じられた[40]。

こうした議論においては、「危険性」を具体的・事実的なものと捉える理解が多数を占めるようになったように思われる。「結果としての危険」が個

---

36) 大久保太郎「判解」最判解刑昭和45年度255頁、後藤吉成「判批」法学研究46巻4号（1973年）75頁、木村栄作「判批」警察学論集23巻11号（1970年）164-167頁。
37) 大谷實『刑法講義総論〔初版〕』（成文堂、1986年）375頁以下も参照。
38) 中義勝『刑法総論』（有斐閣、1971年）186頁。なお、中野次雄『刑法総論概要〔初版〕』（成文堂、1979年）82頁は、結果犯の実行行為は、「結果発生の直接の危険性をもった行為」であることが必要であり、「『直接の』危険とは、その行為をすればあとはある程度必然性をもった因果の流れによって結果の発生する蓋然性があることをいう」と述べつつ、同88頁以下は、たとえば、短刀で胸を突く行為は殺人罪の実行行為の中核部分であるとしたうえで、「一定の決意が行為として発動した場合に、その後は新たな行為決意のための中断を必要とせず、特別の障害の発生しないかぎり行為がそのまま中核部分にまで進行する状態にあれば、その一連の行為は実行行為としての一体性をも」ち、「前記の中核部分を含むかような一体としての行為が開始されたとき、すなわちこの行為の基礎となる決意が行為として発動したときが実行の着手だと考えられる」と論じている。
39) 平野龍一『刑法 総論Ⅰ』（有斐閣、1972年）44頁、49頁以下。
40) 平野龍一『刑法 総論Ⅱ』（有斐閣、1975年）310頁以下、中山研一『刑法総論の基本問題』（成文堂、1974年）219頁以下、山口厚『危険犯の研究』（東京大学出版会、1982年）57頁以下。

別事案における具体的なものであることはもちろん、違法論の立場の違いを問わず、故意または行為意思・犯行計画は、「当該事案における結果発生の可能性」に影響を与えるなどとして、実行の着手時期の判断にあたり考慮されるべきとの見解が多数を占めた[41]からである。

さらに特筆すべきこととして、とくに「結果としての危険」を問題とする結果無価値論者において、すでに、その判断の不明確さが自覚されており、実行の着手が認められるべき「結果発生の切迫時」の判断は、構成要件該当行為との密接性という形式的基準で限界づけられなければならないと説かれていた[42]。ここに、実行の着手時期の判断において、形式的基準と実質的基準を併用すべきという今日の通説的理解の萌芽が見て取れる。

(b) 不能犯論と実行の着手論との関係

不能犯論については、行為の危険性を重視する行為無価値論からは、具体的危険説が一般に支持された[43]。それに対し、結果としての危険を重視する結果無価値論からは、あくまで事後的に判断される客観的危険性の有無が問われるべきであるとされつつ、特定の構成要件要素を欠く場合には、形式的

---

41) 中義勝「故意の体系的地位」鈴木茂嗣編集代表『現代の刑事法学（上）（平場安治博士還暦祝賀）』（有斐閣、1977年）156頁、平野・前掲注40）314頁、藤木英雄『刑法講義総論』（弘文堂、1975年）258頁、山口・前掲注40）90頁、曽根威彦『刑法総論〔初版〕』（弘文堂、1987年）238-239頁、大谷・前掲注37）378頁。なお、中野・前掲注38）88頁も参照。他方、大塚・前掲注32）134頁、福田・前掲注26）178頁では、実行行為は主観と客観の統合体であることが強調され、実行の着手時期の判断において主観的要素を考慮すべきと論じられた。これは、あくまで「危険性」を、抽象的・類型的に捉える理解の表れであろう。

なお、客観的な危険性の理解を徹底する立場から、実行の着手時期の判断につき、行為者主観の考慮を一切排除すべきと論じたものとして、中山・前掲注40）224頁。
42) 平野・前掲注40）314頁、中山研一『刑法総論』（成文堂、1982年）413頁以下。なお、行為無価値論の陣営からも、「実行着手概念にみられる従来の形式客観的定義はその内容を実質客観的に補充されることによってより完全なものとなる」（中・前掲注38）186頁）、「実行の着手……とは、実行行為、すなわち構成要件に属する行為が開始された段階をいうが、実質的には、結果発生の現実の脅威が認められる行為で、実行行為自体あるいは実行ときわめて接着した段階にある行為がなされたときには、実行の着手があるということができる」（藤木・前掲注41）257頁）との叙述も見られた。

な構成要件該当性を満たさないとして未遂犯の成立を否定する余地があるとの主張[44]や、結果惹起をもたらすべき仮定的事実が、現実に存在しえたかどうかを、事後的に一般人基準で判断すべきとの主張[45]などが展開された。

こうした不能犯論と実行の着手論の関係について、とくに結果無価値論者からは、実行の着手において要求される危険の切迫性に対応させるかたちで、不能犯論において要求される客観的危険性も、相当高度の蓋然性を要するとの主張が展開された[46]。他方、行為無価値論者において支持された、実行の着手論におけるいわゆる行為経過の自動性を基準とする主張と、不能犯論における具体的危険説との関係は、必ずしも明らかでない[47]。

(5) 1987（昭和62）年～2004（平成16）年まで

(a) 実行の着手論

違法論の対立を軸とした議論が続くなか[48]、未遂犯における危険性概念を

---

43) 西原春夫『刑法総論』（成文堂、1977年）301頁、中・前掲注38）204頁、藤木・前掲注41）267-268頁、中野・前掲注38）79-80頁、柏木千秋『刑法総論』（有斐閣、1982年）155頁。なお、結果無価値論に依りつつ具体的危険説を支持したものとして、平野・前掲注40）326頁。
44) 中山・前掲注42）421頁以下、大沼邦弘「未遂犯の成立範囲の画定」平場安治ほか編『団藤重光博士古稀祝賀論文集 第3巻』（有斐閣、1984年）85頁以下。
45) 山口・前掲注40）164頁以下。
46) 山口・前掲注40）166頁以下。
47) なお中山・前掲注40）230頁では、形式的客観説からは、不能犯論においても（団藤の定型説や、構成要件の欠缺論のように）構成要件該当性の有無が問われることとなり、実質的客観説からは、外部的行為が実質的・現実的危険をもたない場合は不能犯とされるという議論構造になる点が指摘されている。実行の着手論と不能犯論の連動を示しているように思われるものとして、平野・前掲注40）320-321頁、大谷實「不能犯」中義勝編『論争刑法』（世界思想社、1976年）138頁以下も参照。

他方、中野・前掲注38）117頁では、「実行の着手とは、基本構成要件の実現を開始することであるから、……その行為自体が実行行為としての実質……を備えていることを必要とする。これを欠く場合は……不能犯であって、可罰的な未遂犯ではない」と論じられており、不能犯論は、実行の着手を論じる前提としての別枠の議論であるとの理解が看取される。また、中・前掲注38）195頁でも、不能犯論は、予備段階での行為にも妥当するものであることが指摘されており、その限りで、実行の着手論とは次元を異にするものであると理解されていたともいえる。

めぐって展開されてきたこれまでの議論について疑問を投げかけたのが塩見淳である。塩見は、1987年の論稿において、結果発生の危険性を問題にするのであれば、予備段階の行為であっても、結果の発生が確実であれば未遂犯として可罰的とされかねないのではないかとの疑問を出発点の1つとした[49]。そして、未遂犯の処罰根拠は、結果発生の危険性の惹起ではなく、「法益が保護されていることへの社会の安心感を動揺させたこと」にあるとした（印象説）[50]。そのうえで、「実行に着手」という刑法43条の文言を重視し、同条の「実行に着手」の「実行」は、実行行為と解するのが自然であり、それは構成要件に該当する行為を意味するが、「実行に着手」の「着手」には、実行行為に「密接な」行為の開始という意味も含まれると説き、「結果発生の自動性」または「構成要件該当行為との時間的・場所的近接性」により判断されると説いた（修正された形式的客観説）。さらには、なおも不明確になりうる密接性の基準を明確化するものとして、印象説に基づいた未遂犯の処罰根拠という実質的な観点に照らした「被害者領域への介入」という要素も加味されるべきであると論じたのである[51]。また、行為無価値論に立脚する井田良も、刑法43条の「実行に着手」という文言のもつ制約から、実行行為すなわち構成要件該当行為またはその「直前行為」が行われる必要があるとしつつ、その意義を明らかにするため、未遂処罰の実質的根拠に照らして、「法益侵害ないし構成要件の実現に至る危険性」という基準を援用すべきとし、ここでの危険性は、結果発生が時間的に差し迫っている場合、または、

---

48) 結果無価値論に基づいた議論の系譜を引き継ぐものとして、前田雅英『刑法総論講義〔初版〕』（東京大学出版会、1988年）170頁以下、大越義久「実行の着手」芝原邦爾ほか編『刑法理論の現代的展開 総論Ⅱ』（日本評論社、1990年）139頁、板倉宏＝鈴木裕文「実行の着手」阿部純二ほか編『刑法基本講座(4) 未遂／共犯／罪数論』（法学書院、1992年）21頁、内藤謙『刑法講義総論（下）Ⅱ』（有斐閣、2002年）1215頁、和田敏憲「未遂犯」山口厚編著『クローズアップ刑法総論』（成文堂、2003年）188頁など。なお、実行行為と実行の着手との関係について、曽根・前掲注41）248-249頁および266頁も参照。他方、行為無価値論に基づく議論の系譜を引き継ぐものとして、川端博『刑法総論講義〔初版〕』（成文堂、1995年）441頁以下など。
49) 塩見淳「実行の着手について(1)」法学論叢121巻2号（1987年）4頁。
50) 塩見淳「実行の着手について（3・完）」法学論叢121巻6号（1987年）11頁以下。
51) 塩見・前掲注50）15頁以下。

結果発生に至るまでのプロセスにおいて障害が存在しない場合に認められると論じた[52]。

このように、「結果としての危険」を重視しない論者からも、議論の枠組みとしては、形式的基準と実質的基準の双方を考慮すべきとの主張が展開されはじめたなか[53]、2004（平成16）年に登場したのがクロロホルム事件決定である。判示内容は冒頭で示したとおりであるが、そこでは、結果発生の自動性や構成要件該当行為との時間的・場所的近接性など、塩見・井田が提示した基準が考慮されつつ、本決定の調査官解説では、「実行着手の時期の判断においては、……刑法43条の文言上の制約からくる『密接性』の基準と、未遂犯の処罰根拠から導き出される『危険性』の基準の双方を考慮に入れる必要があると考えられ」、「学説もこの点を強調するものが少なくな」いと評されるに至ったのである[54]。

(b) 不能犯論と実行の着手論との関係

実行の着手論において、少なくとも議論の枠組み自体は一定の収束方向に向かったのに対して、不能犯論においては、なおも違法論の対立を軸とした議論が続いた[55]。したがって、実行の着手論と不能犯論は、さらに意識的に結びつけられにくくなったものと推察される。

---

52) 井田良「未遂犯と実行の着手」現代刑事法2巻12号（2000年）84-85頁。
53) 本文引用の論者以外で、形式的基準と実質的基準を併用する必要性を指摘したものとして、大越・前掲注48）141頁以下、板倉＝鈴木・前掲注48）29頁、野村稔『刑法総論〔初版〕』（成文堂、1990年）325頁注3、内藤・前掲注48）1224頁。
54) 平木・前掲注2）162頁。
55) 前掲注48）参照。とくにこの時期においては、行為無価値論と結果無価値論のそれぞれの陣営から、従来の問題点を克服すべく、さまざまな理論構成が試みられるようになった。結果無価値論からの主張として、宗岡嗣郎『客観的未遂論の基本構造』（成文堂、1990年）18頁以下、村井敏邦「不能犯」芝原ほか編・前掲注48）165頁、林陽一「不能犯について」芝原邦爾ほか編『松尾浩也先生古稀祝賀論文集 上巻』（有斐閣、1998年）377頁、和田・前掲注48）187頁など。行為無価値論からの主張として、日髙義博「不能犯論における危険判断」『刑法理論の現代的展開（宮澤浩一先生古稀祝賀論文集 第2巻）』（成文堂、2000年）413頁、井田良「危険犯の理論」山口厚ほか『理論刑法学の最前線』（岩波書店、2001年）171頁など。また、「【特集】未遂・不能犯論」現代刑事法2巻9号（2000年）29頁以下。

(6) 2004（平成16）年〜現在まで

(a) 実行の着手論

クロロホルム事件決定が実行の着手を認めたことに対しては、学界においても大方の支持が集まった。そして、同決定の調査官解説でも肯定的に評価された、密接性基準と危険性基準の双方を考慮すべきとの見解は、現在において、多数の支持を得ている[56]。なお、犯行計画を考慮することについて、結果無価値論においては、基本的に主観的違法要素の存在は認められないものの、「故意」とは別の「行為意思」とその集合体である「犯行計画」の考慮は危険性判断に必須であるとの主張が多数の支持を得るに至っており[57]、この点についても、違法論の立場の違いを超えた「通説」が存在するといってよい。

(b) 不能犯論と実行の着手論との関係

不能犯論については、従来、実行の着手に関する形式的客観説から支持され、行為無価値論者によって受け継がれてきた具体的危険説がなおも多くの支持を集めているといえよう[58]。他方、主に結果無価値論者によって主張されてきた客観的危険説も、今日においてなお有力であり、そのうち、結果を発生させていた仮定的事情の存在可能性を事後的に問う修正された客観的危

---

[56] 井田良『講義刑法学・総論〔第2版〕』（有斐閣、2018年）433-436頁、橋爪隆『刑法総論の悩みどころ』（有斐閣、2020年）289-290頁、松原芳博『刑法総論〔第3版〕』（日本評論社、2022年）336頁、大塚裕史『応用刑法Ⅰ総論』（日本評論社、2023年）291頁以下、前田雅英『刑法総論講義〔第8版〕』（東京大学出版会、2024年）116頁以下、原口伸夫『未遂犯論の諸問題』（成文堂、2018年）104頁以下、二本柳誠「窃盗未遂罪の処罰時期——最高裁令和4年2月14日第三小法廷決定を契機として」刑ジャ73号（2022年）11頁以下。こうした見解を「判例・通説」と称するものとして、大塚裕史ほか『基本刑法Ⅰ総論〔第3版〕』（日本評論社、2019年）254-255頁〔豊田兼彦〕。なお、山中敬一『刑法総論〔第3版〕』（成文堂、2015年）764頁以下、浅田和茂『刑法総論〔第3版〕』（成文堂、2024年）383頁、日髙義博『刑法総論〔第2版〕』（成文堂、2022年）396頁以下、松宮孝明『先端刑法 総論』（日本評論社、2019年）156頁以下。

[57] 佐伯仁志『刑法総論の考え方・楽しみ方』（有斐閣、2013年）344頁以下、橋爪・前掲注56）277頁以下、二本柳誠「実行の着手と罪刑法定主義」高橋則夫ほか編『曽根威彦先生・田口守一先生古稀祝賀論文集（上巻）』（成文堂、2014年）669-670頁など。

険説が支持を集めている[59]。もっとも、実行の着手において要求される危険の切迫性に対応させるかたちで、不能犯論においても、結果が発生していた相当高度の可能性を要すると明示するもの[60]は、必ずしも多くはない。

(7) 議論の系譜のまとめ

あらためて、これまで概観してきた議論の系譜を振り返ると、主観説に対置される客観説が、当初より「通説」の地位を得ているといえるが、ここでの「客観」を基礎づけるものは、現行刑法制定直後より、徐々に変遷を遂げてきたことがわかる。

1930年頃までは、構成要件に該当する行為、またはそれに密接する行為が実行の着手を構成し、「絶対不能・相対不能」というフレーズのもと、結果発生の危険性の有無を問うのが不能犯論であるとの理解が「通説」であった。

その後、小野による実行行為概念に基づいた主張を契機に、実行の着手論にも危険性概念が持ち込まれ、学説・判例上でも支持を広げていくことになった。しかし、ここでの「危険性」は、行為そのものの性質という意味での「抽象的」、「類型的」なものを指すのか、当該事象において、障害がなければ結果を発生させる、または当該行為によって犯罪が成立する相当高度の蓋

---

58) 佐久間修『刑法総論』（成文堂、2009年）325頁、伊東研祐『刑法講義総論』（日本評論社、2010年）321-322頁、川端博『刑法総論講義〔第3版〕』（成文堂、2013年）510頁以下、井田・前掲注56）451頁、大谷實『刑法講義総論〔新版第5版〕』（成文堂、2019年）375頁以下、前田・前掲注56）93頁、裁判所職員総合研修所監修『刑法総論講義案〔4訂版〕』（司法協会、2016年）333頁。具体的危険説を「通説」、「多数説」、「支配的見解」などと位置づけるものとして、中山・前掲注42）422頁、山口厚『刑法総論〔第3版〕』（有斐閣、2016年）288頁、内藤・前掲注48）1251頁、大塚仁『刑法概説（総論）〔第4版〕』（有斐閣、2008年）268頁、西田典之（橋爪隆補訂）『刑法総論〔第3版〕』（弘文堂、2019年）330頁、高橋則夫『刑法総論〔第5版〕』（成文堂、2022年）430頁、伊東・前掲注58）317頁、川端・前掲注58）509頁、松原・前掲注56）363頁、浅田・前掲注56）394頁、日髙・前掲注56）416頁、山中・前掲注56）785頁、西田典之ほか編『注釈刑法 第1巻 総論』（有斐閣、2010年）652頁〔和田俊憲〕。

59) 内藤・前掲注48）1273頁以下、西田・前掲注58）332頁、松原・前掲注56）365頁以下、佐伯・前掲注57）350頁以下、高橋・前掲注58）431頁以下。

60) 佐伯・前掲注57）351頁。内藤・前掲注48）1274頁、町野朔『刑法総論』（信山社、2019年）341頁も参照。

然性が認められるという意味での、より「具体的」なものを指すのか、当初より不明瞭であった。もっとも、いずれにせよ、上記2(2)で概観したとおり、構成要件該当行為またはそれに密接する行為の判断と危険性の判断を別個のものと捉える見解は見られず、後者は前者を実質化しようとするものであって[61]、その意味での「実質的」な危険の有無を問うという理解が「通説」を形成したと評しうる。この点で、密接性と危険性を別個の概念として並列させる、現在の実行の着手論における通説的理解とズレがあったことは留意されてよいであろう。なお、不能犯論においても、「絶対不能・相対不能」という基準を、社会通念に従った危険性概念により実質的に判断しようとする動きが生じたといえる[62]。ここから、実行の着手を、行為の「抽象的」、「類型的」危険の有無により判断する見解を前提にすれば、実行の着手論と不能犯論の一元的理解が生じたものと理解しうる。

続いて大塚が提唱した「現実的危険性」という概念も、行為そのものがもつ「抽象的」、「類型的」危険を意味するものとして用いられていたと推察される。そうしたなか、西原は、実行の着手論において、これまでの危険性に訴える見解を「実質的客観説」と称し、それと対比させるかたちで、危険性を個別の事象における「具体的」なものであると位置づける理解を推し進めた。その後は、違法論の対立を軸として、未遂処罰を基礎づける危険性のさらなる内実が議論されたが、そこでの危険性は、西原があらためて主張した「具体的」なものであるとの理解が主流となった。そこから、「実質的客観説」は、単に、広く形式的客観説に対置されるものと捉えられたうえで、「通説」を形成し[63]、西原が意識した、危険性の抽象的・類型的理解と具体的理解の差異は、現在において、あまり意識されなくなったように思われる[64]。

さらに、未遂処罰を基礎づける危険性が「具体的」なものと理解され、結果無価値論者により、それが「危険の切迫性」という、行為からは切り離された事態と理解されることにより、危険性に加えて、従来の構成要件該当行

---

61) 前掲注16)〜注18) 参照。
62) 沼・前掲注15) 129頁も参照。

為またはそれに密接する行為という形式的な基準を加味すべきと論じる契機が生じた。そして、結果無価値論に立脚しない論者においても、「実行に着手」という文言解釈である点があらためて意識されはじめ、違法論の立場の違いを超えて、形式的基準と実質的基準のいずれをも加味する枠組み自体は広く支持され、「通説」と称されるに至ったように思われる。不能犯論については、違法論を軸にした対立はなお続いているといえるが、実行の着手論との関係は、なおも十分な検討がなされているとはいえないのが現状であろう。

3　未遂犯論の「通説」の実態

(1)　形式的基準と実質的基準の相互補完的考慮の内実

実行の着手時期の確定にあたり、形式的基準と実質的基準を相互補完的に考慮するという枠組みが「通説」を形成するに至ったとはいえ、その内実は、本稿の系譜分析に照らせば、次の2つの理解がありえよう。つまり、①危険性判断（実質的基準）を軸にしつつ、危険概念の不明確さを補うべく、形式的基準でそれを限界づけるという結果無価値論を出発点とする考え方[65]と、②構成要件該当行為またはその密接行為（形式的基準）の判断を実質的基準

---

63) こうした意味での「実質的客観説」を「通説」、「支配的見解」、「多数説」などと称していると思われるものとして、大沼邦弘「実行の着手」西原春夫ほか編『判例刑法研究(4)未遂・共犯・罪数』（有斐閣、1981年）3頁、葛原力三ほか『テキストブック刑法総論』（有斐閣、2009年）231頁〔塩見淳〕、伊藤渉ほか『アクチュアル刑法総論』（弘文堂、2005年）251頁〔安田拓人〕、佐伯・前掲注57）339頁、井田・前掲注56）433頁、松原・前掲注56）336頁など。佐久間・前掲注58）72頁は、危険性概念に訴え、形式的客観説に対置される見解を「具体的危険説」と称する。なお、実質的客観説が支持を集めた理由として、東條・前掲注4）1892頁以下も参照。

64) 他方で、中山・前掲注42）410頁は、大塚の見解を含めて「形式的客観説」と位置づけ、それを「通説」と称したが、これは、大塚の見解が、実質的な危険概念に依りつつも、その内実は、小野の見解に始まる「抽象的」、「類型的」危険であって、なおも形式的な判断を予定したものであったとの理解に基づくものであると思われる。

65) 平野・前掲注40）314頁、山口・前掲注58）282頁以下、中山・前掲注42）413-414頁、415頁注1、橋爪・前掲注56）289頁以下、原口・前掲注56）104頁以下。

で明確化すべきという行為無価値論を出発点とする考え方である。

　もっとも、①については、そもそも、少なくとも議論の系譜としては、危険性という実質的基準は、構成要件該当行為またはそれに密接する行為という形式的基準を明確化する趣旨で登場したにもかかわらず、そうした実質的基準を補完するものとして、再度、形式的基準を持ち出すことに理由があるのか、検討を要するようにも思われる。他方、②については、実行の着手論に危険性概念が持ち込まれた歴史的な経緯に倣うものだとすれば、結局は実質的基準のみが意味をもちうることとなるので、「相互補完的考慮」というからには、密接性という形式的基準そのものの意義が問われなければならないであろう。

(2) 危険性概念

　前述のように、未遂処罰を基礎づける「危険性」は、主観説に対置される意味での「客観的」な危険性であり、形式的客観説に対置される意味での「実質的」な危険性であり、行為の抽象的（類型的）な危険を超えた、個別具体的な事象において結果が発生する「具体的」な危険性であるという理解のレベルにおいて「通説」が存在するといえよう。

　もっとも、こうした具体的な危険性を、行為そのものの危険性として理解するのか、危険が発生している事態として理解するのかをめぐっては、なお対立している。したがって、クロロホルム事件において実行の着手を認める結論は変わらないとしても、間接正犯や離隔犯の実行の着手時期については結論が分かれうる[66]。

　また、未遂犯の成否に関して、「現実的危険」という用語が、現在において、なおも複数の論者により用いられているのは[67]、「現実的危険」が、上

---

66) 利用者標準説を採るものとして、井田・前掲注56）441頁以下など。被利用者標準説を採るものとして、山口・前掲注58）284頁、佐伯・前掲注57）343頁、橋爪・前掲注56）284頁以下など。
67) 佐久間・前掲注58）320頁、佐伯・前掲注57）339頁、裁判所職員総合研修所監修・前掲注58）313頁、山口・前掲注58）281頁、井田・前掲注56）435頁、大谷・前掲注58）362頁、橋爪・前掲注56）277頁、松原・前掲注56）337頁、日髙・前掲注56）396頁。

述の「客観的」、「実質的」、「抽象的」、「具体的」危険のいずれをも指しうることに起因するものであるように思われる。したがって、「現実的危険」の有無により未遂犯の成否を決するのが「通説」であると称すること[68]は、必ずしも明確な実体を伴うものとはいえないことに留意すべきであろう[69]。

なお、クロロホルム事件決定の調査官解説では、行為無価値論者と結果無価値論者の双方の論稿[70]が引用されたうえで、形式的基準と実質的基準の双方を考慮すべき見解が学説上でも少なからず示されていると評されたが[71]、危険性という実質的基準は、「実行の着手の有無が問題となる行為そのものから既遂結果が発生する物理的な可能性」を問うものではなく、「実行の着手の有無が問題となる行為から当該犯罪の構成要件該当行為に至る客観的な危険性」を意味するとも説明されている[72]。しかし、本来、結果無価値論者が想定してきた「結果としての危険」は、行為とは切り離された客観的な事態であって、その限りで、着手が問題となる行為と構成要件該当行為との関係性を問う契機は、直接的には存在しないようにも思われる[73]。したがって、判例実務では、形式的基準を実質的基準の双方を考慮する見解のうち、行為無価値論を出発点とする上記②の理解に立脚しているとも評する余地があろう。少なくとも、こうした調査官解説における説明の若干の混乱は、危険性概念が多義的であることに起因するともいえよう。

---

68) 大塚ほか・前掲注56) 254頁〔豊田兼彦〕、後藤眞理子「判解」最判解刑平成11年度141頁など。
69)「現実的危険性」が、「ある程度高度の可能性」あるいは「結果発生の切迫性」を意味し、それが実行の着手を基礎づけ、不能犯であることを否定するものと考える場合、不能犯の成否の判断において、結果発生の高度の危険性を要求していない判例（最判昭和37・3・23刑集16巻3号305頁〔殺意をもって被害者の血管に注射した空気が致死量には至らなかったという事例につき、被注射者の身体的条件やその他の事情によっては死の結果発生の危険が絶対にないとはいえないとして不能犯の成立を否定した下級審の判断を是認〕など）と整合しなくなる点を指摘するものとして、樋口亮介「実行の着手」東京大学法科大学院ローレビュー13号（2018年）59頁。
70) 具体的には、平野・前掲注40）、内藤・前掲注48) 1223頁、山口厚『問題探究 刑法総論』（有斐閣、1998年）204頁、井田・前掲注52) 82頁。
71) 平木・前掲注2) 162頁以下。
72) 平木・前掲注2) 170-171頁。

4　おわりに——未遂犯論のこれから

　本稿では、未遂犯論に関する「通説」の形成過程とその現在における実態の解明を試みた。とくに実行の着手論における、形式的基準と実質的基準を併用して実行の着手時期を画すべきとの見解は、たしかに多数の支持を得ており、議論の枠組みとしての「通説」を形成しているといえる。もっとも、少なくとも議論の系譜に照らせば、その内実理解には、危険の発生を主軸に、密接性判断で未遂犯の成立時期を限定する結果無価値論に端を発するものと、密接性を主軸に、危険性判断でそれを補うという行為無価値論に端を発するものがありえ、かつ、いずれも検討すべき事項が残されているといえる。

　こうした現状において、主観説のアンチテーゼとして危険性概念が実行の着手論にも持ち込まれたことを契機として、現在においても、結果を発生させる具体的な危険の発生が未遂犯処罰の前提に据えられている点を見直すことは検討されてよいのではないかと思われる。危険性概念は多義的かつあいまいなものであって、クロロホルム事件決定の調査官解説においても見て取れたように、ときに混乱をもたらしうるからである。危険性概念は、当初は、密接性基準を明確化する試みとして登場したものであり、かつ、行為の類型的・抽象的危険を意味するとの理解もありえたこと、また、修正された形式的客観説は、印象説に基づいて、危険性概念から離れる試みであったことは再認識されるべきであろう。さらに、近時の進捗説は、少なくとも実行の着手論において、「危険性」という概念を相対化しつつ、規範違反性の観点から構成要件該当行為およびそれとの密接行為の意義を再確認しようとする試

---

73)「危険の切迫性」は、「構成要件該当行為に至る危険性」によっても基礎づけられるとも考えられるのかもしれないが（二本柳誠「詐欺罪における実行の着手」刑ジャ57号〔2018年〕40頁注39参照）、「既遂結果が生じる危険性」を問題にする以上は、少なくとも、クロロホルム事件においても、クロロホルムを吸引させる行為と密接な関係にある海中投棄行為によって実際に被害者が死亡する可能性（クロロホルム吸引行為自体では、被害者は死亡しなかった可能性）も合わせて考慮されなければならないように思われる。同趣旨の問題意識は、すでに、東條明徳「実行の着手論の再検討(1)」法協136巻1号(2019年) 204頁以下で示されている。

みであるといえる点で、今日の議論状況を進展させ、かつ、現在の判例実務とも整合しうるものとして、重要な意義を有しているといえよう。

　もっとも、印象説に対しては、「社会の安心感の動揺」は犯罪の副次的効果にすぎず、また未遂犯に特有のものともいえないとの批判[74]が、進捗説に対しては、行為者の意思に基づいた規範違反性のみで未遂を認めるものだとすれば、かつての主観説に立ち返るものであるとの批判[75]がそれぞれ加えられている。こうした原理的な批判に向き合いつつ、かつては峻別されていたと思われる実行の着手論と不能犯論の関係性にも目を配りながら、「危険性」という隠れ蓑に拠らず、未遂犯論を再構築することが望まれているのではないだろうか。

---

74) 佐伯・前掲注57) 349頁、二本柳・前掲注57) 668-669頁。松原・前掲注56) 364頁も参照。
75) 高橋則夫『規範論と理論刑法学』（成文堂、2021年）280頁注16、二本柳・前掲注73) 36頁。山口厚『危険犯の研究〔新装版〕』（東京大学出版会、2024年）267頁以下も参照。

第6章

共犯論の「通説」
共犯論は何をどのように論じてきたか

亀井 源太郎

1　はじめに

(1)　「共犯からみた判例と学説」

　かつて、大越義久は、最高裁判所刑事判例集（以下、「刑集」という）に登載された共犯に関する最高裁判例と、日本刑法学会の機関誌である刑法雑誌に掲載された共犯に関する論稿をそれぞれ分類・整理し、学説が判例に「残念ながら正面から対峙してきたとはいえないことが、分かる」と述べた[1]。
　同論文は、以下のようにいう[2]。

　「判例においては、これまで『共謀共同正犯』が共犯について主役を演じてきたことは疑いがない。……これに対して、学説は、主に『間接正犯』『教唆犯』『幇助犯』に理論的な関心を集中させ、多くの議論をこれらに費やしてきたが、その反面、共謀共同正犯に関しては、これまでは共謀共同正犯を認めるのか否か、これを認めるとしたらその枠組みは何か、たとえば『行為支配』とか『自己の犯罪』とか『重要な役割』など、という点に焦点を当てて議論を重ねてきただけで、いわばその入口に立っているにすぎない」。

---

1) 大越義久「共犯からみた判例と学説」刑法雑誌39巻2号（2000年）256頁。
2) 大越・前掲注1) 256頁以下。

「したがって、共犯、とくに共謀共同正犯に関して、学説が判例に対してほとんど影響を与えなかったこともうなずけるわけである。この状況を打開するためには、判例が共犯に関して主役を演じさせている共謀共同正犯をさらにもう一歩踏み込んだ形で検討する必要がある」。

⑵　本稿の課題
さて、筆者に与えられた課題は、共犯に関する「通説」について論ずることである。

もっとも、現在の（あるいは過去のある時点の）「通説」はこれこれであると断ずることは容易でない。「通説」の概念が多義的であること（仲道祐樹・本書［総論解題］参照）や、どの見解を有力あるいは支配的とするかは多分に評価を伴う作業であることからすれば、ある考え方を「通説」とすることはいきおい直感的なものとなってしまう。

他方、ある問題が争点であるか否かは——どのような状態をもってそこに議論があると評するかについてはなお考慮を要するが——相対的には客観的に判定できよう。そこで、本稿では、やや角度を変えて、共同正犯をめぐる争点の移り変わりを概観し、そこから一定の示唆を得ることで責を塞ぐこととしたい。ある問題についてある考え方が支配的となれば、その問題についての議論は沈静化する。「何が争点でなくなったか」が「ある問題について合意が形成された」ことを意味するなら、ある問題が争点でなくなり、争点が別の点に移る様を観察すれば、「通説」が移り変わる様も浮かび上がるであろう。

⑶　争点抽出の手法
前掲の大越論文は、実務上の争点の変遷については刑集登載の判例を、学説上の争点の変遷については刑法雑誌掲載の共犯関係論稿を用いて把握しようとするものであった。このような手法には一定の限界もあるが、議論の変遷を客観的に把握しようとするものとしては賛成できる。また、日本刑法学会の機関誌である刑法雑誌における特集等は、日本の刑法学界におけるトレンドを反映するものと「仮置き」することも許容されよう。

本稿も基本的に同じ方法を採り、以下のような方針で、学説上の争点の変遷を描写する。

方針の第1は、対象とする資料についてである。本稿では、刑法雑誌掲載の論稿のうち、「特集」、「共同研究」、「ワークショップ」[3]に関するものを用いる[4]。

方針の第2は、資料を概観する際の着眼点についてである。本稿では、当該論稿がどのような問題関心に従って書かれているか（たとえば、重要判例への対応か理論的関心か）に注目する。

2　争点の変遷

(1)　テーマの変遷

上記のような方針で、刑法雑誌掲載の共犯関係論稿を整理したのが、本稿末の一覧（表3）である。詳細はこの一覧をご覧いただくこととし、年代別（刑法雑誌掲載時基準）にテーマを列挙すると、表1のようになる。

これによれば、共謀共同正犯は、1980年代以来継続的に学界／学会における関心が向けられてきたテーマであることがわかる。

もっとも、同じく共謀共同正犯がテーマとして取り上げられているといっても、仔細に観察すると、1990年代までは——論者によりニュアンスの差は当然あるが——どちらかというと共謀共同正犯概念の肯否が議論の中心であったところ、2000年代には徐々に肯定説を前提とした議論が目立ちはじめ、2010年代には肯定説を前提に共謀概念や共謀の射程、（共謀共同正犯を含む）

3）刑法雑誌に「特集」あるいは「共同研究」として掲載されているものは、学会大会や部会（大会は全国の会員が参加して行われ、部会は各地に設置され当該部会の会員が参加して行われる）における共同研究（複数の報告者による多角的な検討の場）等の記録である。また、「ワークショップ」は、学会大会に際し設けられるインフォーマルで自由な意見交換の場である。

4）ただし、大越・前掲注1）は、刑法雑誌における「特集」、「共同研究」、「ワークショップ」に加え、「個別研究」も用いて学説の変遷を把握しようとしているが、個別研究は個々の研究者の研究関心に基づいて行われるところ、個々の研究者の研究関心がその時代の争点に拘束されているとは限らないため、本稿の作業には用いないこととした。

表1　年代別・テーマ

1980年代	共謀共同正犯（肯否、肯定説と刑事手続の関係）、共犯の処罰根拠
1990年代	共謀共同正犯（肯否、肯定の根拠）、共犯と正当防衛、間接正犯と狭義の共犯、共犯と身分、共犯の処罰根拠
2000年代	共謀共同正犯（肯否、成立範囲）、過失と共犯、間接正犯と共同正犯、共謀罪
2010年代	客観的帰属論と共犯、共謀共同正犯（共謀概念、共謀の射程）、共同正犯の成立要件、狭義の共犯
2020年代	共謀概念（意義、順次共謀、共謀の射程・解消・共犯の過剰）、承継的共犯、中立的行為による共犯

共同正犯の成立要件等が論じられるようになる。この傾向は2020年代においても続いている。

また、共犯の処罰根拠はかつて華やかに論じられたが、2000年以降は、因果的共犯論が議論の前提とされることとなり、処罰根拠そのものをめぐる争いは学界／学会の関心からはいったん外れている（ただし、後述3(2)のように、近年は共犯の処罰根拠に再度スポットライトが当たっている）。

(2)　議論の動因の変遷

次に、各年代で行われる議論の動因を概観しよう。ある時代にある問題について議論が行われる理由は複合的なものでありうる。このため、以下に掲げる表2は、かなり大ざっぱな整理に基づいて作成されたことは留意されたい。

ややデフォルメしていえば、本稿冒頭に掲げた大越による問題提起からしばらくは、議論の焦点は理論的関心と実務的必要の両方向へ動く。行きつ戻りつしつつ次第に、実務上の課題や重要判例に正面から取り組む方向性が鮮明になったということができようか。

各期の傾向を象徴する記述を引用しつつ、少し詳しくみてみよう。

1980年代においては、しばしば、共犯論の理論的整序が語られる。たとえば、②所収（丸数字は後掲表3中の番号を示す。以下同様）の大越義久「共犯の処罰根拠と限定性」は、「共犯論はこれまで混乱した状態の中にあった。」との認識の下、「共犯論を混乱から救うためには、共犯論を整理し体系化す

表2　年代別・議論の動因

1980年代	共謀共同正犯論（「両極化止揚」）、共犯論の理論的整序、「判例法として確立」された共謀共同正犯肯定の理論的根拠探求
1990年代	重要判例を学説の枠組みで整理、ドイツの議論の参照、正犯概念の理論的整序
2000年代	判例と向き合おうとする、理論的関心、ドイツの議論、判例の動き、時の立法状況
2010年代	客観的帰属論、共謀概念、重要判例
2020年代	重要判例、実務上の課題

ることが不可欠になる。そのためには、共犯論の諸問題を有機的に関連づけ、統一的に把握するための『視座』が必要であろう。その一つに、共犯論の基礎とでもいうべき『共犯の処罰根拠』という視点がある。共犯論の諸問題は、……いずれも究極的には『共犯はなぜ処罰されるのか』という論点に規定され、あるいは集約される性質の問題であるからである。」とする[5]。

　また、同じく②所収の西田典之「共犯の処罰根拠と共犯理論」は、「刑法の任務を法益の保護に求めるとするならば、共犯処罰も、このような法益保護の一環である以上、……因果的共犯論が妥当である……。この意味で、メッガーが述べたように、因果性はまさに共犯理論の出発点なのである。」とする[6]。ここでは、もっぱら理論的見地から共犯論を整序しようとする姿が看取される[7]。

　同様の傾向は、1990年代も続く。象徴的なのは、ドイツにおける議論を参照しつつ刑法65条の解釈論を展開する⑥であろう。もっとも、この時期には、その折々の重要判例を契機とし、実務上現れた解釈論的な問題と向き合おうとするものも見られる（④）。

　2000年代に入ると、共犯論の動因に変化が見られる。本稿冒頭に引用した

5）大越義久「共犯の処罰根拠と限定性」刑法雑誌27巻1号（1986年）116頁以下。
6）西田典之「共犯の処罰根拠と共犯理論」刑法雑誌27巻1号（1986年）144頁。
7）ただし、この時期においても、共謀共同正犯について、「共謀共同正犯の承認の是非をめぐって学界には殆ど敵対的な対立関係が存在する」としつつ、この対立の止揚を試みる論稿（夏目文雄「共謀共同正犯論」刑法雑誌25巻2号〔1983年〕231頁）が刑法雑誌に掲載されていることは注目に値する。

大越論文（⑧所収）も、この時期に公刊されたものである。同論文は、共犯の処罰根拠論をリードしてきた著者による、従来の共犯論のあり方に対する強烈な批判であって、共犯論（あるいはより広く学説一般）が判例に対し「もう一歩踏み込んだ形で検討する」[8]ことを求めるものであった。この4年後に刊行された⑩も、同様の問題意識に基づくものといえよう。同ワークショップは既存の学説上の枠組みからではあるが、判例の動きに対応しようとしている。

2010年代には、「近時の判例を手がかりに、共謀共同正犯の具体的要件のあり方とその理論的な基礎づけを探求しようとする」[9]ものが出現する（⑬）。このような試み自体は学界においてすでに見られたが[10]、学会誌である刑法雑誌においてもこのような方向が確認され、共犯論のあり方がいよいよ大きく変容したことを思わされる。学説上の共謀共同正犯をめぐる議論のフェイズが肯否論から要件論へシフトし、学説が判例実務における問題に寄り添う傾向が強まったのである。同様の認識は、⑭においても示される。たとえば、松原芳博は、「学説による共謀共同正犯の受容と因果共犯論の定着」[11]を議論の前提とする。また、この年代には、共謀の射程や共謀概念等、実務上の課題に正面から取り組もうとする研究も多く見られるようになる。

2020年代においても、2010年代に続いて、重要判例を機縁に実務上の課題を検討する姿勢が続く。⑰は、「『共謀』概念の意義」と題し、共謀概念の意義、共謀の射程、共犯関係の解消等、実務上用いられるキー概念について、その理論的意味を整理しようとする。さらに、⑱は、平成期の重要判例から出発して共犯論の到達点を確認し、令和に残された課題を整理する。

---

8) 大越・前掲注1) 257頁。
9) 松原芳博＝田川靖紘「共謀共同正犯論の現在」刑法雑誌51巻3号（2012年）428頁。
10) たとえば、拙著『正犯と共犯を区別するということ』（弘文堂、2005年）91頁は、「共謀共同正犯の是非論から要件論へ」とし、共謀共同正犯論における議論のフェイズが移行したことを指摘した。
11) 松原芳博「共同正犯をめぐる議論の概観」刑法雑誌53巻2号（2014年）261頁。

3 一応の「通説」とその動揺

(1) 共謀共同正犯

かつて、団藤重光は、共謀共同正犯について、次のように論じていた[12]。

「〔共謀共同正犯を肯定する〕判例に理論的基礎を提供されたのは、草野〔豹一郎〕教授の共同意思主体説であった。……しかし、かりに共同意思主体というものをみとめることができるとしても、これを犯罪の主体とするのは団体的責任をみとめるもので、現行法の――いな、ひろく近代刑法の――個人責任の理念に反する」。

これに対し、たとえば、1974年、裁判官であった松本時夫（当時・福岡地方裁判所判事）は、共謀共同正犯を否定する学説に、痛烈な批判を加えた[13]。

「周知のとおり、このいわゆる判例実務上発展してきた共謀共同正犯概念について、学説は、従来、その理論上の根拠こそ差があれ、結論的にはほとんど一致してこれを不当とし、判例が立法論と解釈論を混同したもの、罪刑法定主義に反するなどと非難し続けてきた」。

---

12) 団藤重光『刑法綱要総論』（創文社、1957年）303頁以下。もっとも、団藤は、まずは、最決昭和57・7・16刑集36巻6号695頁に付した自身の意見において肯定説へと改説して、「共同正犯についての刑法60条は、改めて考えてみると、一定の限度において共謀共同正犯をみとめる解釈上の余地が充分にあるようにおもわれる。そうだとすれば、むしろ、共謀共同正犯を正当な限度において是認するとともに、その適用が行きすぎにならないように引き締めて行くことこそが、われわれのとるべき途ではないかと考える。」と述べ、さらに、同『刑法綱要総論〔第3版〕』（創文社、1990年）397頁以下において、「近年における学説はむしろ判例を支持する傾向が強くなって来たので、〔共謀共同正犯を肯定する〕判例はほとんど完全に定着するにいたったとみるほかない。しかし、現行刑法の規定の体系的理解とのギャップを埋めるために、判例を控制するなんらかの適切な理論が要請されているというべきであり、わたくしじしんは、さしあたり、……行為支配の理論の応用を考えている。」とするに至った。
13) 松本時夫「共謀共同正犯と実務」法教第2期4号（1974年）35頁以下。

「……現在の刑事裁判実務においては、共謀共同正犯に対し刑法60条を適用することの是非が議論されることがないのは、窃盗犯に対し刑法235条を適用することの是非が議論されることのないのと全く同様である。それは上級審の判例がそうであるから、すなわち判例に従わなければ上訴審で破棄されるから、やむをえずこれに従っているというものではない。また、刑法60条の解釈としては誤っているが長年にわたって確立した判例——一種の判例法であると考えて、これに従っているのでもない」。

　このように、共謀共同正犯概念の肯否をめぐり、学説と判例は鋭く対立していたのである。
　先にみたように、現在では、このような対立は解消されている。いつの時点で対立が解消されたとみるかは評価の問題であるが、たとえば、③において[14]、「現在では、理論構成に差異はあるにせよ、学説の大勢は共謀共同正犯を肯定する方向にある」[15]との認識が示されていることや、否定説の論者が「肯定説は、いまや通説か？」[16]という問を立てざるをえない状況に追い込まれていることから、1991年頃には肯定説が（圧倒的とまでいえるか否かはともかく）優位に立ったと評することもできよう。
　筆者の目からみて、画期をなすのは、2012年に公刊された⑬や2014年に公刊された⑭である。これらの企画に参画した松原芳博は、それぞれ、「近時、……『共謀』の意義ならびに共謀共同正犯の具体的な成立要件に関する議論が活発になっている」[17]、「学説による共謀共同正犯の受容」[18]と記した。いずれの企画においても、肯定説を前提に、肯否の争いから一歩先の解釈論的問題（共謀概念、共謀の射程、共同正犯の成立要件等）が論じられており、遅くともこの頃までに、共謀共同正犯肯定説が学界／学会において「通説」と

---

14) もっとも、この時期は、未だ、肯否が議論の柱の1つとされているように見受けられる。そのことは、同特集における西田典之、村井敏邦の論稿がそれぞれ「肯定説の立場から」、「否定説の立場から」という副題を付されていることにも現れている。
15) 岡野光雄「共同意思主体説と共謀共同正犯論」刑法雑誌31巻3号（1991年）284頁。
16) 村井敏邦「共謀共同正犯——否定説の立場から」刑法雑誌31巻3号（1991年）328頁。
17) 松原＝田川・前掲注9）428頁。
18) 松原・前掲注11）261頁。

なったように思われる。

　もっとも、いったん、共謀共同正犯肯定説が「通説」となれば、議論の解像度は上がる。争点が、共謀共同正犯の肯否から、どのように肯定するか（たとえば、どのような事例において共謀共同正犯の成立を認めるか、どのような場合に離脱を認めるか、離脱が認められたことの効果はいかなるものとするか等）に移行すれば、なお見解は一致していないということとなるのである。

　近時、危険運転致死傷罪の共同正犯が成立するとされた事例である最決平成30・10・23刑集72巻5号471頁をめぐって議論がある。

　同決定の事案は、被告人と友人Aが、それぞれ自動車を運転し、赤色信号を殊更に無視して交差点に進入し、被害者5名が乗車する自動車にA運転車両が衝突するなどしてうち4名を死亡させ、1名に重傷を負わせた交通事故について、被告人とAが、互いに、相手が同交差点において赤色信号を殊更に無視する意思であることを認識しながら、相手の運転行為にも触発され、速度を競うように高速度のまま同交差点を通過する意図の下に赤色信号を殊更に無視する意思を強め合い、時速100キロメートルを上回る高速度で一体となって自車を同交差点に進入させたというものである。

　同決定にかかる評釈は、しばしば、当該事案を共謀共同正犯と構成すべきか実行共同正犯と構成すべきか（あるいは、裁判所がいずれの構成によったか）に言及する[19]。これは直接的には当該事件に固有の争いであるが、その背景には、近時の、実行共同正犯と共謀共同正犯を区別し両者の成立要件は異なるとする見解[20]の影響がある。このような見解の台頭は、たとえば、従来問題とされてこなかった[21]実行共同正犯と共謀共同正犯の区別（あるいはそもそも両者を区別すべきか）という新たな争点を生ぜしめる。

　ここでは、議論の解像度が高まることにより新たな争点が形成され、それ

---

19) 伊藤嘉亮「判批」法時91巻9号（2019年）178頁、豊田兼彦「判批」法セ769号（2019年）129頁、曲田統「判批」平成30年度重判解（2019年）160頁以下、安田拓人「判批」法教461号（2019年）160頁、照沼亮介「判批」論ジュリ36号（2021年）229頁、久禮博一「判解」最判解刑平成30年度173頁。
20) 樋口亮介「実行共同正犯」酒巻匡＝大澤裕＝川出敏裕編著『井上正仁先生古稀祝賀論文集』（有斐閣、2019年）133頁以下、谷岡拓樹「因果的共犯論と共同正犯」早稲田法学96巻3号（2021年）127頁以下等。

まで「通説」と呼ばれた一定のまとまりが失われる様が観察される。

(2) 因果的共犯論

ある見解の定着と動揺という現象は、異なるかたちでも観察される。

平成期を通じて因果的共犯論が定着したという評価[22]は、刑法雑誌上も少なからず見られる[23]。

しかし、いわゆるだまされたふり作戦開始後に関与した特殊詐欺の受け子について詐欺未遂罪の共同正犯を認めた最決平成29・12・11刑集71巻10号535頁の登場によって、因果的共犯論は揺さぶられている。

同決定は、共犯者による欺罔行為がされた後、だまされたふり作戦が開始されたことを認識せずに共犯者らと共謀のうえ、詐欺を完遂するうえで欺罔行為と一体のものとして予定されていた被害者から発送された荷物の受領行為に関与した被告人について、「だまされたふり作戦の開始いかんにかかわらず、被告人は、その加功前の本件欺罔行為の点も含めた本件詐欺につき、詐欺未遂罪の共同正犯としての責任を負うと解するのが相当である。」とし、詐欺罪について承継的共同正犯を肯定した。

因果的共犯論によれば、後行行為者は自ら関与する以前の先行行為者の行為に影響を及ぼしえないから承継的共同正犯は認められないと考えるのが素直である。このため、同決定と因果的共犯論の関係が問われるに至っているのである。

学説は現在、因果的共犯論の放棄を志向するもの、因果的共犯論の維持を

---

21) 共謀共同正犯にかかる従来の議論が「刑法60条の規定する共同正犯に、自ら実行行為の一部を行わない者も含まれるか」というかたちで展開されてきたことからすれば、このことは当然ですらある。
22) 傷害罪の承継的共同正犯を否定した最決平成24・11・6刑集66巻11号1281頁の出現は、このような評価に大いに寄与した。
23) 松原・前掲注11)135頁、橋爪隆「共謀の限界について──共謀の射程・共謀関係の解消」刑法雑誌53巻2号（2014年）297頁、朝山芳史「実務における共同正犯論の現状」同310頁、豊田兼彦「共同研究の趣旨」刑法雑誌60巻1-3号（2021年）36頁、十河太朗「共犯関係の解消と共謀の射程」同39頁、和田俊憲「承継的共犯」同54頁参照（ただし、これらの論稿も、因果的共犯論への賛否につきさまざまなニュアンスの違いを含む）。

志向するものに分かれ、また、後者は、同決定を因果的共犯論の枠内で理解しようとするもの、因果的共犯論の見地から同決定を批判するもの、因果的共犯論と別枠の理路を用意し同決定のような事案をそこに位置づけるもの等に分かれる[24]。

このように、新判例の登場によって「通説」がその地位を維持しうるか問われる場面がある。

4　まとめにかえて

最後に、まとめにかえて、本企画の準備段階で筆者が抱いた感想や思いを吐露しておこう。

本企画に参画してはじめて自覚するに至ったことだが、筆者にとって「通説」とは、せいぜい、ある時点で支持している専門家が相当数に多い（「多数説」よりも多い）見解といった程度のものでしかなく（支持者の多寡による「通説」）、そこに「正しい見解」という意味合いが込められているものではなかった[25]。「正しさ」は時や場所によってかわるという師の教え（「『真理は動くものである』、『理論は儚いものである』」[26]）が自分のなかに深く刻まれていることを再確認したのである。さらにいえば、ある見解を「通説」と呼び、その「通説」に痛烈な批判を加えるスタイルの学問にこそ強い魅力を感じた

---

24) 学説の分布につき、深町晋也「判批」論ジュリ36号（2021年）233頁以下参照。なお、同決定の評価を考える上では、「詐欺予備罪」創設の是非を論ずる木村光江「特殊詐欺と準備罪」法務研究19号（2022年）1頁以下も重要である（同論文は、詐欺罪に一般的な予備罪規定を設けることは現実的ではないとしつつ、「犯罪インフラを個別に規制の対象とすることが、結果的には犯罪抑止につながる」とする）。
25) とはいえ、筆者が約四半世紀のあいだに書いたもののなかに、「正しい見解」という意味合いで「通説」という言葉を用いたものがある可能性も否定はしない。もしあるとすれば、今日の自分と当時の自分に同一性が欠けることや、「通説」という言葉に重い意味を認めてこなかったからこそ折々にさまざまな意味で用いていることが理由として考えられる。
26) 前田雅英『法の奥底にあるもの──ゆく川の流れは絶えずして万事塞翁馬』（羽鳥書店、2015年）57頁。同書142頁はさらに、「解釈学などというものは、儚いもので、まさに『澱みに浮かぶ泡沫』である」とする。

という初期衝動も、このような感覚の形成に大いに影響している（批判されるべき見解の総称としての「通説」）。本稿で「通説」という言葉にカギ括弧を付した背景には、これらの思いがある。これと異なる「通説」という言葉遣いや「通説」という言葉に対する思いに接したことは、率直にいって、新鮮な驚きであった。

　そのような筆者にとって、あるべき見解が存在するとすれば、それは、かつて平野龍一が述べたような、「判例より一歩はなれ、一歩前進していて、しかも判例を引きつける力をもつ学説」[27]である。前述のように、近時の学説は、実務上の重要問題と向き合い、これを解決しようとする。このような方向で、実務上の課題を解決しつつ、時に実務が採る方法に反省と改善を迫る見解が生ずるなら、（かりに「通説」と呼ばれるものとならなくとも）社会に貢献する有意義な見解となるであろう。

---

27) 平野龍一『刑法の基礎』（東京大学出版会、1966年）247頁以下は、「……学説が判例をただ肯定し、そこにある論理に追従しておればいいというわけではない。学説は、もともと立法論である以上、つねに判例と同じであっては存在理由がないとさえいえる。判例より一歩はなれ、一歩前進していて、しかも判例を引きつける力をもつ学説が、もっとも好ましい学説だといえるであろう。しかし、学説のなかには、もっと遠くを見ているものもあっていいはずである。そういう説は、『少数説』となるであろうが、長い間には多かれ少なかれ判例がその方向に動くであろうし、現在でも判例と一致しようとする多数説を、一歩これからひきはなすかもしれない。」とした。

表3　刑法雑誌掲載共犯関係論稿一覧　　※個別報告は除く　※★は実務家

(a)　1980年代（掲載時基準、以下同）	(b)　1990年代	(c)　2000年代
①【大会】「〔特集〕共犯について」刑法雑誌25巻2号（1983年）209頁以下 ・1981年、58回大会の記録 ・報　告 　夏目文雄「共謀共同正犯論」 　大野平吉「共犯理論の訴訟法的反省」 ②【大会】「〔共同研究〕共犯処罰の根拠」刑法雑誌27巻1号（1986年）116頁以下 ・1984年、62回大会の記録 ・報　告 　大越義久「共犯の処罰根拠と限定性」 　山中敬一「『共犯の処罰根拠』論——大越説の検討を中心に」 　西田典之「共犯の処罰根拠と共犯理論」 ③【東京部会】「〔特集〕共謀共同正犯理論の総合的研究」刑法雑誌31巻3号（1991年）275頁以下 ・1989年、東京部会の記録 ・報　告 　野村稔「共謀共同正犯理論の総合的研究——はじめに」 　岡野光雄「共同意思主体説と共謀共同正犯論」 　西田典之「共謀共同正犯論——肯定説の立場から」 　★松本時夫「共謀共同正犯と判例・実務」 　村井敏邦「共謀共同正犯——否定説の立場から」	④【WS】高橋則夫「共犯と正当防衛」刑法雑誌34巻3号（1995年）464頁以下 ・1994年、72回大会の記録 ・話題提供 　信太秀一：最高裁決定の紹介、問題点の指摘 　丸山隆司：正当防衛・過剰防衛論からの検討 　三枝有：従属性論や処罰根拠論の射程 ⑤【WS】松宮孝明「共犯論の再検討」刑法雑誌37巻2号（1998年）96頁以下 ・1997年、75回大会の記録 ・話題提供 　吉川真理：間接正犯と狭義の共犯の関係 　十河太朗：身分犯と共犯 　松宮孝明：共犯の処罰根拠および従属性 ⑥【関西部会】「〔特集〕身分犯をめぐる共犯論の再検討」刑法雑誌38巻1号（1998年）58頁以下 ・1997年、関西部会の記録 ・報　告 　神山敏雄「共犯の処罰根拠と刑法65条の関係」 　松生光正「刑法第65条の『身分』の概念について」 　松宮孝明「身分の連帯作用について」 　佐久間修「身分犯における共犯と間接正犯」 　小田直樹「事後強盗罪の共犯関係」 ⑦【WS】林幹人＝臼木豊「共犯論——正犯の内容」刑法雑誌38巻3号（1999年）137頁以下 ・1998年、第76回大会の記録 ・話題提供 　林幹人：精神関係説からの正犯概念 　橋本正博：行為支配論からの正犯概念 　臼木豊：行為支配論からの正犯概念	⑧【大会】「〔特集〕共犯論の総合的検討」刑法雑誌39巻2号（2000年）248頁以下 ・1999年、77回大会の記録 ・報　告 　山中敬一「はじめに」 　大越義久「共犯からみた判例と学説」 　松宮孝明「『正犯』と『共犯』——その根拠と限界」 　高橋則夫「共犯論と犯罪体系論——違法の連帯性を中心に」 ⑨【WS】松生光正＝森永真綱「過失と共犯」刑法雑誌40巻2号（2001年）258頁以下 ・2000年、78回大会の記録 ・話題提供 　塩見（記録上、フルネームの記載なし）：過失と共犯に関するレンツィコフスキーの見解 　川口浩一：ドイツにおいて過失共同正犯肯定説が増加する様子 　松生光正：肯定説からのコメント ⑩【WS】橋本正博「正犯性——間接正犯と共同正犯の間」刑法雑誌43巻3号（2004年）523頁以下 ・2003年、81回大会の記録 ・話題提供 　島田聡一郎：論点整理 　橋本正博：行為支配説の立場から ⑪【WS】京藤哲久「共謀罪」刑法雑誌46巻2号（2007年）270頁以下 ・2006年、84回大会の記録 ・話題提供 　★東條伸一郎：検察実務家としての立場から 　★海渡雄一：国会における共謀罪法案および修正案の内容 　亀井源太郎：米国のcriminal conspiracyに関する紹介とそこからの示唆

注）ワークショップ（WS）の記録は（原則として）当該ワークショップのオーガナイザーが執筆するものであって個々の話題提供者による論稿は含まれない。このため、本一覧では、当該記録に基づき筆者が理解したところにより、話題提供の内容を記載した。

(d) 2010年代	(e) 2020年代
⑫【関西部会】「〔特集〕客観的帰属論と共犯」刑法雑誌50巻1号（2010年）1頁以下 ・2009年、関西部会の記録 ・報　告 　川口浩一「客観的帰属論と共犯の関係――問題の所在」 　豊田兼彦「客観的帰属論と共犯の処罰根拠論の関係」 　佐川友佳子「共犯論と身分犯の共犯――特に義務犯について」 　小島秀夫「中立の行為による幇助――故意帰属の観点から」 　松生光正「客観的帰属論と過失共犯」 ⑬【WS】松原芳博＝田川靖紘「共謀共同正犯論の現在」刑法雑誌51巻3号（2012年）416頁以下 ・2011年、89回大会の記録 ・話題提供 　松原芳博：共謀共同正犯をめぐる現代的問題 　亀井源太郎：共謀共同正犯における共謀概念 　十河太朗：共謀の射程 ⑭【大会】「〔特集〕共同正犯論の現在」刑法雑誌53巻2号（2014年）261頁以下 ・2013年、91回大会の記録 ・報　告 　松原芳博「共同正犯をめぐる議論の概観」 　照沼亮介「共同正犯の理論的基礎と成立要件」 　齊藤彰子「作為と不作為の共同正犯」 　橋爪隆「共謀の限界について――共謀の射程・共謀関係の解消」 　★朝山芳史「実務における共同正犯論の現状」 ⑮【WS】葛原力三「客観的帰属論と共犯論の諸問題」刑法雑誌55巻3号（2016年）514頁以下 ・2015年、93回大会の記録 ・話題提供 　山本高子：第三者や被害者の行為が介入した事例群の因果関係論としての取扱いと正犯・共犯論としての取扱いの分配 　外木央晃：不作為による関与の諸問題 　小島陽介：客観的帰属論と心理的因果性、とくに精神的幇助の事例群について ⑯【WS】曲田統「狭義の共犯論」刑法雑誌56巻3号（2017年）441頁以下 ・2016年、94回大会の記録 ・話題提供 　小島秀夫：幇助犯について 　十河太朗：教唆犯について 　豊田兼彦：狭義の共犯の因果性・帰属性について	⑰【WS】齊藤彰子「『共謀』概念の意義」刑法雑誌58巻3号（2020年）499頁以下 ・2018年、96回大会の記録 ・話題提供 　豊田兼彦：共謀概念の意義・根拠・外延 　齊藤彰子：順次共謀について 　十河太朗：共謀の射程 　齊藤彰子：共犯関係の解消、共犯の過剰 ⑱【関西部会】「〔特集〕共犯論の現状と課題」刑法雑誌60巻1-3号（2021年）35頁以下 ・2020年、関西部会の記録 ・話題提供 　豊田兼彦「共同研究の趣旨」 　十河太朗「共犯関係の解消と共謀の射程」 　和田俊憲「承継的共犯」 　伊藤嘉亮「共犯論における違法の従属性・相対性」 　濱田新「中立的行為による共犯」

第7章

共同正犯の成立要件

伊藤 嘉亮

1 はじめに

 近時の教科書を見てみると、共同正犯の成立要件として「共同実行の意思＋共同実行の事実」を示すものもあれば、その他の成立要件（「共謀＋共謀に基づく実行」や「因果性＋正犯性」など）を示すものもある。しかし、これらの相互関係は判然とせず、それぞれの要件が同じなのかどうかもわかりにくい。そこで以下では、まず、「共同実行の意思＋共同実行の事実」や「共謀＋共謀に基づく実行」といった成立要件が本来何を意味していたものなのか、そしてそれがどのように変容していったのかを確認し（2）、次に「共同実行の意思＋共同実行の事実」と「共謀＋共謀に基づく実行」が本来の意味内容より拡張されるなかで生じた課題を指摘しながら、共同正犯論が今なお錯綜しつづける原因の一端を追究することにする（3）。

2 成立要件をめぐる議論状況の概観

 2000年以降に（改訂版を含めて）出版された教科書を調査したところ、共同正犯の成立要件の構成には大きく分けて3つのパターンが見受けられた。①共同実行（加功）の意思＋共同実行（加功）の事実、②共謀＋共謀に基づく実行、および③その他（因果性＋正犯性など）がこれである。

(1) 共同実行の意思＋共同実行の事実

(a) 共同実行の事実の本来的意味

　この定式は、刑法60条の「共同して犯罪を実行した」という文言から出発し、共同実行を主観面と客観面に分けて成立要件にしたものであって、わが国における伝統的な説明方法である[1]。現在においても研究者の教科書ではこの構成で共同正犯の成立要件を示すのが一般的な傾向といえるが、「共同実行の事実」を実行行為の一部分担として理解する伝統的な立場とこうした解釈からは距離を置こうとする立場に分けることができる。

　かつての通説は「共同して……実行した」という文言を素直に解釈し、「共同実行の事実」はあくまでも実行行為の一部分担を意味すると理解することで、形式的客観説（共謀共同正犯否定説）を展開していた。「共同実行の意思＋共同実行の事実」はあくまでも実行共同正犯を念頭に置いた成立要件であるとする解釈であって、今なお有力に支持されている[2]。

(b) 共同実行の事実の拡張

　しかし、現在ではむしろ、「共同実行の事実」という枠組みは維持しながら、実質的客観説を前提に共謀共同正犯も含めうるよう「共同実行の事実」を拡張し、その本来の意味（実行行為の一部分担）からは離れようとする立場のほうが優勢になっている[3]。

　こうした立場のなかには、すでに小野清一郎が「全体的観察」によって見張り行為を実行行為の一部分担と評価する余地を示唆していたところ[4]、そ

---

1) たとえば、小野清一郎『刑法講義』（有斐閣、1932年）193頁、団藤重光『刑法綱要総論〔初版〕』（創文社、1957年）298頁以下、大塚仁『刑法概説（総論）〔初版〕』（有斐閣、1963年）195頁以下など。
2) 中山研一『新版 口述刑法総論〔補訂2版〕』（成文堂、2007年）295頁以下、三原憲三＝津田重憲『刑法総論講義〔第5版〕』（成文堂、2009年）263頁以下、鈴木茂嗣『刑法総論〔第2版〕』（成文堂、2011年）217頁以下、福田平『全訂刑法総論〔第5版〕』（有斐閣、2011年）270頁以下、山中敬一『刑法総論〔第3版〕』（成文堂、2015年）892頁以下、曽根威彦『刑法原論』（成文堂、2016年）562頁以下、浅田和茂『刑法総論〔第3版〕』（成文堂、2024年）427頁以下、松宮孝明『刑法総論講義〔第6版〕』（成文堂、2024年）269頁以下など。

の延長線で「共同実行の事実」の本来の意味（実行行為の一部分担）をできるだけ維持しつつ、その範囲を拡張しようとする主張が見受けられる。たとえば、共同正犯における実行行為の範囲を「優越支配」が認められる場合にまで拡張し、共謀共同正犯を事実上部分的に肯定しようとする大塚仁の主張からは「共同実行の事実」の枠組みを維持しようという意図が読み取れる[5]。

　これの対極に位置づけられるのが、正面から共謀共同正犯を肯定することを前提に、実行共同正犯と共謀共同正犯のいずれについても一部実行全部責任の根拠を「共同実行の意思（合意）」に求める藤木英雄の主張[6]である。この立場によると、「共同実行の事実」は共謀者の誰かが合意に基づいて実行行為に及ぶことを意味するのであって、被告人自身が実行行為はおろか、それに準じる行為を担当する必要もない。「共同実行の事実」という枠組み

3）内藤謙『刑法講義総論（下）Ⅱ』（有斐閣、2002年）1366頁以下、大嶋一泰『刑法総論講義』（信山社、2004年）448頁以下、板倉宏『刑法総論〔補訂版〕』（勁草書房、2007年）307頁、齊藤信宰『刑法講義総論〔新版〕』（成文堂、2007年）445頁以下、岡野光雄『刑法要説総論〔第2版〕』（成文堂、2009年）284頁以下、川崎一夫『刑法総論（犯罪論）』（北樹出版、2009年）235頁以下、佐久間修『刑法総論』（成文堂、2009年）361頁以下、船山泰範『刑法学講話〔総論〕』（成文堂、2010年）313頁以下、橋本正博『刑法総論』（新世社、2015年）258頁以下、設楽裕文＝南部篤編『刑法総論』（弘文堂、2018年）200頁以下、関哲夫『講義刑法総論〔第2版〕』（成文堂、2018年）400頁以下、松宮孝明編『ハイブリッド刑法総論〔第3版〕』（法律文化社、2020年）256頁以下〔豊田兼彦〕、伊藤亮吉『刑法総論入門講義』（成文堂、2022年）353頁以下、高橋則夫『刑法総論〔第5版〕』（成文堂、2022年）482頁、只木誠『コンパクト刑法総論〔第2版〕』（新世社、2022年）265頁以下、本庄武編著『ベイシス刑法総論』（八千代出版、2022年）288頁以下〔福永俊輔〕、島伸一編著『たのしい刑法Ⅰ総論〔第3版〕』（弘文堂、2023年）270頁以下〔髙山佳奈子〕、原口伸夫『刑法総論講義案』（成文堂、2023年）203頁以下など。

4）小野清一郎『新訂刑法講義總論』（有斐閣、1948年）205頁。

5）大塚仁『刑法概説（総論）〔第4版〕』（有斐閣、2008年）291頁以下（同旨、団藤重光『刑法綱要総論〔第3版〕』〔創文社、1990年〕373頁、401頁）。「『直接』に、犯行の『現場』で、手・足を『動かし』て実行行為に出る者だけが『正犯』ではな」く、「『子分』に対し強烈な支配力を及ぼして『謀議を遂げ』、その謀議をそのままのかたちで実行させた『親分』などを想定することができ」るが、「このような場合は、実質的には『実行共同正犯』の中に組み入れられるものといわなければならない」とする内田文昭『刑法概要中巻（犯罪論(2)）』（青林書院、1999年）488頁も同趣旨であろう。

6）藤木英雄『刑法講義総論』（弘文堂、1975年）283頁以下。

はほとんど形骸化しており、内容的には下記の「共謀に基づく実行」に近いものになっているといえよう。

　これらの中間に位置するのは、「共同実行の事実」の枠組みのなかで被告人による客観的行為を要求しつつも、実行行為（やそれに準じる行為）以外の「重要な役割」で足りるとする立場である。たとえば、「共同実行の事実」を結果の共同惹起と理解したうえで、実行行為の分担はその典型例にすぎず、犯罪の実現に不可欠といえるほど十分な因果的寄与をして重要な役割を果たせば足りる、と解する内藤謙の説明がその一例である[7]。

(2) 共謀＋共謀に基づく実行

　この定式は、主として実務家が執筆する教科書で目にするものであるが[8]、近時は判例実務を中心に解説する参考書のなかで挙げられる傾向もある[9]。

(a) 改正刑法準備草案・改正刑法草案における共同正犯

　この定式が文献のなかで見受けられるようになったのは、筆者が調べた限りでは1960年の改正刑法準備草案（未定稿）の頃からである。同草案（未定稿）は、26条１項で「二人以上共同して犯罪を実行した者は、みな正犯とする。」として実行共同正犯を、同２項で「二人以上で犯罪の実行を共謀し、共謀者の或る者が共同の意思に基づいてこれを実行したときは、他の共謀者もまた正犯とする。」として共謀共同正犯を定めており、実行共同正犯と共謀共同正犯の成立要件を別々に規定したところに特徴がある。

　この構成や文言は、共謀共同正犯の成立範囲を限定する趣旨で「共謀」が

---

7) 内藤・前掲注3) 1366頁以下。
8) 裁判所職員総合研修所監修『刑法総論講義案〔4訂版〕』（司法協会、2016年）352頁以下、植村立郎監修『設題解説刑法（二）』（法曹会、2014年）316頁など。中野次雄『刑法総論概要〔第3版補訂版〕』（成文堂、1997年）141頁以下も参照。
9) 和田俊憲『どこでも刑法 総論』（有斐閣、2019年）41頁以下、十河太朗『刑法事例演習』（有斐閣、2021年）73頁以下、嶋矢貴之＝小池信太郎＝品田智史＝遠藤聡太『徹底チェック刑法』（有斐閣、2022年）105頁〔嶋矢〕、大塚裕史『応用刑法Ⅰ総論』（日本評論社、2023年）402頁以下、嶋矢貴之＝小池信太郎＝鎮目征樹＝佐藤拓磨『刑法事例の歩き方』（有斐閣、2023年）106頁〔嶋矢〕など。

「謀議」に修正されるなどしたが[10]、概ねそのまま1961年の改正刑法準備草案（確定稿）26条および1974年の改正刑法草案27条が継受している。当時の資料を確認したところ、共謀共同正犯を想定した2項の文言は、練馬事件判決（最大判昭和33・5・28刑集12巻8号1718頁）の趣旨を明文化したもののようである[11]。つまり、「共謀共同正犯が成立するには、①二人以上の者が、特定の犯罪を行うため、共同意思の下に一体となつて互に他人の行為を利用し、各自の意思を実行に移すことを内容とする謀議をなし、②よつて犯罪を実行した事実が認められなければならない」（下線・番号引用者）とした練馬事件判決を踏襲し、①から「共謀・謀議」を、②から「共謀・謀議に基づく実行」を析出し、これらを共謀共同正犯の成立要件として提示したということである。

以上の改正刑法準備草案・改正刑法草案が実際に立法化されることはなかったが、共謀共同正犯を想定した2項の文言は練馬事件判決の趣旨を反映したものとして実務家を中心に受容され、「共謀＋共謀に基づく実行」[12]が共

---

10) 植松正ほか「改正刑法準備草案——準備会最終案をめぐって」ジュリ242号（1962年）7頁。

11) たとえば、植松正ほか「改正刑法準備草案」ジュリ202号（1960年）26頁、法務省刑事局編『改正刑法草案の解説』（大蔵省印刷局、1975年）74頁、同編『刑法全面改正の検討結果とその解説』（大蔵省印刷局、1976年）45頁など。そのほかに、本田正義「共謀共同正犯」警察学論集13巻6号（1960年）42頁、萩原太郎「改正刑法準備草案二六条二項（共謀共同正犯）における『謀議』の意義」ジュリ313号（1965年）111頁も参照。また、菊池則明「対等型共謀の共同正犯」植村立郎編『刑事事実認定重要判決50選（上）〔第3版〕』（立花書房、2020年）391頁は、共謀、共謀に基づく実行、正犯意思という要件は練馬事件の判示を前提・根拠としていると述べている。

12) 共謀・謀議の意味をめぐっては、練馬事件判決の調査官解説が客観的謀議説を支持したこともあり、改正刑法準備草案（確定稿）の理由書も「謀議とは、たがいに意思を通じあう行為である」と理解していた（刑法改正準備会『改正刑法準備草案：附・同理由書』〔1961年〕112頁〔平野龍一〕）。しかし、客観的謀議説が実務に定着することはなく、むしろ共謀・謀議を「共同遂行の合意」と理解する主観的謀議説が有力視され現在に至っている（石井一正＝片岡博「共謀共同正犯」小林充＝香城敏麿編『刑事事実認定（上）』〔判例タイムズ社、1992年〕343頁、小林充「共同正犯と狭義の共犯の区別」曹時51巻8号〔1999年〕12頁、村瀬均「支配型共謀の共同正犯」植村編・前掲注11）377頁以下など参照）。それゆえ、ここでの「共謀」も「共同遂行の合意」として理解されるものといえよう。

謀共同正犯の成立要件として定着していったのだろうと思われる。

(b) 実行共同正犯への拡張

改正刑法準備草案・改正刑法草案は、「共謀＋共謀に基づく実行」を共謀共同正犯の成立要件として定めつつ、実行共同正犯には別の成立要件「共同実行の意思＋共同実行の事実」を用意していた。学説のなかにもこれと同じ構成を採用するものはあり[13]、実行共同正犯の文脈では「共同実行の事実」という枠組みを維持しながら、共謀共同正犯の文脈ではそれに固有の特徴を前面に出しながら要件を整理する論者も見受けられる[14]。

これに対して、実務家の解説のなかには「共謀＋共謀に基づく実行」を共謀共同正犯だけでなく、実行共同正犯にも適用できる成立要件として説明するものが散見される[15]。「『犯罪の共同実行』の本質は、全員が、互いに相補い相利用しあって『自己の犯罪』を実現しようとする犯罪共同遂行の合意（これを共謀という。）を行い、そのような合意に基づいて実行行為が行われるという点にこそある」として、実行共同正犯と共謀共同正犯を区別することなく、「共謀（犯罪共同遂行の合意）」と「それに基づき、共謀者の全部又は一部の者が実行行為を行ったこと」を要求するのがその一例である[16]。このように理解する場合、共謀共同正犯だけでなく実行共同正犯にも単なる意思連絡以上の「共謀」を求めることになり[17]、この点で改正刑法準備草案・改正刑法草案の構成とは異なっている。

---

13) 堀内捷三『刑法総論〔第2版〕』（有斐閣、2004年）253頁以下、284頁以下、川端博『刑法総論講義〔第3版〕』（成文堂、2013年）557頁以下、580頁以下、木村光江『刑法〔第4版〕』（東京大学出版会、2018年）127頁、130頁、大谷實『刑法講義総論〔新版第5版〕』（成文堂、2019年）411頁以下、431頁以下、前田雅英『刑法総論講義〔第8版〕』（東京大学出版会、2024年）367頁以下、371頁など。
14) たとえば、川端・前掲注13）557頁以下、580頁以下は、実行共同正犯の場面では実行行為の分担を要求しつつ、共謀共同正犯の場面では間接正犯類似説によって説明している。
15) たとえば、裁判所職員総合研修所監修・前掲注8）352頁以下。
16) 裁判所職員総合研修所監修・前掲注8）347頁、352頁以下。
17) 小林（充）・前掲注12）21頁は、実行行為の分担は関与者間の緊密な意思連絡を推認させる事情であると述べているが、そのような説明には疑問の余地もあると思われる。

(c) 「共謀」概念のさらなる分化

　研究者の教科書の中にも「共謀＋共謀に基づく実行」を踏襲して共同正犯の成立要件を構成するものがあるが、実務が主観説を前提にするのに対して、学説は実質的客観説に基づき考察することから、整理の仕方にも違いが生じうる。たとえば、佐伯仁志は「共謀（＝意思連絡）＋α＋一部の者による実行」と「共謀（＝意思連絡＋α）＋一部の者による実行」を選択肢として提示しながら、αを客観的事情によって構成する場合、これを主観的性格の濃い共謀のなかに位置づけるのは不自然であるとして、前者を支持している[18]。実務家が正犯意思を伴った意思連絡を「共謀」と解していたのと比較すると、表面的には同じ概念を用いていながら、ここでは「共謀」を単なる意思連絡という意味に希薄化していることがわかる。

　以上のように「共謀＋共謀に基づく実行」には３つのパターンが確認された。第１は、改正刑法準備草案・改正刑法草案が想定していたものであって、「共謀＋共謀に基づく実行」を共謀共同正犯の成立要件としつつ、実行共同正犯における「共同実行の意思」は共謀よりも薄いもので足りるとする立場である。第２は、実務家の解説で散見されるものであって、「共謀＋共謀に基づく実行」を実行共同正犯にも及ぼそうとする立場である。最後が「共謀」を単なる意思連絡と解しつつ、その代わりに正犯性を別の要件で担保しようとする立場である。「共謀」概念が多義的であることは周知のとおりであるが、分化していった背景も併せて理解しておくべきだろう[19]。

---

18) 佐伯仁志『刑法総論の考え方・楽しみ方』（有斐閣、2013年）405頁以下（髙橋直哉『刑法の授業［上巻］』〔成文堂、2022年〕216頁以下は佐伯の整理を参照している）。「共謀＋実行行為に準ずる重大な寄与＋共謀に基づく実行行為」を挙げる大塚裕史＝十河太朗＝塩谷毅＝豊田兼彦『基本刑法Ⅰ総論〔第３版〕』（日本評論社、2019年）322頁〔十河〕も同趣旨であろう。

19) 亀井源太郎＝小池信太郎＝佐藤拓磨＝薮中悠＝和田俊憲『刑法Ⅰ総論〔第２版〕』（日本評論社、2024年）82頁以下〔亀井〕は、「共謀」概念が多義的であることからあえてこれを使用せず、「関与者間の意思連絡、正犯性、意思連絡に基づく実行行為（と故意）」を成立要件としている。また、松澤伸『刑法総論講義案』（成文堂、2023年）223頁も、「共謀」概念は共謀共同正犯を前提として発展してきたものであるとして、共同正犯の成立要件としては「意思の連絡」を用いている。

(3) その他の定式（因果性＋正犯性など）

因果的共犯論を中心に（共同正犯論を含む）共犯論が展開されるようになって以降、「共同実行の意思＋共同実行の事実」や「共謀＋共謀に基づく実行」といった定式を用いることなく、一部実行全部責任を基礎づける事情をそのまま成立要件として構成する教科書も見受けられるようになった。

そうした立場は、まず、犯罪全体に対する因果性によって広義の共犯としての刑事責任を確認しつつ、次いで犯罪全体における被告人の重要性によって狭義の共犯より重い刑事責任を説明しようとする傾向にある。論者ごとに細部は異なっているが、「因果性＋正犯性」を成立要件とするのがその典型例である[20]。近時はこれらに加えて、一体性・共同性を成立要件として求める整理も散見される[21]。

---

20) 「因果性＋正犯性」を要件とする高橋則夫＝伊東研祐＝井田良＝杉田宗久『刑法総論』（日本評論社、2005年）294頁、林幹人『刑法総論〔第2版〕』（東京大学出版会、2008年）403頁、辰井聡子＝和田俊憲『刑法ガイドマップ（総論）』（信山社、2019年）56頁、「因果性＋法益侵害の確実性・自動性」を要件とする大越義久『刑法総論〔第5版〕』（有斐閣、2012年）186頁、「因果性＋実行に準じる重要な役割」を要件とする西田典之（橋爪隆補訂）『刑法総論〔第3版〕』（弘文堂、2019年）376頁、「因果性＋寄与の重要性」を要件とする葛原力三＝塩見淳＝橋田久＝安田拓人『テキストブック刑法総論』（有斐閣、2009年）257頁以下〔葛原〕、「因果性＋機能的行為支配または緩和された意思支配」を要件とする松原芳博『刑法総論〔第3版〕』（日本評論社、2022年）408頁以下など。なお、構成要件的結果の共同惹起を基準にしつつ、その内容として「重要な因果的寄与」を求める山口厚『刑法総論〔第3版〕』（有斐閣、2016年）341頁も因果性と重要な寄与を求めるものといえる。

21) 「一体性（相互的な結びつき）＋対等ないしそれ以上の立場・役割」を要件とする今井猛嘉＝小林憲太郎＝島田聡一郎＝橋爪隆『刑法総論〔第2版〕』（有斐閣、2012年）384頁以下〔島田〕、「共同性（双方向的寄与または双方向的認識）＋重要な役割（重大な因果的寄与）」を要件とする小林憲太郎『刑法総論〔第2版〕』（新世社、2020年）327頁、「因果性＋共同性＋重要な因果的寄与」を要件とする橋爪隆『刑法総論の悩みどころ』（有斐閣、2020年）340頁以下など。

3　課題の整理

(1)　「共同実行の意思＋共同実行の事実」の考察

　刑法60条の文言およびそこから導かれた「共同実行の意思＋共同実行の事実」という定式が実行共同正犯を念頭に置いていたことは明らかである。このことは、共謀共同正犯を実際に運用していた実務家ですら「共謀共同正犯を現行刑法の上で認めることについては解釈上たしかに疑問がないわけではな」く、「現行の六〇条のような規定の解釈でそれを認めるにはやはり若干の無理が伴う」[22]と吐露していたことからもうかがえる。

　実行共同正犯の場合、被告人らの実行行為が１つの全体行為にまとめられることが重要となるが、ここでの「共同実行の意思（意思連絡）」がそのための契機として要求されることは古くから指摘されていた。たとえば、大場茂馬が「共同意思」の内容の１つとして、自己の行為と他者の行為を結合する意思（「二人ノ共同行爲者ノ行爲ヲ以テ共同正犯ナリト爲サントスルニハ共同行爲者カ犯罪ヲ實行スル爲メ自己ノ行爲ヲ以テ他ノ共同行爲者ノ行爲ト結合セシメテ行フノ意思アルコトヲ要ス」）[23]を要求していたのがその一例である。その後も一部実行全部責任の根拠を相互利用補充関係に求める文脈で、「これらの共同者が、相互にそれぞれの行為を補充し合っているところから、共同者各自の行為が一体のものと評価される」[24]と指摘されてきたように、「共同実行の意思（意思連絡）」によってそれぞれの実行行為のあいだに相互利用補充関係が形成され、そうすることで「共同実行の事実（実行行為の一体性）」が認められていたのであって、両要件が有機的に結びついていたこと

---

22) 中野次雄「共謀共同正犯の問題点」法律のひろば13巻１号（1960年）11頁、13頁。「共謀共同正犯は、……刑法六〇条の文言と形式的には矛盾する」と述べる本田・前掲注11）39頁も参照。

23) 大場茂馬『刑法総論（下）』（中央大學、1917年）1047頁以下。

24) 福田・前掲注２）273頁。内田文昭『刑法における過失共働の理論』（有斐閣、1973年）８頁、島田聡一郎「共謀共同正犯の現状と課題」川端博ほか編『理論刑法学の探究３』（成文堂、2010年）59頁、川端・前掲注13）556頁以下、大谷・前掲注13）410頁なども参照。

がわかる。

　これに対して、実質的客観説の立場から「共同実行の事実」を拡張して理解する場合、この成立要件は実行共同正犯だけでなく、共謀共同正犯も対象にすることになる。そうすると共謀共同正犯には実行行為の結合を考慮する必要がない事例や相互利用補充関係によって説明するのに適していない事例[25]もあるため、「共同実行の事実（実行行為の一体性）」が本来もっていた意味は希薄化せざるをえない。また、それに伴い「共同実行の意思（意思連絡）」と「共同実行の事実」の関係も不鮮明になり、心理的因果性の根拠として要求される場合や実行行為の結合を基礎づける事情として要求される場合、あるいは背後者の心理的拘束力を基礎づける事情として要求される場合などが混在することになったのではないだろうか。

(2) 「共謀＋共謀に基づく実行」の考察

　「共謀＋共謀に基づく実行」という定式は練馬事件判決を踏襲するものであり、また、改正刑法準備草案や改正刑法草案で実行共同正犯とは別に規定されていたことから、本来は共謀共同正犯を念頭に定められたものと推測してよいだろう。

　「共謀＋共謀に基づく実行」を共謀共同正犯の成立要件として構成する場合、ここでの「共謀」は被告人の刑事責任の唯一の根拠であるから、相応に緊密なものが要求されてしかるべきである。このことは、「共謀共同正犯における『共謀』と実行共同正犯における『意思の連絡』とは、共同正犯の成立要件としての意味をいちじるしく異にするもので、これを同一視するのは明らかに誤りである」との指摘[26]に象徴されるように、（共謀共同正犯否定説が学説上の通説であった時代の）実務家にも意識されていたものと思われる。

---

25) たとえば、スワット事件決定（最決平成15・5・1刑集57巻5号507頁）の場合、配下組員によるけん銃所持（実行行為）と被告人の行為を結合させることに意味はないだろうし、被告人と配下組員のあいだに相互利用補充関係を認めるのは難しいと思われる。それにもかかわらず本件事案を「共同実行の事実」によって説明するのは（不可能ではないとしても）不自然であって、この概念を空虚なものにせざるをえない。
26) 中野・前掲注22）11頁以下。

もっとも、近時の実務家の解説においては「共謀＋共謀に基づく実行」が共謀共同正犯だけでなく、実行共同正犯も対象にするよう変容してきていることは前述のとおりである。その理由は定かではないが、犯罪全体について共同正犯として責任が問われる根拠はいずれにせよ共謀（共同遂行の合意）にあるのであって、その点で実行共同正犯と共謀共同正犯に違いはなく[27]、実行行為の一部分担はあくまでも共謀（合意）の存在を推測させる事情にすぎないとの理解[28]が前提にあるのだろうか。あるいは、実行共同正犯の成立要件として「共同実行の意思＋共同実行の事実」を併用する場合、被告人が意思連絡のうえで実行行為の一部を分担した以上は、形式的には共同正犯を認めざるをえなくなるが、これは実行行為を行う従犯の余地を認め、柔軟な対応をしようとする実務[29]には不都合な帰結である。「共謀＋共謀に基づく実行」で一元的に処理したほうが実行行為の一部分担を考慮事情の1つに位置づけやすいという感覚もあったのかもしれない。

　実行共同正犯と共謀共同正犯を統一的に理解しようとすると、その共通項である「共謀」の意味内容は抽象化せざるをえない。共謀共同正犯における共謀と実行共同正犯における意思連絡の「両者はしばしば混同され、『意思の連絡』の内容についての判例がそのまま、『共謀』についても妥当するかのように誤解される傾きがある。かくては共謀共同正犯の成立する範囲はその本来あるべき姿よりもはるかに広くならざるをえず、教唆犯もしくは従犯であるべきものが共同正犯とされ、はなはだしい場合はそもそも共犯といえぬものまで共謀共同正犯として扱われる危険を生じるのである」との警鐘[30]にはあらためて耳を傾ける必要があるように思われる。

---

27) 裁判所職員総合研修所監修・前掲注8) 347頁。朝山芳史「実務における共同正犯論の現状」刑法雑誌53巻2号（2014年）310頁は、「実行共同正犯における共同実行の意思は、共謀共同正犯における共謀とは別個のものと理解するのが、かつては一般的であったと思われる」が、「主観面に関する限り、実行共同正犯と共謀共同正犯において差異を見いだすことは、実際上困難である。したがって、実務上は、両者の主観面を、共同遂行の意思として、統一的に理解する考え方が、主流となっている。」と分析する。
28) 中野・前掲注8) 144頁。
29) 小林（充）・前掲注12) 21頁以下。
30) 中野・前掲注22) 12頁。

(3) 「共同実行の意思＋共同実行の事実」と「共謀＋共謀に基づく実行」の互換性？

　もともと「共同実行の意思＋共同実行の事実」は実行共同正犯を、「共謀＋共謀に基づく実行」は共謀共同正犯を想定した成立要件であったが、現在はいずれも本来の意味内容より拡張して用いられることがあり、その結果として両定式を互換的に使用する教科書も散見されるようになっている[31]。こうした流れは、その他の定式（「因果性＋正犯性」など）で説明する近時の教科書（や2009年の司法研究の成果[32]）の影響によってその勢いをさらに増しつつあるように思われる。というのも、その他の定式を用いる論者は、共謀共同正犯を認めることを前提にしつつ、実行共同正犯と共謀共同正犯に共通する事情によって共同正犯の本質（一部実行全部責任）を説明する傾向にあるからである[33]。このように整理すると、実行共同正犯と共謀共同正犯の共通項によって再構成された「共同実行の意思」と「共謀」、あるいは「共同実行の事実」と「共謀に基づく実行」が内容的に類似し、互換的に使用されるようになったのも理解できないではない。

(4) 概念の希薄化・抽象化

　その他の定式（「因果性＋正犯性」など）の影響も相俟って、「共同実行の意思＋共同実行の事実」と「共謀＋共謀に基づく実行」を互換的に使用しつ

---

31) たとえば、小林充（植村立郎監修、園原敏彦改訂）『刑法〔第4版〕』（立花書房、2015年）は「共同実行の意思＋共同実行の事実」で説明しているが、前者は共謀を、後者は共謀に基づく実行行為を意味すると解しており、両者を互換的に用いている（五島幸雄『実務に即した刑法総論』〔成文堂、2010年〕153頁以下、河村博『実務家のための刑法概説〔9訂版〕』〔実務法規、2018年〕110頁以下も同様）。また、前田雅英ほか編『条解刑法〔第4版補訂版〕』（弘文堂、2023年）242頁以下は、共同実行の意思と共同実行行為を成立要件としており、両定式の要件を組み合わせているようにもみえる。
32) 司法研修所編『難解な法律概念と裁判員裁判』（法曹会、2009年）55頁以下。
33) たとえば、橋爪・前掲注21) 329頁は「すべての共同正犯は……共謀共同正犯であり、その一部の類型について実行行為の分担が認められるにすぎない」とし、小林（憲）・前掲注21) 330頁は「実行行為を分担しない形態の共同正犯である共謀共同正犯もまた、実行共同正犯と同一の理論的な位置を占める」として実行共同正犯と共謀共同正犯の同質性を指摘したうえで、両者に共通する成立要件を考察している。

つある現在の議論状況を概観してきたが、こうした流れには本来検討すべき課題を見えにくくするという問題もある。以下ではその一例として、意思連絡と重要な役割について若干言及することにする。

(a) 意思連絡

現在でも片面的共同正犯を肯定する学説は有力に主張されているが、通説はこれを否定し、「共同実行の意思」または「共謀」の前提として意思連絡を要求する。

しかし、意思連絡を要求する根拠やそこに求める内容は学説ごとに異なるのであって、いまだに一致が見られない点には注意を要する[34]。たとえば、強い心理的因果性の契機として意思連絡を要求するのであれば、実行担当者に犯行動機（の1つ）を提供することで十分だと思われる一方で、相互利用補充関係の契機として要求するのであれば、被利用者が他者（利用者）の意思を認識し、その意思を実現するために（も）自身の行為を行っているといえなければならず、「他者のため」という被利用者の意識が重要になり、動機や利害関係の共有といった事情も重要になってくるだろう。

それにもかかわらずこうした違いを捨象し、実務や学説が要求する「意思連絡」の最大公約数を成立要件にした場合、抽象的な意思連絡の存在で満足してしまいかねない。改正刑法草案が共謀共同正犯の規定を設けようとした理由の1つが、練馬事件判決の趣旨に沿った「明文の規定を置くことにより、その不当な拡大適用を防ぐ」[35]ことであった点は、再認識・再評価されるべきではないだろうか。

(b) 重要な役割

実質的客観説に属する学説は「重要な役割」を何らかのかたちで要求し、実務も「自己の犯罪（正犯意思）」を認定する際の考慮事情の1つとして「重要な役割」をみている。しかし、「重要な役割」概念も意味内容がいまだ定

---

34) 詳細については、拙稿「共同正犯における意思連絡の要否と役割」早稲田大学法学会誌67巻2号（2017年）95頁以下を参照。
35) 法務省刑事局編・前掲注11)『改正刑法草案の解説』74頁。

まっていないものであって、その扱いには注意を要する。

「重要な役割」を求める学説は、犯罪実現に対する重大な因果的影響力として理解する立場と関与者間における重要な地位として理解する立場に大別できる[36]。前者は、実行行為が犯罪実現に対して大きな因果的影響力をもつことに鑑みて、それと同程度の因果的影響力によって共同正犯性を説明しようとする立場である[37]。「構成要件実現にとっての重要な因果的寄与」[38]や「犯罪実現にとって不可欠といえるほど十分な因果的寄与」[39]といった表現を用いる論者は、こうした理解を示している。これに対して、後者は、事後判断によって確認される因果的影響力ではなく、被告人が関与者らのなかで対等な地位にあることを確認する事情としてその役割を考慮する立場である。たとえば、相互利用補充関係によって一部実行全部責任を説明するとしても、そうした関係は正犯と狭義の共犯のあいだにも見出されるため、共同正犯の成立には対等な者同士の相互利用補充関係を求めるのである[40]。このように理解する場合、「重要な役割」のなかで被告人の利益や積極的な意欲、犯行動機といった主観的事情を考慮しても何ら不自然ではないことになろう[41]。

このように、「重要な役割」は、前提とする学説によってその内容が大きく変わりうるし、どのような事情がそれと関連するのかも不明確なものであ

---

36) 「因果的区別モデル」と「役割分担モデル」に区別する亀井源太郎『正犯と共犯を区別するということ』(弘文堂、2005年) 94頁以下も参照。
37) 「因果的区別モデルを基軸として、その限度で認定される役割分担のなかに因果的契機（因果力の強弱）を見いだし、物理的因果性と心理的因果性……を客観的に判断して正犯と幇助犯を区別する」べきとする甲斐克則「判批」西田典之＝山口厚＝佐伯仁志編『刑法判例百選Ⅰ総論〔第6版〕』(有斐閣、2008年) 161頁はその典型例であろう。
38) 山口厚『問題探究刑法総論』(有斐閣、1998年) 280頁。「重要な因果的寄与」を求める橋爪・前掲注21) 332頁、「重大な因果的寄与」を求める小林（憲）・前掲注21) 327頁も同趣旨だろう。
39) 内藤・前掲注3) 1365頁以下。
40) 瀧川幸辰『犯罪論序説〔改訂版〕』(有斐閣、1947年) 227頁。
41) 共同意思主体説の立場から重要な役割を要求する西原春夫『刑法総論（下巻）〔改訂準備版〕』(成文堂、1993年) 396頁以下などを参照。これに対して、重大な因果的影響力として「重要な役割」を理解する場合、被告人の犯行動機や利益といった事情は、他の関与者に与える心理的影響力を認定する際の間接事実として扱うことになる（島田・前掲注24) 66頁以下参照）。

る。この点、改正刑法草案の審議過程で、共謀共同正犯の成立要件を「二人以上の者が共同して罪を犯すことを謀議し、共謀者の或る者が共同の意思に基づいてこれを実行したときは、謀議を指導しその他実行に準ずる重要な役割を果たした他の共謀者もまた正犯とする」（下線引用者）と規定する案が検討されたにもかかわらず、このような評価概念を導入するのは相当でないとして不採用になったことが想起される[42]。改正刑法草案の時代には採用されなかった「重要な役割」を、解釈論を通じて導入することにしたわれわれには、当時の問題意識を確認したうえで、そこでの懸念点を解消する責務があるように思われる。

4　結語

　もともと「共同実行の意思＋共同実行の事実」は実行共同正犯を、「共謀＋共謀に基づく実行」は共謀共同正犯を念頭に置いた成立要件であったが、改正刑法準備草案や改正刑法草案が想定したようなかたちでこれらの要件が使い分けられることはなく、むしろ前者は共謀共同正犯を包摂し、後者も実行共同正犯を包摂するよう拡張されることで、2つの成立要件が併存するようになってしまった。さらにそれらが内容的に類似することで、互換的に運用しうる素地が整った結果、両者の共通項である「意思連絡」や「重要な役割」といった概念が共同正犯論の中心になっていったものと推測できるが、これらはさまざまな学説が提示する諸要素の最大公約数として抽出されたものであって、どうしても抽象化・希薄化されざるをえない。

　近時は、たとえばFC2事件（最決令和3・2・1刑集75巻2号123頁）を通じて希薄なやりとりしか存在しない事例に直面することになったが、「意思連絡」が認められるかどうかをめぐりやや噛み合わない議論が展開された印象を受ける。また、FC2事件の被告人はたしかに本件犯行にとって不可欠の前提を提供しているが、それによって直ちに「重要な役割」を肯定してしま

---

[42] 法務省刑事局編・前掲注11)『改正刑法草案の解説』74頁以下参照。平場安治＝平野龍一編『刑法改正の研究1　概論・総則』（東京大学出版会、1972年）230頁〔内藤謙〕も参照。

ってよいかも定かではない[43]。このように議論が錯綜してしまう原因の一端は、成立要件が本来検討すべき問題を反映していないところにあるのではないだろうか。

---

43) 詳細については拙稿「判批」法時91巻5号（2019年）150頁以下、同「ネット上で公然わいせつ罪や公然陳列罪の『場』を提供する場合の共同正犯の成否（その2・完）」法セ809号（2022年）107頁以下を参照。

第2部

各論

◆ 各論解題 ◆

刑法の「通説」、そこに潜む問題[1]

樋口 亮介

　刑法総論については「通説」を同定するという作業自体が困難をもたらす場合があるため、総論編においては「通説」同定作業に多くの労力が払われている。そのうえで、同定された「通説」に潜んでいる問題点を明るみに出す作業も行われている。

　これに対して、刑法各論については総論ほどの混迷状況は見受けられないことから通説の同定作業が減少する一方、「通説」に潜む問題を明るみに出す作業が中心になっている。各論編に収録した5つの論稿は、その手法は相違するものの、「通説」に潜む問題を明らかにし、今後の議論の方向性を提示する点で共通する。

　〔1〕　樋口〔第8章〕は、暴行罪の暴行＝身体に対する有形力ないし物理力の行使とする「通説」について、表現レベルでの合致にとどまり、実際の処罰範囲については意見に一致をみていないことを指摘する。このような「通説」が成立した過程を検討し、性病感染事例を暴行罪の暴行とするかについて意見が割れており、そこには基本的な発想の相違が存在したにもかかわらず、団藤重光がこの点を自覚しないまま、暴行＝身体に対する有形力の行使を「通説」と表記したことの影響によって通説評価が拡散したことを資料的に解明する。

---

[1]　「通説」の意義と検討手法については、仲道による第1部総論編の〔総論解題〕に詳細であり、第2部各論編においても前提にしているため、ここでは繰り返さない。

ここでは、「通説」が権威によって確立したにとどまり、その根拠は十分でなく、基本的な発想の相違を覆い隠すという問題を含むことが明らかにされる。そのうえで、基本的な発想に応じた議論を積み重ねていくべきとの提案がなされている。

　(2)　嘉門［第9章］は、名誉に対する罪は現にある社会的評価を保護するものと理解する「通説」からは適切な説明が困難な事象を示す。犯罪報道の反復の処罰は、事実状態の保護ではなく規範的な要請ではないか。アウティングは、性的志向に対する差別によって社会的評価が低下するとしても、被害実態はヘイトスピーチと同質ではないか。ネットの誹謗中傷の本質的問題は自殺リスクさえ含む自己評価の低下ではないか。盗撮を社会的評価の低下と捉えるのは無理があり、性的自己決定権侵害として立法が見込まれるが、アイコラも同様の検討が求められるのではないか。
　ここでは「通説」が多岐にわたる社会問題に適切な応答をなしえないという問題が明らかにされる。

　(3)　穴沢［第10章］は、不法領得の意思について、①一時使用の不可罰、②損壊罪との区別という2つの機能を担わせる「通説」の形成過程を示す。所有者的振る舞いが元来の領得の意義であり、大判大正4・5・21刑録21輯663頁の「他人ノ物ヲ自己ノ所有物トシテ其經濟的用方ニ從ヒ之ヲ利用若クハ處分スルノ意思」という定義もその延長であったが、それ以降、所有者的振る舞いとは異なるものとして経済的利益の取得という視点を用いる学説が有力し、2つの機能論が「通説」化した。この経緯を受けて「通説」は「自己の所有物として」という表現の意義を低下させているが、判例は現在に至るまで所有者的振る舞いを重視する発想を維持していることが示される。
　ここでは「通説」と判例が一致しているかのようにみえるものの、じつは本質的な齟齬が潜んでいることが明らかにされる。さらに、補論において所有者的支配という観点から領得を理解する議論の具体化を試みることで、今後の適切な方向性が示されている。

(4) 冨川［第11章］は、「通説」と評されることもある詐欺罪の実質的個別財産説の形成過程を確認し、未成年者事例というかたちで財産的損害を論じる実益を具体化した点、また最判平成13・7・19刑集55巻5号371頁を説明可能にした点が評価され、急速に普及したものの、学説史に照らせば、これらの点は実質的個別財産説を採るべき決定的な根拠とはならないことを明らかにする。むしろ、実質的個別財産説内部で処罰範囲について意見が一致しないにもかかわらず、1つの見解として「通説」と位置づけられていることで、詐欺罪の成否を左右するポイントが埋没してしまう点に問題があるとして、事案処理の実態に沿った整理が必要であると指摘する。

ここでは「通説」の根拠の乏しさ、意見の不一致を覆い隠すような学説の括り方という問題が明らかにされる。

(5) 成瀬［第12章］は、文書に対する公共の信用を法益とすること、文書および偽造概念の定義について「通説」が成立しているものの、解釈指針になるはずの保護法益の内容である「公共」、「信用」のいずれも不明確であるという問題を明らかにする。そして、「公共」については、特定かつ少数の人のあいだでしか使用しない文書についても、不特定または多数が関係者になる理由の説明をすべきこと、「信用」については、文書に対する信用を有形偽造については文書に関する責任という点から具体化すべきであり、そうしてはじめて判例を説明できることを論じる。

ここでは「通説」がその法益を不透明にしているため、実際の事案の解決基準とその理由を提示しえないという問題が明らかにされる。

第8章

暴行罪の「通説」
「通説」に潜む問題と乗り越え方

樋口 亮介

はじめに

暴行罪の「通説」について、暴行＝身体に対する有形力ないし物理力の行使と同定することは容易である。しかし、この表現の意味するところを知るべく、実際の処罰範囲に立ち入ってみると意見に一致をみない状況にある。表現レベルで「通説」が存在するにもかかわらず、あてはめレベルでは通説不在という状況は、「通説」とされる表現が法的意義を有していないのではないかという問題意識を抱かせるものである。

本稿は、まず現在の学説の分布状況を客観的に把握し、十分に自覚されていないものの基本的な発想の相違が覆い隠されているとの推察を行う。次に、このような問題を潜ませた「通説」の形成過程を検証し、その根拠の乏しさを明らかにする。最後に、「通説」の問題を乗り越えるべく、基本的発想の相違に応じて議論を整理するとともに定義の見直しも検討すべきと提案する。

1　暴行罪をめぐる議論状況と「通説」に潜む問題

(1)　「通説」が成立している範囲

(a)　定義

暴行の定義について2010年以降の教科書、注釈書を通覧[1]すると、「身体に対する有形力の行使」ないし「身体に対する物理力の行使」という表現がほぼ使用されており[2]、この限りでは「通説」が存在する。

もっとも、有形力と物理力の意味することに対する理解は一致していない。

有形力と物理力を区別しないものが多い（川端、佐久間、曽根、斎藤、松宮、大谷、浅田、松原）が、音等の目に見えないエネルギーを念頭に、有形力より物理力のほうが広いとする理解もある（中森、髙橋直哉、日髙、橋爪）。ほかに、性病感染者による性病を隠しての合意による性交や毒物・腐敗物をだまして摂取させる行為を念頭に、「物理力」はこれらの行為を含まない一方、有形力という表現には包含できるとして、物理力より有形力のほうが広いとする理解もある（井田）。

(b) 実際の処罰範囲

暴行罪による実際の処罰範囲についてみると、言葉の意味を介した心理作用による加害は暴行に該当しないという点、また、耳元で太鼓等を打ち鳴ら

1）川端博『刑法各論講義〔第2版〕』（成文堂、2010年）41頁、64頁、65頁、伊東研祐『刑法講義 各論』（日本評論社、2011年）34-36頁、佐久間修『刑法各論〔第2版〕』（成文堂、2012年）44頁、45頁、曽根威彦『刑法各論〔第5版〕』（弘文堂、2012年）17頁、18頁、23-25頁、斎藤信治『刑法各論〔第4版〕』（有斐閣、2014年）20頁、21頁、中森喜彦『刑法各論〔第4版〕』（有斐閣、2015年）13頁、14頁、山中敬一『刑法各論〔第3版〕』（成文堂、2015年）37-39頁、44-46頁、橋本正博『刑法各論』（新世社、2017年）59-64頁、西田典之（橋爪隆補訂）『刑法各論〔第7版〕』（弘文堂、2018年）39-41頁、45頁、46頁、大谷實『刑法講義各論〔新版第5版〕』（成文堂、2019年）26頁、37-39頁、前田雅英『刑法各論〔第7版〕』（東京大学出版会、2020年）34頁、35頁、日髙義博『刑法各論』（成文堂、2020年）42頁、43頁、司法研修所検察教官室『捜査実例中心刑法各論解説』（東京法令出版、2020年）30-33頁、37頁、38頁、大塚仁ほか編『大コンメンタール刑法 第10巻〔第3版〕』（青林書院、2021年）418-423頁〔渡辺咲子＝古川原明子〕、531-540頁〔渡辺咲子〕、小林憲太郎『刑法各論の理論と実務』（判例時報社、2021年）265-269頁、髙橋直哉『刑法の授業〔下巻〕』（成文堂、2022年）22-24頁、27頁、28頁、33-35頁、髙橋則夫『刑法各論〔第4版〕』（成文堂、2022年）43-47頁、49-51頁、橋爪隆『刑法各論の悩みどころ』（有斐閣、2022年）28-34頁、前田雅英ほか編『条解刑法〔第4版補訂版〕』（弘文堂、2023年）624頁、625頁、井田良『講義刑法学・各論〔第3版〕』（有斐閣、2023年）57-64頁、山口厚『刑法各論〔第3版〕』（有斐閣、2024年）42-46頁、松宮孝明『刑法各論講義〔第6版〕』（成文堂、2024年）38頁、46頁、浅田和茂『刑法各論〔第2版〕』（成文堂、2024年）46-49頁、松原芳博『刑法各論〔第3版〕』（日本評論社、2024年）47-51頁、86頁、87頁を参照した。以下では、とくに必要ない限り、著者名のみ引用する。

2）ただし、人の身体に対し不法な攻撃を加えることという定義もある（司法研修所検察教官室）。

す行為に暴行を認めた最判昭和29・8・20刑集8巻8号1277頁（以下、昭和29年判決）に賛同するという点では議論に一致がみられ、その限りでは「通説」が存在する。

しかし、これ以外の点については接触の要否といった代表的な論点のほかにも議論に一致をみない状況にある[3]。

(2) 「通説」に潜む問題
(a) 「通説」に含まれる異質の発想

暴行の定義には「通説」が存在するものの、有形力ないし物理力という定義の意味の理解に相違がある。また、実際の処罰範囲について「通説」が成立している範囲は狭い。この状況は、暴行罪をどのような罪として理解するかという基本的な発想に相違があることに一因があるように感じられる。

発想の相違を感じさせる具体的な局面として、性病感染者がその旨を秘匿して性器を接触させて性病を罹患させた事案に暴行によらない傷害との理解を示した最判昭和27・6・6刑集6巻6号795頁（以下、昭和27年判決）のほか、だまして毒物を飲ませる、腐敗物を食べさせるといった場合が挙げられる[4]。これらの事案について、①暴行の語義を超える、物理力の作用がない、有形力に同意があるといった理由から暴行に該当しないとする議論が多い（山口、川端、斎藤、中森、山中、松宮、浅田、松原、高橋則夫、日髙、条解。性病感染に限って佐久間）一方、②これらは暴行に該当するとの議論も有力である（伊東、曽根、西田、大谷、井田、前田）。

①の議論について、暴行を素朴な「力」と理解する発想が提示されている[5]。暴行罪は、粗暴な暴力行為あるいは腕力の延長といえるような行為態様を捕捉するものと限定的に捉えて、欺罔を介した身体加害を暴行罪の枠外

---

3) 議論状況については斎藤、渡辺。
4) 議論状況を整理するものとして、髙橋直哉。
5) 大塚ほか編・前掲注1) 539頁〔渡辺〕は、力のエネルギー、光熱のエネルギー、生物的・科学的物質の摂取すべてについて、何らかのエネルギーあるいは物質作用があり、有形力であるから即暴行とすることに疑問があるとし、「有形力」とは社会通念に照らしもっと素朴な「力」をいう、との理解を示す。ほかに、乱暴、無礼な行為で普通人にショックを与える物理力を暴行とするものとして、斎藤。

に置くものであろう。

　この発想からは、音の使用について、耳元で大太鼓等を連打して意識もうろうとさせる行為はその暴力性ゆえに暴行罪に該当する一方、長期間にわたる大音量による嫌がらせによって頭痛などを生じさせた行為（最決平成17・3・29刑集59巻2号54頁。以下、平成17年決定）については暴行罪を認めるほどの暴力行為とはいえない[6]、といった議論が可能になる。

　②の議論には、暴行罪は身体を保護するものである以上、身体の侵害に向けられた行為は広く暴行罪で捕捉することが合理的という発想が見受けられる。欺罔を介した身体加害について暴行罪の枠外に置くことに合理性はない以上、性病感染を暴行によらない傷害とした昭和27年判決の判例性は当該事案で傷害罪を肯定した結論部分に限られ、「暴行によらずに」という判示は傍論と位置づけることになろう。

(b)　基本的発想の相違を覆い隠す「通説」

　暴行の定義に「通説」が成立しているものの、そのなかには、①粗暴な暴力に限定した処罰、②身体侵害の広い処罰という異質の発想が混在しており、しかも、それが覆い隠されているように思われる。その結果、暴行罪の「通説」は、暴行の成否が争われる事案解決の指針を提供できないのみならず、暴行罪をどのような罪として理解するかという基本的発想に基づいた議論を妨げるという問題を抱えている。

　このような問題を乗り越えるべく、暴行罪の「通説」の形成過程を検証し、その根拠の乏しさを明らかにする。この作業によって、基本的な発想の相違に応じた議論を行うための土台が確保される、と考える。

2　「通説」の形成過程の検証

　調査の結果、暴行罪の「通説」の成立は、団藤重光の1961（昭和36）年の

---

[6]　大塚ほか編・前掲注1）421頁〔渡辺＝古川原〕は、平成17年決定について音波が鼓膜を振動させており力が作用していることから、「物理力」の行使という表現に躊躇が生じる、と述べる。

教科書の記載が、接触不要説を採用した最決昭和39・1・28刑集18巻1号31頁（以下、昭和39年決定）の調査官解説に引用されて以降の時期であり、それ以前は「通説」ではなかったことが判明した。

そこで、以下では、判例の展開に合わせて時期を区分して検証する。具体的には、①「身体に対する不法なる一切の攻撃方法」という表現[7]を使用して、傷害の危険を不要と判示した大判昭和8・4・15刑集12巻427頁（以下、昭和8年判決）まで、②昭和8年判決の定義を引き継いだ昭和29年判決まで、③昭和39年決定までの状況である。

(1) 昭和8年判決までの状況[8]
(a) 「有形力」という表現

暴行概念の現在の「通説」を考案したのは牧野英一である。『刑法通義』（警眼社、1907年）91頁は、暴行とは「有形的に力を用ふる力」とし、①対物も含む最広義、②身体に対する有形力、③反抗を抑制する最狭義という3分類を行っていた[9]。この議論はドイツ刑法の「暴行」の定義の影響を受けつつ、日本刑法に合わせた修正を行ったものとの推測される[10]。ドイツ刑法典には暴行罪は存在せず、被害者の反抗を抑圧するための手段として暴行と脅迫を規定する強要罪の解釈として暴行の定義が論じられている[11]。牧野はド

---

7) ただし、同様の表現は、大判大正11・1・24新聞1958号22頁ですでに採用されている。
8) 本文に挙げた牧野、泉二のほか、大場茂馬『刑法各論上巻 増訂4版』（中央大学、1911年）192-194頁、神谷健夫＝神原甚造『刑法詳論』（清水書店、1913年）916頁、917頁、927頁、928頁、岡田庄作『刑法原論 各論〔増訂15版〕』（明治大学出版部、1924年）442頁、新保勘解人『日本刑法要論 各論』（敬文堂書店、1927年）342頁、354頁、山岡萬之助『刑法原理〔訂正増補17版〕』（日本大学、1927年）389頁、久礼田益喜『刑法学概説』（巌松堂書店、1930年）567頁、570頁、宮本英脩『刑法学粋』（弘文堂書房、1931年）544-546頁、小野清一郎『刑法講義各論〔改訂6版〕』（有斐閣、1932年）487頁、490頁を参照した。
9) 牧野英一『刑法通義〔増訂版〕』（警眼社、1909年）190頁ではその後一般化する4分類が登場する。なお、大塚ほか編・前掲注1）532頁9〔渡辺〕は、暴行概念について「宮本博士の提唱」とするが何らかの誤解か誤植であろう。
10) F. Liszt, Lehrbuch des Deutschen Strafrechts（11. Aufl. 1900）S. 335は、暴行について、「現実の相当の抵抗を排除するための有形力（körperlicher Kraft）の行使」と定義する。

イツの暴行概念を参照しつつ、日本刑法典には反抗抑圧という要素を捨象すべき罪名もあるとの洞察を行ったのであろう。

　実際の処罰範囲についてみると、『刑法通義』では議論が乏しい。そこで、『日本刑法〔訂44版〕』（有斐閣、1932年）829頁、830頁をみると、大声を発して失神させるのは有形的方法であり、また傷害であると論じる。また、催眠術による暗示は心理的であるという意味では無形的方法であるが、暗示による行動は自由意思がなく必然的行動という意味では有形的方法と論じている[12]。

　有形力という言葉を字義どおりに解すると形が有る力のことであり、暴行に該当する範囲は限定される。しかし、牧野は「有形力」という表現によって処罰範囲が限定されるとは考えておらず、単に脅迫との対置を行うだけであった。

(b)　「攻撃」という表現

　のちに大審院長を務めた泉二新熊『改正日本刑法論』（有斐閣書房、1908年）749頁は、暴行罪の暴行について「人の身体其のものに対する不法なる攻撃」という定義を示していた。実際の処罰範囲についてみると、精神のみに及ぼす不法な影響（脅迫その他の威嚇）は無形の暴行であるが、脅迫との区別という観点から法律上の暴行ではないと指摘されている。一方、暴行は物質的攻撃であれば足りるところから、毒物の施用や水を注ぐ行為も暴行に当たると例示していた。さらに、『日本刑法論〔訂正増補13版〕』（有斐閣書房、

---

11) 戦後のドイツでは、反抗抑圧をもたらす行為を広く暴行概念で捕捉しようとする連邦最高裁と、暴行という文言による限界づけを求める憲法裁判所とのあいだでせめぎ合いが起きている。この点については、先行研究も含めて、上野純也「暴行罪における暴行概念と心理的作用の評価（下）」法学研究論集53号（2020年）1頁。判例紹介として、松本和彦「道路上での座りこみデモと強要罪規定の明確性」ドイツ憲法判例研究会編『ドイツの憲法判例Ⅱ〔第2版〕』（信山社、2006年）452頁。
12) 催眠術が有形力の行使といえる理由は判然としないが、催眠術をも暴行とする議論は、戦前の通説であった。当時の背景については、芥川正洋「暴行罪における『暴行』概念の史的展開──立法・学説史にみる『暴行』の多元性」早稲田法学会誌67巻1号（2016年）19頁以下に詳しい。

1912年）では、命中していなくても暴行罪に該当するとの議論が付加されている[13]。

泉二の議論は、暴行罪の暴行から脅迫を除外するにとどまり、広く暴行を肯定する点では牧野と同様であった。ただ、泉二は、強盗罪の暴行について「被害者の反抗を抑圧する有形の手段」という定義を示しており[14]、「暴行」という文言を使う罪すべてについて「有形力」という共通点を見出すという牧野の議論を採用していない。日独刑法典の相違に鑑みると、ドイツの暴行概念を日本の暴行罪に持ち込まない泉二の議論は正当なものであったといえる。

(c) 昭和8年判決の意義

昭和8年判決が出るまでの時期、「有形力」（瀧川）、「攻撃」（大場）のほか、「有形的不法の攻撃」（岡田）、「有形的の不法なる侵害」（新保）、「身体の安全を害する一切の惨行」（山岡）、「自然力の行使」（小野）、「不法な侵害」（久礼田）[15]といった表現も存在した。もっとも、暴行罪の処罰範囲を明確にする議論は少なく[16]、脅迫の除外という消極的意義だけを認めるのが一般的であった。

このように、多彩な定義が主張されている状況下で、昭和8年判決は、傷害の危険は必須でないとの判断を示すにあたり、「身体に対する不法なる攻撃」という表現を選択した。もっとも、いかなる表現を採用するにせよ、脅迫の除外以外の積極的意義はない以上、傷害の危険は不要という議論は当然のものであった。

---

13) その際、英米法における Assault と比するのが適当と論じている。「攻撃」という表現の由来は判然としないが、Assault に対応する表現が選ばれた可能性はあろう。ただし、ドイツ刑法113条（公務執行妨害罪に相応する条文）にも「攻撃」という行為態様が存在し、泉二が何を参照したかについて特定は困難である。
14) 泉二新熊『改正日本刑法論』（有斐閣書房、1908年）811頁。
15) 大判明治45・6・20刑録18輯896頁は毛髪の切り取りについて「身体の一部に対する不法侵害」という表現を使用している。
16) 例外として、神谷＝神原、宮本。

(2) 昭和29年判決までの状況[17]

(a) 脅迫を除外する議論の具体化

1933（昭和8）年以降、暴行から脅迫を除外する議論について具体化が行われる。脅迫は不正の力の意味による侵害である点で暴行と異なる（島田）、意味の伝達は心理作用であり、意思表示で恐怖驚がくさせる場合は暴行ではない（木村）といった議論である。

脅迫は言葉の意味を介した心理的な加害であり、それは暴行を基礎づけることはないというかたちの具体化が図られたといえる。ただし、暴行の定義については「不正の力」（島田）、「有形力すなわち物理力」（木村）というかたちで相違しており、定義と必然的に結びつく議論ではなかった。

(b) 性病感染の暴行非該当説と暴行該当説

戦前、実務家であった平井は、暴行を不正の腕力と定義し、有害物質を飲ませる行為や性病の感染は暴行によらない傷害とする一方、糞尿のうちかけや毛髪の裁断は暴行に該当すると論じている。また、同じく実務家であった沼も平井と同様の定義を採用し、腕力とは腕の力ではなく普通の用語との説明を付加している。

平井・沼の議論は、素朴に腕力を捉えて暴行罪の処罰範囲を限定するもの

---

17) 瀧川幸辰『刑法各論』（弘文堂書房、1933年）96頁、97頁、平井彦三郎『刑法論綱 各論』（松華堂書店、1934年）278頁、286頁、島田武夫『刑法概論 各論』（有斐閣書房、1934年）168-170頁、173頁、宮本英脩『刑法大綱』（弘文堂、1935年）282-285頁、木村亀二『新法学全集 第19巻（刑事法 第2）』（日本評論社、1938年）20-23頁、泉二新熊『日本刑法論 下巻（各論）〔訂正44版〕』（有斐閣、1939年）520-522頁、530-534頁、佐瀬昌三『刑法大意 第2分冊〔訂正版〕』（清水書店、1941年）226頁、227頁、沼義雄『刑法大要〔改訂増補4版〕』（良栄堂、1942年）448頁、江家義男『刑法講義 各論〔再版〕』（敬文堂書店、1948年）194-196頁、安平政吉『改正刑法各論 上巻』（巌松堂出版、1949年）74-76頁、小野清一郎『新訂刑法講義各論』（有斐閣、1950年増補版）168頁、172頁、齊藤金作『刑法各論〔訂正版〕』（巌松堂出版、1950年）146頁、147頁、牧野英一『刑法各論下巻』（有斐閣、1951年）372-375頁、瀧川幸辰『刑法各論』（世界思想社、1951年）40頁、井上正治『刑法各論』（法律文化社、1952年）66頁、67頁、小野清一郎＝中野次雄＝植松正＝伊達秋雄『刑法（ポケット註釈全書）』（有斐閣、1952年）355頁、359-361頁を参照した。

であり、脅迫以外には広く暴行罪を認める多くの学説とは基本的発想を異にする少数説であった。当時は、「攻撃」、「有形力」、「物理力」いずれの表現にせよ、病原菌を被害者に与える、有害物を飲ませるといった行為を暴行とする議論が主流であり（木村、泉二、小野、斎藤、牧野、瀧川）[18]、暴行罪を広く認める流れが続いていた。この状況下で昭和27年判決が性病感染は暴行によらない傷害と判示したことに対して、当時の調査官であった伊達は学説状況に鑑みて疑問があると指摘していた[19]。

　伊達の指摘は当時の議論の趨勢からすれば自然なものであった[20]。もっとも、平井・沼の議論は取り上げられておらず、暴行罪について異なる基本的発想が存在するとの整理は行われなかった。

(c)　昭和29年判決の意義と残された課題

　昭和29年判決が昭和8年判決の定義を引き継ぐとともに、耳元で大太鼓等の連打で意識を朦朧とさせる行為に暴行を認めたのは、意味を介した心理的加害を除外する以外は広く暴行該当性を認める議論からすれば当然の帰結にすぎない。また、平井・沼のように不正の腕力という点からみても、粗暴な暴力といえる行為態様に鑑みれば暴行を肯定できる事案であった。

　もっとも、昭和27年判決が性病感染について暴行によらない傷害と判示していたこととの関係については検討が要請される状況であった。しかし、吉川調査官解説は麻酔薬の使用も暴行に包含されるとして暴行を広く肯定する理解を示すにとどまり、昭和27年判決や平井・沼という少数説に触れるところはなかった[21]。

---

18)　平井・沼以外の暴行不該当説として、宮本、佐瀬。
19)　伊達秋雄「判批」判タ22号（1952年）46頁。
20)　中野次雄「判批」刑事判例研究会編『刑事判例評釈集14巻（昭和27年度）』（有斐閣、1957年）133頁も、当時の学説の状況をふまえて暴行該当性を肯定する。
21)　吉川由己夫「判解」最判解刑昭和29年度228頁。

(3) 昭和39年決定までの状況[22]

(a) 団藤による「通説」評価

団藤重光『刑法各論』(有斐閣、1961年) は、牧野のみを引用して「身体に対する有形力の行使」という定義を「現在ではほぼ通説になっている」との評価を示している。しかし、これは1963 (昭和38) 年までの学説の分布状況に照らすと疑わしい評価である[23]。

1933 (昭和8) 年以降の定義をみると、戦前 (木村、瀧川)、戦後 (福田、江家、井上) に有力な学者が「有形力」を採用していたのは確かである。しかし、戦前、「攻撃」という表現を泉二が一貫して使用していたほか、昭和8年判決の定義に従う学説 (佐瀬、斎藤) もあった。さらに戦後、小野・瀧川という代表的な刑法学者が昭和8年判決に従うかたちで暴行の定義を変更している。昭和29年判決以降、1963 (昭和38) 年までの教科書をみても、暴行の定義に統一性はなかった[24]。

(b) 昭和27年判決の是認／暴行該当説との対置の欠如

団藤は昭和27年判決を暴行によらない傷害の一例に挙げるにとどまり、病毒感染を暴行とする主流の学説に何の言及もない。この時期、従前の学説状況を検討しないまま昭和27年判決を是認する態度は団藤以外にも見受けられ

---

22) 団藤重光『刑法』(弘文堂、1954年) 316頁、福田平『刑法各論』(評論社、1954年) 164頁、165頁、牧野英一『刑法各論 下巻追録〔追補版〕』(有斐閣、1955年) 372-375頁、斎藤金作『刑法各論〔改訂版〕』(有斐閣、1956年) 216頁、江家義男『刑法各論』(青林書院、1956年) 199-202頁、植松正『刑法概論Ⅱ各論』(勁草書房、1957年) 598-600頁、柏木千秋『刑法各論 (中)』(有斐閣、1960年) 335頁、336頁、340-342頁、安平政吉『改正刑法各論』(弘文堂、1960年) 40頁、41頁、小野清一郎＝中野次雄＝植松正＝伊達秋雄『新版刑法 (ポケット註釈全書)』(有斐閣、1960年) 421頁、422頁、428-430頁、団藤重光『刑法各論 (法律学全集41)』(有斐閣、1961年) 231頁、232頁、237頁、宮内裕『新訂 刑法各論講義』(有信堂、1962年) 19-21頁、青柳文雄『刑法通論Ⅱ各論』(泉文堂、1963年) 306頁、307頁、312頁を参照した。

23) 団藤・前掲注22)『刑法』は「牧野博士以来通説」と断定しているが、これも疑問である。

24) 「物理的な力の行使」(植松)、「身体に対して有形力の攻撃」(柏木)、「身体に対する自然力の行使」(青柳)。

る（江家、柏木）。荘子は、「有形力」について狭く捉えて病菌作用を除外する議論と広く捉えて病菌作用を含める議論を対置していた[25]が、これは例外であった。

　言葉の意味を介した心理的加害を暴行から除外する以外は広く暴行を肯定する従前の主流をなす学説と、昭和27年判決を是認する学説とでは、暴行罪の捉え方に断絶がある。しかし、この断絶は荘子を除いて言及されることなく、暴行罪をどのような罪として捉えるかという基本的発想の相違が言語化されることはなかった。

(c)　昭和39年決定の意義と調査官解説の問題点

　昭和39年決定は、狭い室内で被害者を脅かすために刀の抜き身を振り回す行為は暴行に該当するとの結論を示すのみであり、暴行の定義に触れるところはない。

　昭和39年決定以前、接触不要説は「攻撃」という表現を提唱した泉二がその妥当性を強調していた[26]ほか、どの定義からも支持を集めていた[27]。命中しなかった場合に暴行を否定する学説も存在した（岡田、宮本）が、その根拠は、命中していない場合には未遂にとどまるというものである。これに対して、傷害未遂規定をもたない日本の条文上は暴行を肯定すべきとの反論（安平）や、接触の具体的危険で足りる（江家）との指摘がなされていた。この状況に鑑みると、判例としては、接触していなくても暴行を肯定してよい事案であることを確認する事例判断を示せば足りる状況にあったといえる。

　一方、堀江調査官解説は、暴行の定義に触れるものの、「攻撃」という従来の判例の定義と「有形力の行使」という学説は同じ趣旨であろうと述べ、団藤の教科書のみを引用している[28]。しかし、言葉の意味を介した心理的加

---

25) 木村亀二編『新法律学演習講座 刑法（各論）〔新訂版〕』（青林書院新社、1962年）15頁、16頁〔荘子邦雄〕。
26) 泉二・前掲注17)は、旧刑法、仏・独・英・印刑法を挙げて詳細な検討を行う。
27) 「攻撃」（斎藤）、「有形力」（団藤）、「物理力」（木村）、「有形的攻撃」（柏木）、「攻撃」と「有形力」を並列（安平）、「自然力」（青柳）、「有形力（自然力）」（宮内）。
28) 堀江一男「判解」最判解刑昭和39年度9頁

害を暴行から除外する以外は広く暴行を肯定する従前の主流と、昭和27年判決を是認する団藤の教科書には断絶がある。この断絶に何ら言及することなく堀江解説は「有形力」という表現を是認しており、この頃、「有形力」という定義のなかに異なる発想が混在しているが、その自覚を欠くという状況が醸成されていた、と推測できる。

(4) 「通説」の成立

　団藤の教科書は「通説」評価に疑義があり、また、昭和27年判決の検討も欠落しており、その叙述は根拠に乏しいものであった。しかし、昭和39年決定と同年に公刊された日本刑法学会編『刑法講座 第5巻 各論の諸問題（財産犯を除く）』（有斐閣、1964年）の沢登佳人「暴行・脅迫の意義」は、暴行は4通りあり、それは今日の通説であるとして団藤の教科書だけを引用し、すべてに共通なのは「有形力ないし物理力の不法な行使」と述べる（226頁）。また、団藤が編者を務める『注釈刑法(5) 各則(3)』（有斐閣、1965年）99頁〔小暮得雄〕は文献を引用せずに「本条にいう『暴行』とは、人の身体に対する有形力の不法な行使を指す（通説）」と記載する。

　こうして瞬く間に有形力の行使が「通説」という評価が拡がった[29]。しかし、成立した「通説」は、「有形力」という表現のなかに、意味を介した心理的加害を暴行から除外する以外には広く暴行を肯定するという議論と、病毒感染は暴行から除外するという議論を無自覚に混在させるものであり[30]、異なる基本的発想を包含する点で問題の解決基準を提供しないものになった。

3　行われるべき検討

　仲道は、ある学説が通説になる現象について、その論拠の説得性、納得い

---

29) 中山研一『刑法各論』（成文堂、1984年）49頁は、人の身体に向けられた不法な有形力の行使という概念規定じたいには判例・学説上異論をみない、とまで述べる。
30) 例外的に、有形力を広義と狭義に分ける木村編・前掲注25〔荘子邦雄〕の整理を引き継ぐ議論もあった（下村康正＝八木國之編『刑法各論』〔法学書院、1971年〕232頁〔八木國之〕）ものの、途絶した。

く帰結、明快な基準の提供によって多数に支持され、あるいは一般的なものとして受容されて通説になる、と整理している[31]。しかし、暴行罪について「有形力」という表現が「通説」になった主要因は、団藤という権威による根拠なき通説同定の影響[32]、および、異なる発想を無自覚に混在させることで多数の支持を集めているかのごとき外形が形成されたことといわざるをえず、仲道の論じる通説の理想像からほど遠い。そうだとすれば、現在の「通説」を離れて、説得的な論拠、納得のいく帰結、明快な基準の提供に取り組むことで、新たな通説の形成を促していく必要がある。

(1) 基本的発想の言語化と比較検討

暴行罪の「通説」の問題は、暴行罪をどのような趣旨として捉えるかという基本的発想を覆い隠す点にある。これを克服するには、複数の基本的発想を言語化したうえで、それぞれの得失を比較検討するという方法が考えられる。

①暴行罪は粗暴な暴力行為といえる行為態様を捕捉するものと限定的に捉える発想は、殴る蹴るといった暴行の典型例に近接する行為に処罰範囲を絞り込むものであり、昭和27年判決を基礎づけることができる。また、②の議論に比して、暴行罪の外延をそれなりに明確に線引きすることが可能になる[33]。

もっとも、たとえば、汚物をぶちかける行為は暴力行為として暴行罪になるのに対し、汚物をひっそりと身体にくっつける行為は暴行罪にならないという帰結を承認する場合、それが納得いくものかが問題になる。

②暴行罪によって身体加害を広く捕捉する議論を合理化すると、身体的利益の保護という観点から諸事情を考慮して暴行罪の成否を個別判断するが、その際、意味を介した心理的加害は除外するという発想になろう[34]。これは、

---

31) 仲道祐樹「通説とは何か、何が通説か」[本書総論解題] 5(2)。
32) 権威による通説について、仲道・前掲注31) 2(2)(c)。
33) 最決平成24・1・30刑集66巻1号36頁の睡眠薬を投与する行為について、暴行該当性を否定する議論(山本高子「判批」法学新報119巻11・12号〔2013年〕193頁。仲戸川武人「判批」警察公論67巻11号〔2012年〕94頁も参照)も、①の議論から基礎づけられる。

たとえば、汚物をひっそりと身体にくっつける行為、さらには、汚物を飲食物に混ぜ込む行為についても、汚物を身体に付着させない、あるいは汚物を体内に侵入させない利益の保護という観点[35]から暴行罪に該当するとの議論を可能にする。

　もっとも、②の議論は、身体的利益の保護を広く可能にする反面として暴行罪の外延を不明瞭にする。たとえば、身体的利益の侵害ということからすれば、不作為による暴行も肯定しうる[36]。あるいは、長期にわたる大音量も、意味を介した心理的加害ではないかたちで傷害につながる点で、暴行を認める余地もある[37]。これらの帰結まで認めるのか、そうでなければ、どのような理由で暴行罪を否定するのかを示す必要がある。

(2) 定義の見直し

　現在の暴行罪の「通説」の定義は、暴行罪の成立範囲に指針を示すという点からすると無益であり、暴行罪をどのような趣旨の罪として理解するかと

---

34) 身体的利益の保護という観点は、たとえば、堀江・前掲注28) が引用する大塚仁の昭和29年判決評釈（刑事判例研究会編『刑事判例評釈集第16巻』〔有斐閣、1961年〕249頁）に明瞭に示されている。その他、暴行罪について総合考慮を認める議論として、澤新「暴行罪における『暴行』の意義」石川弘＝松本時夫編『刑事裁判実務大系 第9巻 身体的刑法犯』（青林書院、1992年）308頁、嶋矢貴之「暴行又は脅迫」法教489号（2021年）21頁、22頁、只木誠「狭義の『暴行』概念について」山口厚ほか編『西田典之先生献呈論文集』（有斐閣、2017年）262頁。

35) 小林・前掲注1) 266頁、橋爪・前掲注1) 31頁参照。なお、暴行罪の法定刑に懲役が規定される際、人糞をぶちかけるようなはなはだしい場合があると指摘されていた（「第23回衆議院特別委員会会議録〔宮古啓三郎発言〕」松尾浩也増補解題『増補 刑法沿革綜覧』〔信山社、1990年〕1968頁。貴族院での政府委員の説明について1688頁も参照）。ぶちかけるという行為態様は①の議論からも暴行罪に該当するものであるが、刑法208条の法定刑は汚物からの身体の保護という趣旨を含むと理解することを可能にする指摘ともいえる。

36) 不作為による暴行を承認する議論として、大場のほか、沢登佳人「暴行・脅迫の意義」日本刑法学会編『刑法講座 第5巻 各論の諸問題（財産犯を除く）』（有斐閣、1964年）242頁。

37) 平成17年決定について、前田・前掲注1) 24頁は、暴行による傷害ともいえるとする。平成17年決定の公訴事実では暴行と構成されていた点について、五藤恵梨子「判批」愛知学院大学法研会論集21巻1・2号（2007年）136頁。

いう基本的発想の言語化を妨げる点で有害である。

　基本的発想を言語化した検討を進める際には、暴行の定義の見直しも同時に行われるべきである[38]。その先に、合理性があるとして多数の支持を集めた基本的発想と、それに見合う新たな定義が通説になることが期待される。

　おわりに

　暴行罪の暴行の定義は、多岐にわたる事案について暴行罪の成否を分かつ指針・基本的視点を提示するものであるべきであろう。現在の「通説」による定義は、このような理想からほど遠いものであるといわざるをえない。「通説」の成立過程からみると現在の定義は根拠に乏しく、無内容であるにもかかわらず、その問題を直視することなく自明のものとして記載してきた教科書・注釈書には真摯な反省を求めざるをえない。

　もっとも、批判や反省は自己目的であってはならない。暴行罪の暴行の定義について、多岐にわたる事案の処理に対する一般的な指針として説得的でありつつ、個別事案の個性の斟酌をも可能にするものが形成されることが期待される。本稿がそのような建設的な議論の一助になるのであればたいへんな喜びである[39]。

---

38) 裁判例の網羅と秀逸なポイント整理をふまえたうえで、「身体に対する攻撃」という表現に立ち返ることを提案する論稿として、芥川正洋「暴行罪成立の限界について(1)～(4)」法セ813号100頁以下、814号112頁以下、815号112頁以下（以上2022年）、816号（2023年）109頁以下。このような定義の見直しとそれに対する批判（深町晋也「児童虐待の刑法的規律」法時94巻11号〔2022年〕16頁参照）の応酬は、暴行罪の新たな通説を生み出すプロセスとして歓迎される。

39) 「暴行」という文言を規定する暴行罪以外の罪についても、有形力の行使という定義や広義・狭義といった分類を自明視することなく、罪ごとの特性を斟酌した各論的議論の積み重ねが期待される。騒乱罪の沿革をふまえた各論的検討を行うものとして、上野純也「暴行の客体と暴行概念の相対性――騒乱罪の判例・立法史をてがかりに」城西現代政策研究17巻1号（2023年）1頁。

第9章

名誉概念の「通説」

嘉門 優

1　名誉概念の「通説」と問題点

(1) 「通説」の内容

　名誉には、内部的名誉（人の真価）、外部的名誉、主観的名誉（名誉感情）があり、名誉毀損罪（刑法230条1項）は、そのうちの外部的名誉を保護しているとされる[1]。読者のみなさんは、刑法各論の授業にて、外部的名誉とは、社会がその人に対して与える評価、社会的な評判・名声であるとの説明を受けたのではないだろうか[2]。「通説」によれば、この「社会的評価」は人に対する積極的な評価（低下するような評価）であり、この社会的評価が低下することが名誉毀損罪の要件となる。

(2) 「通説」に対する疑問

(a)　事実的な名誉保護？

　刑法230条1項の「その事実の有無にかかわらず」という文言から、いわゆる「虚名」であっても保護されることを意味し、「現に人が受けている社会的評価（事実的名誉）」が名誉毀損罪の保護法益だと理解されている[3]。しかし、この「通説」に対しては、古くから、そのような評価をもたないと考

---

1) 中野次雄「名誉に対する罪」日本刑法学会編『刑事法講座 第4巻 刑法Ⅳ』（有斐閣、1952年）817頁など。
2) たとえば、大塚裕史ほか『基本刑法Ⅱ各論〔第4版〕』（日本評論社、2024年）96頁など。

えられる幼児や精神病者に名誉に対する罪は成立するのかというかたちで疑問が示されてきた[4]。「通説」はこれらの者に対しても名誉毀損罪の成立を認めるが[5]、「現にある社会的評価」ととらえることとの関係は十分には明らかにはなっていない。ここでは、「現にある社会的評価」という事実的な名誉ではなく、すべての人の名誉が等しく保護されるべきとして「規範的名誉（あるべき名誉）」が必要とされるべきではないかという点が論点となる（**2**で詳述）。

さらに、名誉毀損罪の保護法益を「事実的名誉」と理解する通説に対して、人が秘密にしている私事の暴露、とくにアウティング（人の性自認や性的志向を当事者の許可なく他人に暴露する行為）のケースで名誉毀損罪が成立するかどうかが論点となる。「通説」を前提とした場合、アウティングによって「現にある社会的評価」が低下したとして名誉毀損罪を成立させれば、差別的な社会的評価を固定化させてしまうおそれがあるとの問題意識が示された[6]。つまり、「現にある社会的評価」が性的マイノリティに対して差別的なものである以上、法益として刑法による保護に値しないというのである。それに対し、事実として社会的な差別が存在し、事実の摘示が不利益と直結しうる以上、「現にある社会的評価」が低下するおそれがあるため、名誉毀損罪を成立させるべきとの見解も主張されている[7]。はたして、アウティングの場合に、「現にある社会的評価の低下」が認められるとして名誉毀損罪による処罰で対応すべきなのだろうか、あるいは、名誉毀損罪による解決ではなく、新たな立法による対応が求められるべきなのだろうか（**3**で詳述）。

---

3) 山口厚『刑法各論〔第3版〕』（有斐閣、2024年）138頁、大塚仁ほか編『大コンメンタール刑法 第12巻〔第3版〕』（青林書院、2019年）11頁〔中森喜彦〕など。

4) たとえば、岡田朝太郎『刑法講義案各論〔第6版〕』（有斐閣、1903年）84頁、小疇伝『日本刑法論 各論』（日本大学、1905年）741頁、牧野英一『刑法通義』（警眼社、1907年）293頁など。

5) 中野・前掲注1）818頁など。

6) 佐伯仁志「プライヴァシーと名誉の保護（4・完）」法協101巻11号（1984年）1744頁。

7) 髙山佳奈子「プライバシーの刑法的保護」法学論叢160巻3・4号（2007年）208頁。

(b) 被害実態のより正確な把握

さらなる問題として、実務上は名誉侵害として処理されている事案について、「通説」の「社会的評価の低下」という概念によって、本当に被害の実態をとらえられているのかという疑問が生じるケースがある。第1の具体例として、近年、社会問題化しているインターネット上の誹謗中傷について、その被害の深刻さに対応するために、侮辱罪の法定刑の上限が引き上げられた。通説は名誉毀損罪と同じく、侮辱罪の保護法益も外部的名誉が保護法益だと理解する[8]。しかし、インターネット上の誹謗中傷によって、被害者が自殺にまで追い込まれることがあるほどの重大な被害実態は、「現に人が受けている社会的評価の低下」として把握されうるものではなく、「自身による自己に対する評価の低下」によるものだという指摘がある[9]。このように、「通説」を前提とすると、名誉毀損罪や侮辱罪では、インターネット上の誹謗中傷により生じる被害実態を適切にとらえることができないとも考えられる。そこで、名誉に対する罪の保護法益を抜本的に見直すのか、あるいは、対策として新たな立法を検討すべきなのかが問題となる（**4**で詳述）。

第2の具体例として、性器を露出している女性の画像などに、アイドルAの顔の画像を重ねて、あたかもアイドルAの裸体や性的姿態を撮影した画像に見えるように合成された「アイコラ画像」をインターネット上で公開するというケースが問題となる。東京地判平成18・4・21（2006WLJPCA04210003）は、名誉毀損罪を成立させるにあたって、当該アイドルが性的姿態を実際にさらしたのかもしれないと誤信させる危険性が「いささかなりとも認められる」と判示した。しかし、本判決に対する疑問として、世間の人が本物だと誤信する危険性がわずかしかない場合であっても、「現にある社会的評価の低下」を肯定することができるのだろうか。また、仮に本人と誤信される可

---

8) 浅田和茂『刑法各論〔第2版〕』（成文堂、2024年）162頁以下、井田良『講義刑法学・各論〔第3版〕』（有斐閣、2023年）200頁、松原芳博『刑法各論〔第3版〕』（日本評論社、2024年）151頁以下、高橋則夫『刑法各論〔第4版〕』（成文堂、2022年）171頁以下など。
9) 西貝吉晃「サイバーいじめと侮辱罪」法時93巻10号（2021年）2頁。なお、嘉門優「侮辱の意義──通説の形成過程について」山口厚ほか編『高橋則夫先生古稀祝賀論文集 下巻』（成文堂、2022年）246頁以下参照。

能性が認められるとして、それがどのような意味で社会的評価を低下させるのかという点も問題となる。つまり、裸や性的な姿態を本人の許可なく公開することはプライバシー侵害だといえたとしても、裸や性的な姿態を公開して活動する人もいる以上、「現にある社会的評価」が低下すると端的にはいいがたいと思われる。アイコラ画像やディープフェイク、盗撮画像の公開といった事案で、名誉に対する罪を成立させるべきなのだろうか（5で詳述）。

以下では、「通説」に対する以上の疑問に従って、「通説」における「現にある社会的評価」という概念について批判的に検討していくこととしたい。

2 名誉の規範的な理解

「通説」をふまえると、社会的評価がすでに低い場合、たとえば、ある人に対する犯罪の嫌疑が繰り返し報道され、社会的に広く知れ渡っていた場合に、同じ犯罪の嫌疑に関する事実を報道したという事案では、すでに「現にある社会的評価」は低下しており、名誉毀損罪は成立しないようにも思われる[10]。しかし、「通説」は、このような事案でも名誉毀損罪の成立を認める。その理由として、名誉毀損罪は抽象的危険犯であり、人に対する社会的評価を害するに足る行為がなされれば名誉毀損罪は完成し、社会的名誉が現実に侵害されたことは必要でないからだとされる[11]。そして、抽象的危険が認められる具体的な理由としては、いかに破廉恥な者であってもまったく外部的名誉を有さない場合は想定しがたいとか[12]、先行する報道を知らなかったという人もいくらかはいるはずとか、人は聞いた情報をすぐ忘れてしまうといった理由づけが考えられる。しかし、それらの説明にはかなりの無理があることに加えて[13]、保護されるべき社会的評価はそのわずかな範囲でしか存在

---

10) 民事ではあるが、最判平成9・9・9民集51巻8号3804頁の事案参照。窪田充見「いわゆる『ロス疑惑』に関連する一連の名誉毀損訴訟」法教271号（2003年）41頁参照。
11) 大塚ほか編・前掲注3）11頁〔中森〕。
12) 小野清一郎『刑法に於ける名誉の保護（刑事法論集第2巻）』（有斐閣、1934年）258頁以下。
13) 平野龍一「刑法各論の諸問題(5)：感情に対する罪」法セ203号（1972年）77頁。

せず、その程度でしか名誉毀損罪による保護が認められないことになってしまうという点も問題となる[14]。

　実は、大審院判決には、「たとえ背徳又は破廉恥の行為があったとしても、すべての人が名誉権を有する」として、名誉に関して事実的ではなく、「あるべき名誉」という規範的な理解を示していたものがある[15]。とくに、たとえ刑責に触れるような悪事をなした者の場合であっても、「利益なる批判を受くべき社会上の地位即ち名誉」を有するとされており（大判昭和10・4・1新聞3856頁）、名誉はすべての者に認められるとして規範的な理解が示されていた点が注目に値する[16]。また、当時の学説においても、たとえば、泉二新熊は、名誉権の内容として、「如何に破廉恥極悪なる佞人といえども法律上においてその社会上の価値に関し他人より貶侮せられざるの権利を有す」とする見解を示していた[17]。

　たしかに、前述のように、刑法230条1項の文言解釈として名誉毀損罪の保護法益を一般的に規範的名誉と理解するのは難しく、名誉を事実的に理解する通説には理由がある。しかし、その理由だけで、名誉毀損罪の名誉を「事実的名誉」と一般的に理解するのは単純化しすぎているのかもしれない。つまり、名誉概念には少なくとも2方面の論点があるのではないだろうか。1つは社会の評価が不当に高い場合（虚名保護：「名誉の上限」の問題）については、現行法の解釈としては、通説の事実的な名誉理解が支持される。その一方で、不名誉な事実は周知で社会的評価が低い場合（「名誉の下限」の問題）については、名誉を事実的に把握することを徹底することは難しく、「あるべき名誉」として規範的に理解されるべきとの指摘がある[18]。

---

14) 島田聡一郎「盗撮画像公表行為と名誉毀損罪の保護法益」山口厚編著『クローズアップ刑法各論』（成文堂、2007年）129頁以下。
15) 大判大4・6・22刑録21輯875頁、大判大正5・12・13刑録22輯1822頁。
16) 中森喜彦『刑法各論〔第4版〕』（有斐閣、2015年）84頁。
17) 泉二新熊『改正日本刑法論』（有斐閣書房、1908年）782頁。さらに、大場茂馬『刑法各論上巻』（三書樓、1909年）312頁参照。名誉に関して規範的に理解すべきとする見解として、平場安治「名誉に対する罪についての立法的考察」佐伯千仭ほか編『刑法改正の諸問題（竹田直平博士、植田重正博士還暦祝賀）』（有斐閣、1967年）374頁も参照。

3　アウティング

　次に、アウティングの事案のように、「現にある社会的評価の低下」が認められるが、それが社会における差別を前提としたものである場合、名誉毀損罪を成立させるべきだろうか。名誉毀損罪を成立させるべきとする小野清一郎は、1934年の段階で、「例えば、西洋において『ユダヤ人』であること、我が国において『穢多』であることは進んだ文化観の上からは何等の不名誉でもありえぬし、法律上においても何等の差別を設けていない」とし、ドイツでは、その人格が劣等であることを意味しない限り、名誉毀損罪や侮辱罪は成立させるべきではないとする見解があると紹介する。しかし、そのうえで、小野は、この種の身分が一種の不名誉として一般社会で扱われる事実を認めなければならず、それが法律上認められていないからといって保護を拒むことは、かえって現在の文化に反すると主張していた[19]。現在の学説も、人の人格的価値に関する事実のみならず、肉体的・精神的障害、病気、家柄、血統などの事実も名誉に関係しうると解するのが多数説である[20]。たしかにアウティングの事案についても、小野説が指摘する「保護の必要性」は否定できない。しかし、通説上、名誉毀損罪の実質として理解されてきた「社会的評価の低下」が認められないのであれば、本罪を成立させる論拠としては不十分ではないだろうか[21]。

　性的志向等の事実の指摘が、その人への倫理的・道徳的非難を含む場合や、職業への適性などに疑いを生じさせるような文脈で行われた場合には、「社会的評価の低下」を理由に名誉毀損罪が成立する点については争いがない[22]。

18）大塚ほか編・前掲注3）9頁〔中森〕。なお、「仮定的名誉」と理解する見解として、木村亀二「刑法各論」木村亀二ほか『新法学全集第19巻　刑事法2』（日本評論社、1938年）94頁、大谷實『刑法講義各論〔新版第5版〕』（成文堂、2019年）170頁参照。
19）小野・前掲注12）208頁。
20）大塚仁『刑法概説（各論）〔第3版増補版〕』（有斐閣、2005年）136頁、西田典之（橋爪隆補訂）『刑法各論〔第7版〕』（弘文堂、2018年）122頁など。
21）島田・前掲注14）172頁参照。
22）井田・前掲注8）182頁。

問題となるのは、それらの事実をそのような文脈なく摘示した場合である。前述のように、名誉毀損罪で処罰すれば、社会的な差別を追認することになってしまうことを問題視する見解は、名誉毀損罪は成立しないとする[23]。

　この見解に対し、あくまで「現存する社会的評価」を保護すべきとしているのだから、ある事実の摘示について名誉毀損罪を認めることが、当然に「社会の偏見の追認、固定化」を意味するわけではないとの反論がある[24]。また、アウティングのように保護の必要性が高いと思われる事案で、名誉毀損罪を認めず、より法定刑の軽い侮辱罪しか成立しないとされる点について、社会的な合意が得られにくいという問題もある[25]。

　以上のようにいずれの見解にも問題があるが、私見としては、アウティングによって生じる被害実態は、より本質的には、社会における差別意識を利用するという点で、ヘイト・スピーチと共通する部分があると思われる[26]。名誉に対する罪の解釈では対応しえないとすれば、新たな立法的措置も検討されるべきだと思われる。

4　インターネット上の誹謗中傷

　近年、社会問題化しているインターネット上の誹謗中傷に対して、2022年に対策を強化するため、侮辱罪の法定刑を引き上げる改正がなされた。しかし、前述のように、このようなネット上の誹謗中傷の被害の深刻性としては、「社会的評価の低下」のおそれの高まりのような、他者による評価が問題となっているというよりも、「世間や周りから叩かれているという感じになって」[27]、自身による自己に対する評価の低下が生じ、場合によっては自殺にまで追い詰められるという点だと考えるほうがより実態に即しているといわ

23）佐伯・前掲注6）1744頁。侮辱罪の成立を認める可能性はあるとする（同1746頁）。ただし、通説を採る場合、アウティングの事案について、名誉毀損罪が成立しないとしながら、同じ外部的名誉を保護する侮辱罪が成立しうるといえるのかは問題となる。
24）島田・前掲注14）171頁。
25）島田・前掲注14）172頁。
26）金尚均編『ヘイト・スピーチの法的研究』（法律文化社、2014年）173頁以下〔金尚均〕参照。

れる[28]。

　この疑問について、侮辱罪の法定刑引上げを検討した法制審議会では、「単に外部的名誉をどれだけ低下させるかという観点にとどまらず、ここまでされたら、普通多くの人は大きな精神的ダメージを受けるだろうという観点も無視」できないとして、通説を前提としても、そうした感情侵害の面は量刑事情として当然考慮できるとの説明があった[29]。たしかに、学説上、名誉に対する罪の保護法益は、第一次的には外部的名誉であるが、副次的には被害者の名誉感情でもあるとする学説も有力である[30]。しかし、被害者の名誉感情はあくまでも副次的な位置づけであるとすると、ひどい誹謗中傷によって被害者がどんなに苦しめられたとしても、主たる法益である社会的評価の低下の限度でしか処罰は認められないはずである。

　そもそも、インターネット上の誹謗中傷に関する立法論議において、名誉に対する罪による処罰の有効性に疑問が示されていた。たとえば、被害者に対してダイレクトメッセージ機能を利用して直接的に誹謗中傷がなされた場合、本罪では捕捉できず、有効な対策とはならない可能性があると指摘されていた[31]。名誉に対する罪の「現にある社会的評価」を無理に解釈しようとせずに、インターネット上の誹謗中傷行為の特殊性をとらえた、より効果的で新たな処罰規定の創設が求められているのではないだろうか[32]。

---

27) 法制審議会刑事法（侮辱罪の法定刑関係）部会第1回会議議事録4頁以下〔吉田雅之幹事〕。
28) 西貝・前掲注9）2頁。
29) 法制審議会刑事法（侮辱罪の法定刑関係）部会第1回会議議事録30頁〔小池信太郎幹事〕、小池信太郎「侮辱罪の法定刑引上げ」法教507号（2022年）49頁。なお、西貝吉晃「侮辱罪の法定刑引上げ」法セ816号（2023年）17頁参照。
30) 平野・前掲注13）77頁、大塚・前掲注20）135頁。ただし、平野は、「通常人ならば恥とするような事柄や倫理的あるいは能力的な欠陥を公けに摘示することによって、持つであろう個人の恥辱の感情を保護するもの」（78頁）とする。
31) 深町晋也「オンラインハラスメントの刑法的規律」法セ803号（2021年）15頁以下。
32) 深町・前掲注31）15頁以下。

5　アイコラ画像・盗撮

(1)　誤信可能性の程度

　冒頭で示したアイコラ画像の公開の事案の裁判で、弁護側は、当該アイコラ画像は、見る者が勝手に妄想をふくらませて楽しむことを主眼としたものであって、著名なアイドルが真実そのような姿態を写真に撮らせたとはおよそ信じ難い内容のものであるため、対象とされた人物の社会的評価を下げる可能性は、それほど高いものではなかったと主張した。

　それに対し、前出の東京地裁平成18年判決は、まず、名誉毀損罪は「抽象的危険犯と解されており、一般的にみて、他人の名誉（社会的評価）を毀損するおそれがいささかなりとも認められる限り、その成立を認めるべき」とした。具体的には、「本件アイコラ画像は、いずれも極めて精巧な合成写真であって、画像を見るだけでは、これが合成写真であることを見抜くことはほとんど不可能であって、その生々しい臨場感の故に、アイコラ画像についての前提的な知識を有している者に対しても、対象とされたアイドルタレントがあるいは真実そのような姿態をさらしたのかもしれないと思わせかねない危険性をはらんだものであったことは否定できない」とした。また、「アイコラ画像についての知識を全く有していない者が本件掲示板を見てしまう可能性も否定しきれないのであって、そのような者が本件アイコラ画像を見れば、対象とされたアイドルタレントが真実そのような姿態をさらしたものと誤解することは確実であった」として、名誉毀損罪の成立を認めた。

　しかし、本判決が、名誉毀損罪を認めるにあたって、社会的評価を下げるおそれは「いささかなりとも認められる」程度でよいとした点に対し、学説上疑問が示されてきた[33]。実務上も、東京地裁平成18年判決のような理解は一般的なものではなく、名誉毀損罪における抽象的危険について、「閲覧し

---

33) 島田聡一郎「判批」刑ジャ9号（2007年）138頁以下参照。なお、ディープフェイク技術を用いて、被害者がアダルトビデオに出演したかのような動画を作成した事案において、東京地判令和3・9・2 LEX/DB 25591214も「誤信するおそれは否定できない」として低い程度の危険で足りるとする。

た者は、通常、〔その事実の内容を〕信じる可能性が十分にある」（千葉地判令和3・12・17 LEX/DB 25591554）、文章の閲覧者において「相当程度の根拠をもって、〔その事実の内容を〕信じる可能性がある」（東京高判令和4・7・5 LEX/DB 25593522）というように、より高い程度が要求されてきたところである[34]。

(2) プライバシー侵害

　仮に、本人と誤信される可能性が十分に認められるとしても、それがどのような意味で社会的評価を低下させるのかという点が問題となる。前出の東京地裁平成18年判決は、アイドル本人が真実そのような姿態をさらしたと受け取られるであるとか、真実SMクラブに通っているところを目撃されたと受け取られるといった点を挙げている。しかし、これらの事実が明らかになれば、アイドル本人の社会的評価が低下すると本当にいえるのだろうか[35]。

　同様の論点が問題となった、公衆浴場における盗撮画像を販売したという事案に関する東京地判平成14・3・14裁判所ウェブサイトは、名誉毀損罪が認められる理由として、「本件ビデオテープは、それ自体鮮明な画像に仕上がっているなど、その映像自体を見ても、実際に盗撮の方法で撮影されたものか、一見しただけでは明らかではなく、事情を知らない者が見れば、撮影されている女性が、不特定多数の者に販売されるビデオテープに録画されることを承知の上、自ら進んで裸体をさらしているのではないかという印象を与えかねないものになっている」という点を指摘して、当該人物の社会的評価が低下するとした[36]。このように、本判決は、名誉毀損罪が成立する理由として、撮影されている女性が自ら進んで撮影された「いわゆる『やらせ』」

---

34) なお、島田・前掲注33) 139頁は、本事案では、本判決が指摘するアイコラ画像についての知識を有しない者が見る可能性は、以下の事情から、相当高く、誤信可能性もかなりの程度存在していたといえるとする。つまり、本件画像のような精巧な合成写真をコピーし、掲載されたURL以外のURL等に公開することがきわめて容易であり、たとえ当初掲載されたURL上には、注記があるといった事情から、誤解が生じるおそれがなかったとしても、ほかのURL上に注記なく転載されるなどして、本人だと誤解される可能性が否定できないという事情があったとされる。

35) 渡邊卓也『電脳空間における刑事的規制』（成文堂、2006年）185頁参照。

という印象を与えかねないという点を指摘した。

　しかし、本判決の論理に従えば、盗撮画像は「やらせ」ではないと強調すればするほど、名誉毀損罪が認められにくくなるという矛盾が生じる[37]。盗撮画像の公開による被害の重大性はいうまでもないが、「現にある社会的評価の低下」を無理に認めて名誉に対する罪を成立させることには理論的な問題があるといわざるをえない。このように名誉毀損罪の無理な解釈が認められてきた背景には、当時、盗撮行為は、軽犯罪法や迷惑防止条例における処罰規定しかなく、十分な被害対策がなされていないという問題意識があったとされる[38]。

　ただし、2023年には、性的な姿態を撮影する行為等の処罰及び押収物に記録された性的な姿態の影像に係る電磁的記録の消去等に関する法律（令和5年法律第67号）が新たに成立し、盗撮を含め、相手の同意なく性的姿態を撮影する行為や、その性的影像記録の提供や影像送信行為などが新たに処罰されることとなった。立案担当者は、この規定の保護法益について、名誉やプライバシーではなく、「自己の性的な姿態を他の機会に他人に見られるかどうかという意味での被害者の性的自由・性的自己決定権」[39]とした。その理由として、盗撮について、もちろんプライバシー侵害との理解も可能だが、処罰範囲が一面において広すぎ、一面において狭すぎることが挙げられてい

---

36) 本判決は、「撮影された女性がだれかが分かれば、その女性が周囲の人たちから好奇の目で見られたり、場合によっては嫌悪感を抱かれるなど、その女性について種々否定的な評価を生ずるおそれがあること」も社会的評価の低下の理由にするが、盗撮という犯罪行為の被害者に対して、同情こそすれ、嫌悪感を抱くとは通常考え難いとの批判がある。渡邊・前掲注35）185頁、島田・前掲注14）114頁。

37) 渡邊・前掲注35）185頁参照。

38) 佐藤拓磨「不同意撮影罪と性的画像記録の没収・消去の立法について」刑ジャ69号（2021年）133頁参照。

39) 法制審議会刑事法（性犯罪関係）部会第10回会議議事録5頁〔浅沼雄介幹事〕。なお、とりまとめ報告書では、「プライバシーを侵害する罪として構成することも可能であるが、性的な姿態が撮影され、それがデータとして固定化されることで撮影対象者の羞恥心、屈辱感、重大な不安などの感情を引き起こす危険性が類型的に高いことを重視し、性的自己決定権を損なう犯罪として位置付けるべきであるといった意見が述べられた」とされる。より詳しくは、佐藤・前掲注38）133頁以下参照。

る[40]。やはり、さまざまなプライバシーに関する情報を名誉毀損罪で一律に保護対象として扱うのではなく、具体的な被害実態に応じて、立法による断片的解決のほうが好ましいように思われる[41]。

　また、アイコラ画像の公開についても、本来は肖像権あるいはパブリシティ権の侵害である行為に対し、被害者の社会的評価への侵害を処罰する名誉毀損罪の枠組みで対応しようとしたために生じた一種のひずみであるとの指摘がなされていた[42]。今後、無理な解釈によって名誉に対する罪の処罰を拡張させるよりも、法益侵害・危険の実質的な内容理解をより精密化することで、より明確な立法がなされることが期待されるのではないだろうか。

6　名誉概念の解釈論と立法論

　これまでの学説上、名誉概念の「通説」に対する疑問は繰り返し示されてきたところだが、侮辱罪の法定刑引上げ論議を契機に、あらためて「通説」の正当性を見直そうとする機運が生じている。「通説」が形成された時代から、名誉概念をとりまく社会情勢は大きく変化しており、近年では、インターネットをはじめとした技術の進歩、価値観の多様化のなか、名誉侵害による被害実態の変化や重大化が問題となっている。

　名誉に対する罪の解釈論のレベルの問題として、アイコラ画像や盗撮の事案のように、名誉毀損罪を成立させるべきという結論ありきで、「現にある社会的評価」を無理な解釈によって認めようとするのは、理論的な正当性を欠いているといわざるをえない。事実的名誉を保護法益とする「通説」の再検討、ないしは、抜本的な見直しが必要とされている。また、前述のように、盗撮に関しては新たな立法が成立したが、アウティングのような私事の暴露についても、「現にある社会的評価の低下」では説明が困難であって、今後

---

40) 佐藤・前掲注38) 133頁参照。
41) プライバシーの刑法的な保護については、佐伯仁志「名誉とプライヴァシーに対する罪」芝原邦爾ほか編『刑法理論の現代的展開 各論』（日本評論社、2008年) 92頁以下、髙山・前掲注7) 204頁以下等参照。
42) 島田・前掲注33) 141頁以下。

も被害実態に応じた立法措置の検討が必要となると思われる。

　一方、立法論のレベルの問題として、盗撮のように、無理な解釈によって名誉に対する罪を認めるよりも、より効果的な立法を行うというのが犯罪対策としても本来は望ましい。侮辱罪の法定刑引上げの改正には附則が加えられ、施行後3年を経過したときに、「インターネット上の誹謗中傷に適切に対処することができているかどうか、表現の自由その他の自由に対する不当な制約になっていないかどうか」について検証されることになっている。この3年後の検証に向けて、インターネット上の誹謗中傷については、刑法以外の手段も含めて、比較法をふまえたより効果的な立法の検討が必要となる。

　名誉概念の「通説」は、一定の合理性があるとして支持されてきた。しかし、新たな社会問題をめぐって生じた「通説」に対する疑問は見過ごされるべきではない。今こそ、「通説」の見直し、ないしは、より望ましい立法の議論に着手すべき時期にきているのではないだろうか[43]。

---

43) 本稿の執筆にあたって、樋口亮介教授（東京大学）、深町晋也教授（立教大学）にたいへん有益なコメントをいただいた。記して御礼申し上げる。

第10章

領得罪の「通説」

穴沢 大輔

1　はじめに

　不法領得の意思（以下、領得意思とする）[1]を実現する行為を領得行為と解するのが通説である[2]。領得意思について、大判大正4・5・21刑録21輯663頁（以下、大判大正4年とする）は、窃盗罪において、校長を失脚させる目的で教育勅語を隠匿した事案で、「権利者ヲ排除シテ他人ノ物ヲ自己ノ所有物トシテ其經濟的用方ニ從ヒ之ヲ利用若クハ處分スルノ意思」と定義し[3]、領得意思を否定した。通説は、この定義には2つの機能があるとする[4]。それは、①不可罰な一時使用との区別のための権利者排除意思と②器物損壊罪との区別のための利用処分意思である。

　こうした前提をふまえた近時の教科書の多数は、②の経済的用法を緩和し、「財物から生ずる何らかの効用を享受する意思」という定義を採用する[5]。

1）領得意思に関する論文数は多く、不要説も主張されるが、企画趣旨から教科書・コンメンタール類における必要説の表現から推察可能な理解を前提とする。学説の詳しい理論状況については、拙稿「不法領得の意思における利用処分意思に関する一考察(1)〜(4・完)」明治学院法学研究93号（2012年）95頁、94号（2013年）39頁、96号（2014年）91頁、98号（2015年）253頁を参照いただきたい。

2）大塚仁＝河上和雄＝中山善房＝古田佑紀編『大コンメンタール刑法 第13巻〔第3版〕』（青林書院、2018年）592頁〔小倉哲浩〕、西田典之＝山口厚＝佐伯仁志編『注釈刑法 第4巻 各論(3)』（有斐閣、2021年）478頁〔橋爪隆〕など。

3）最高裁でも同様に、最判昭和26・7・13刑集5巻8号1437頁。

4）西田ほか編・前掲注2）36頁以下〔佐伯仁志〕は、両方要求する見解を通説とする。

このように考えることで、経済的用法（や本来的用法）以外の、主として財物を毀棄・隠匿する事案でもそこから財物の効用を享受すれば、領得を肯定できることになる。ここからすれば、先の定義のうち「自己の所有物として」という表現に与えられる意義はなくなる。

　一方で、判例は、委託物横領罪では、それを「他人の物の占有者が委託の任務に背いて、その物につき権限がないのに所有者でなければできないような処分をする意志〔思〕」と定義する[6]。この定義は先の窃盗罪のそれと比べると異なる定義に読める。犯罪として別だから異なるともいえるが、通説が、窃盗罪と横領罪をともに領得罪と解していることと調和しないように感じる。とくに、この判例の表現は②の機能に触れていないように思われるため、通説から素直に考えれば、②の機能が横領罪にも与えられるべきであり、横領の判例の定義は不十分ということになる。

　そもそもなぜ、通説は、結論として①②という機能を強調するのだろうか。また、判例の領得概念を分析する方法は通説のような方法以外にないのだろうか。それを知るためには、通説の形成過程をふまえる必要がある。

---

5 ）2010年以降の教科書（単著）として、井田良『講義刑法学・各論〔第2版〕』（有斐閣、2020年）231頁（なお、後掲注58）を参照）、伊東研祐『刑法講義 各論』（日本評論社、2011年）147頁（②のみ）、高橋則夫『刑法各論〔第4版〕』（成文堂、2022年）242頁（②のみ）、橋爪隆『刑法各論の悩みどころ』（有斐閣、2022年）167頁、橋本正博『刑法各論』（新世社、2017年）194頁、松原芳博『刑法各論〔第3版〕』（日本評論社、2024年）235頁、中森喜彦『刑法各論〔第4版〕』（有斐閣、2015年）115頁、西田典之（橋爪隆補訂）『刑法各論〔第7版〕』（弘文堂、2018年）172頁、山口厚『刑法各論〔第3版〕』（有斐閣、2024年）208頁など。こうした定義を述べることなく、（①）②の区別機能を認める教科書として、浅田和茂『刑法各論〔第2版〕』（成文堂、2024年）193頁、斎藤信治『刑法各論〔第4版〕』（有斐閣、2014年）115頁、松宮孝明『刑法各論講義〔第6版〕』（成文堂、2024年）226頁、山中敬一『刑法各論〔第3版〕』（成文堂、2015年）279頁。なお、利得の動機と財物の用法とをまとめて検討する教科書として、前田雅英『刑法各論講義〔第7版〕』（東京大学出版会、2020年）165頁、木村光江『刑法〔第4版〕』（東京大学出版会、2018年）256頁。

6 ）最判昭和24・3・8刑集3巻3号276頁。

2　領得の通説形成過程[7]

(1)　現行刑法制定後における判例の領得概念形成と学説
(a)　大判大正4年までの判例の展開

明治40年に現行刑法は、「横領」という文言を新たに導入した。そして、この「横領」行為が領得行為として理解され[8]、学説の表現はさまざまであるが、そこでは、所有者を排斥して物に対し所有権の内容を行使する行為（以下、「所有者のようなふるまい」とする）[9]が意識されていた。そのなかで、判例が蓄積されていくことになる[10]。

それまでの判例を受けて、大判明治44・10・26刑録17輯1795頁（以下、大判明治44年とする）は、村の公金を不正支出した事案で、「自己ニ領得ストハ他人ヲ排除シテ其所有物ニ對シテ宛モ自己ノ所有物ニ對スル如ク事實上所有権ノ内容タル権利ノ行使ヲ爲スノ謂ナレハ苟モ他人ノ所有物ニ對シテ不法ニ其經濟的價値ヲ利用收得若クハ處分スルニ於テハ其結果或ハ物質的ニ自己ヲ滿足セシメサル場合アリトスルモ其行爲ハ他人ノ所有物ヲ自己ニ領得シタルモノニ外ナラス」（下線引用者。以下同）と述べた[11]。この下線部をみれば、それを所有者のようなふるまいとみた学説と一致していたことがわかるだろう。

---

7) 詳しくは、拙稿・前掲注1) (1)105頁以下。
8) すでに、旧刑法下で、領得（横領）を検討する教科書として、たとえば、江木衷『刑法各論』（東京法学院、1900年）85頁［物品を所有主として処分するの意］、小疇傳『刑法各論』（警察監獄学会、1902年）509頁以下［自己の物として処分する意思］など。こうした理解が現行法の横領の定義につながる。
9) この表現は、大場茂馬『刑法各論（上）〔復刻叢書法律学篇42〕』（信山社、1994年）471頁。不要説の牧野英一も領得の内容としては「所有権の内容を行使する意思」と理解していた（牧野英一『刑法提要』〔警眼社、1910年〕172頁）。
10) 大判明治43・2・7刑録16輯175頁、大判明治43・10・25刑録16輯1745頁、大判明治43・12・2刑録16輯2129頁、大判明治44・5・22刑録17輯897頁。
11) 本判決は、「自己ノ用途其他不當ニ支出シ以テ何レモ右公金ヲ横領シタリ」という原審を破棄し、「所有者のため」の支出は領得でないとも述べた。本人のための行為は領得でないとする理解はここに現れた。

これを受けて[12]、1の大判大正4年の判示に至ったように思われる。ここでは、不要説は採用されず、横領罪とともに窃盗罪も領得犯罪とされ、必要説が明示的に述べられた点でまず重要であった。そして、大判明治44年とその定義を比較すると、「所有者のようなふるまい」は、「自己の所有物として……利用若しくは処分」という一語の表現にまとめられたと考えることができる。そうすると、そのあいだに組み込まれた「経済的用法に従い」が何を意味するのか、理解しにくくなる。ひとつの発想は、事案が典型的な隠匿事案であったことから、毀棄・隠匿罪との区別をこの「経済的用法に従い」という表現に委ねるという発想である[13]。

(b) 大判大正4年以降の学説の展開

当時の学説に目を向けると、所有者のようなふるまいとは相対する理解が領得概念に大きな影響を及ぼしていた[14]。それが、経済的利益の追求という見解である[15]。草野豹一郎は、大審院のような所有者のようなふるまいには賛成できないとし、領得意思は、「単に経済上の享益の意思と解すれば足りる」とし[16]、江家義男は、それを「財物に依り経済的利益を享受する意思」と定義したうえで、より具体的に、毀棄・隠匿罪との区別はこの意思により可能であるとし、所有者のようなふるまいから距離を置いたのである[17]。

---

12) 大判明治44年と同旨、大判大正4・2・10刑録21輯94頁。
13) 定かではないが、大判大正4年には、当時の大審院判事であった泉二新熊の影響も少なからずあったかもしれない。大判大正4年以前の泉二新熊『刑法大要』（東京出版社、1911年）453頁では、それを「横領の意思」とし、「権利者の利益を排斥して財物の経済上の用法に従い其財物若くは其経済上の価値を処分するの意思」と定義し、「他人の所持を奪うと同時に直ちに其の物を損壊」する場合には毀棄の罪を構成するとしていたからである。
14) 詳しくは、拙稿・前掲注1）(1)117頁以下。
15) なお、経済的価値の「取得」ではなく、「支配」を述べる見解として、宮本英脩『刑法学粹 第4分冊』（弘文堂書房、1930年）590頁以下。同旨、佐伯千仭『刑法各論〔訂正版〕』（有信堂高文社、1981年）145頁以下。
16) 草野豹一郎「領得の意思」『刑事判例研究 第1巻』（巌松堂、1934年）353頁。草野の主眼は、2項犯罪が存在する「立法の精神」、すなわち、2項犯罪では「利益」が直接第三者に帰属することを認めており、1項の「財物」でもそれと同様に解することにあった。

これに対し、小野清一郎は従来の見解を維持した[18]。その理由は、「所有権その他の本権を保護するということが盗罪の結局の意味」であるとするからであった。そして、毀棄・隠匿も「一時完全にその権利者を排斥して自己の支配の下に置くような場合には、不法領得の意思がある」とされた。

　これらの見解に加え、いわば第3の道を模索した見解、すなわち、所有者のようなふるまいを維持しながらも、経済的見地を志向する見解が主張された。久禮田益喜は「財産上不法に利益を享けむとする目的を以て擅〔引用者注：ほしいまま〕に所有者として支配するの意思」と定義し[19]、瀧川幸辰は、一方で、領得は、「所有権の内容を実現することの可能性」とし、他方で、領得意思は「他人の支配を排除して、その物の経済的価値を支配する欲求」であり、毀損の場合でもその価値の獲得が領得であるとした[20]。さらに、両者ともに、その定義から一時使用、破壊または隠匿との区別がなされるとした。

　こうして1950年代から1960年代にかけて、領得意思の意味内容は3つに分けられることになる。自己の所有物のようにふるまう意思、経済的利益を取得する意思、そして、大判大正4年の定義、と[21]。ここでは、窃盗罪における領得意思の定義が最後の見解と重ねられて理解される、すなわち、「自己の所有物として」と経済的利益の取得のための利用処分が併用されたものとして理解されることになる。このように、判例に対して理論的基礎づけが与えられたことは、大判大正4年の定義がひとつの立場として確立したことを意味するように思われる。

---

17) 江家義男『刑法各論（下巻）』（東山堂書房、1937年）119頁、121頁。ここでは、第三説として判例が挙げられるにとどまっている。
18) 小野清一郎『新訂刑法講義各論』（有斐閣、1949年）236頁以下。同旨、平場安治＝森下忠『判例体系刑法各論』（有信堂、1954年）271頁。
19) 久禮田益喜『刑法学概説』（巌松堂書店、1930年）601頁。
20) 瀧川幸辰『刑法各論』（世界思想社、1951年）121頁以下。
21) たとえば、江家義男『刑法各論』（青林書院、1956年）270頁、藤木英雄「横領行為」佐伯千仭＝団藤重光編『総合判例研究叢書 刑法(11)』（有斐閣、1958年）6頁、佐伯・前掲注15）145頁、齊藤金作『刑法各論〔全訂版〕』（有斐閣、1969年）256頁。

(2) 所有者のようにふるまう意思の維持（団藤説）と批判

こうした状況のなか、1960年代に、団藤重光は、自身の教科書および著名な注釈書である『注釈刑法』で、大判大正４年を批判し、自己の所有物のようにふるまう意思による見解を維持した。「領得の意思とはその財物につきみずから所有者としてふるまう意思をいう。所有者ならば物の経済的用法にしたがってこれを利用・処分するのはむろんのこと、単純に……廃棄することもできる。……しばらく利用した上で廃棄するばあいはむろんのこと、利用もしないで単に放棄・破壊・隠匿するだけの意思で盗み出すのも、やはり領得の意思がある」と述べた[22][23]。

もっとも、ここでは単なる放棄・破壊・隠匿意思も領得意思とされることになり、この点が大判大正４年の定義を維持する見解から批判の対象となった。団藤説と同時期に、柏木千秋は、毀棄・隠匿罪よりも「窃盗罪の刑がはるかに重いのは、これが利欲的犯罪[24]であるといういわば行為者類型的罪質に由来する」という前提に基づき、経済的用法という観念はあいまいなので、「権利者を排除し、他人の財物を自分の所有物のように——あるいは、利用・処分の権限を制限されている自分の財物を完全な所有物のように（二四二）——利用・処分して使用価値または交換価値を享受する意思」と定義した[25]。これは、所有者のようなふるまいを基礎としながら瀧川の経済的価値を洗練させたものと評価できるとともに、①②の機能をも維持できる見解であった[26]。

---

22) 団藤重光『刑法各論』（有斐閣、1961年）316頁、詳細は、団藤重光責任編集『注釈刑法(6) 各則(4)』（有斐閣、1966年）21頁以下、48頁以下〔団藤重光〕。この見解を支持する見解について、拙稿・前掲注１）(2)58頁注21参照。

23) 団藤によれば、そこでは事実上の所有の移転が要求されるため、不可罰の使用窃盗の範囲が広くなろう（団藤編・前掲注22）『注釈刑法』23頁、49頁〔団藤〕）。団藤自身もそれをおそらく自認して、当罰性を認めつつドイツのような立法の可能性は「考慮に値する」としていた。また、それを避けるために、たとえば自動車の窃盗ではなく、その一部であるガソリンの窃盗を肯定している（団藤・前掲注22）『刑法各論』317頁）。

24) これについては、拙稿「領得罪論の系譜」浅田和茂ほか編『刑事法学の系譜（内田文昭先生米寿記念）』（信山社、2022年）692頁以下。それ以前に検討した拙稿・前掲注１）(3)102頁以下の考察ではなお不十分な点があったと思われる。

25) 柏木千秋『刑法各論』（有斐閣、1965年）423頁以下。

(3) 通説の形成へ[27]

1970年代に入り、平野龍一は、2(2)までの3つの分類ではなく、所有者のようにふるまう意思と物の用法に従って利用する意思とに明確に分けたうえで、前者を批判し、後者が妥当と評する。その積極的理由は、「領得罪が重く処罰されるのは、このような心情にもとづく行為〔引用者注：経済的用法に従った物の利用〕が、誘惑が多く、より強い抑止的制裁を必要とする」[28]ことであった。ここでは、また、使用窃盗との区別について、「所有権者が許容しないであろう程度の実質的な利用をする意思」で足りるとし、判例もほぼこの方向と評価した[29]。

西原春夫は、「経済的用法」について、財物は経済的交換価値を要しないのでそれを拡大し、さらに使用窃盗との区別をも意識して、「権利者を排除し、他人の物をその効用を利用する方法で使用または処分する意思」と定義する[30]。所有者のようなふるまいに対しては、毀棄罪との区別ができないとし、その定義から外すことになる。

藤木英雄も「その物の効用を不法にみずから取得しまたは他人に得させるためにする場合と……単に他人の権利享有を妨げる権利妨害的意図でしたものとでは、権利侵害の実体が異なり、行為に対する脅威感の程度が異なる」としたうえで、その物の効用を不法にみずから取得しまたは他人に得させるためにする行為を領得とする。使用窃盗との区別は可罰的違法性の問題とする[31]。所有者のようなふるまいではなく、行為の脅威感の違いを基礎として効用を得ることを中核にすえることで、使用窃盗との区別は可罰的違法性の判断に委ねられることになる。

このように、大判大正4年の定義は維持しながらも自説の枠組みからそれ

---

26) 反対に、不要説を採用したのが、大塚仁である（団藤編・前掲注22）『注釈刑法』437頁〔団藤〕）。「団藤・大塚」と評される通説（仲道祐樹「刑法の通説、その語り方について」法セ809号〔2022年〕9頁〔本書総論解題〕）はここでは存在しない。
27) 不要説も含め、詳しくは、拙稿・前掲注1）(2)43頁以下参照。
28) 平野龍一「刑法各論の諸問題8」法セ211号（1973年）130頁以下。
29) 平野龍一『刑法概説』（東京大学出版会、1977年）206頁以下。
30) 西原春夫『犯罪各論』（筑摩書房、1974年）212頁以下。
31) 藤木英雄『刑法講義 各論』（弘文堂、1976年）279頁以下。

を修正するような理論構成が当時影響力のある論者によって展開されることになった[32]。そして、その理由づけは異なるものの、①②の機能を肯定することになるという点で一致がみられるようになる。

(4) 小括

以上のように、窃盗罪における領得意思について定義した大判大正4年は、学説の理論づけを背景に、①②の機能を提供する重要判例として理解されることになる。そして、それが多くの支持を集め、通説化してきたと評価できよう。

その一方で、それ以前に横領罪における判例で定義された領得行為である伝統的な自己の所有物のようなふるまいは、それらの見解に批判されるかたちで影をひそめることになってきた。

3 判例分析の視点

(1) 2つの機能の視点（機能論）

2の通説形成過程をふまえると、通説によれば、2つの機能が維持されることが重視されるため、それが維持されるのであれば、大判大正4年の定義を緩和してもよいことになる。

そのひとつは、「権利者を排除して他人の物を自己の所有物として」のうち、後半部分を事案解決の際に読み込む必要がなくなる。強いていえば、前半部分にその意義があることになり[33]、権利者を排除する意思が使用窃盗との限界を見出すものとして重視される。

もうひとつは、「経済的用法に従い」の緩和である。すなわち、1でみたように、本来的用法を超えて、財物から生ずる何らかの効用を享受する意思で足りるとされた。財物に焦点を絞り、そこからの効用を問題とすることで、損壊に領得意思が認められるか、が問題とされるケース、たとえば、暖まる

---

32) 判例を支持する見解について、拙稿・前掲注1）(2)58頁以下注24参照。
33) 可罰的違法性という観点からは、述べられる必要もないかもしれない。

ために他人の薪を燃やす場合、財物（薪それ自体）から効用を得ることでこれを領得と評価できることになる。

　機能論によれば、近時、最高裁が領得意思を否定した最決平成16・11・30刑集58巻8号1005頁（以下、最決平成16年とする）についても説明が容易である。同決定は、他人宛の送達書類を廃棄し、その他人の督促異議申立ての機会を奪う目的で、他人を装ってその書類を受領する行為について、「廃棄するだけで外に何らかの用途に利用、処分する意思がなかった場合には、支払督促正本等に対する不法領得の意思を認めることはできない」としたが、機能論によれば、支払督促正本等それ自体からは「何らかの効用を享受」しなかったと評価できるので、それは同様に否定されることになろう。

　もっとも、1でも指摘したように、こうした機能論によると、横領罪の判例の定義が異質にみえてくる。そうすると、領得意思について自説の依拠する論拠から、横領罪の領得行為がとらえなおされることになる[34]。

(2) 所有者のようなふるまい論の視点（所有者的支配論）

　通説のように自説の論拠をふまえて窃盗罪の判例の定義を修正しながら維持しようとすることはひとつの視点である[35]。しかし、機能論のようにのみ考えるのは一面的であるように思われる。窃盗罪と横領罪における領得概念を別の視点から統一的にみることはできないのだろうか。

　2(1)で確認したように、判例は、窃盗罪と横領罪における領得概念の理解について、それらを同じ領得犯罪ととらえていた。その先駆けとなったのは、明治期に領得概念を基礎づけていた学説をふまえた「横領」概念をめぐる一連の判例にあった。それらを受けた大判明治44年が、領得を「所有物に対して宛も自己の所有物に対する如く事実上所有権の内容たる権利の行使を為す」と述べたことを今一度想起してもらいたい（こうした内容を筆者は伝統的な「元来の意味における領得概念」[36]と表現したことがある）。窃盗罪における

---

34) たとえば、大谷實『刑法講義各論』（成文堂、1983年）206頁以下。
35) 長い歴史のなかで領得に与えられてきた意義について、詳しくは、拙稿・前掲注24）687頁以下。
36) 拙稿・前掲注1）(3)99-100頁。

大判大正4年の定義でも、「自己の所有物として」という表現は定義に残されていた。そうだとすれば、こうした所有者のようにふるまう意思から判例を分析し直すのもひとつのあり方[37]なのではないだろうか。

判例でも、横領罪ではなく、窃盗罪において、こうした表現が用いられながら事案の解決が目指されている。たとえば、最決昭和31・8・22刑集10巻8号1260頁は、いわゆるパチンコ玉返却事案において、「これ〔引用者注：パチンコ玉〕を再び使用し、あるいは景品と交換すると否とは自由であるからパチンコ玉につきみずから所有者としてふるまう意思を表現したもの」としてその成立を肯定する[38]。また、最判昭和33・4・17刑集12巻6号1079頁も、特定の候補者を当選させる目的で、投票用紙を持ち去った事案でも、「投票用紙を恰も自己の所有物のごとくこれを同用紙として利用する意思であつた」とする[39]。

こうした所有者のようなふるまいを重視する発想は、実務においても受け入れられているように思われる。最判昭和33年の調査官解説では、「不法領得の意思の重点は、その財物につき権利者を排除し自ら所有者として振舞う又は所有者としての実を挙げるという点にあり、『経済的用法に従つて利用又は処分する意思』とは単純な毀棄又は隠匿の意思をもつてする場合を排除するという消極的な意義を有するに過ぎない」と述べられる[40]。また、先の

---

[37] すでに、井上正治＝羽田野忠文『判例にあらわれた財産犯の理論』（酒井書店、1964年）7頁以下。樋口亮介「不法領得の意思——比較法と学説史を通じた議論の整理」研修891号（2022年）3頁以下、拙稿・前掲注1）もこれを強く意識する。客体を特定の利用過程に載せることを重視する見解（小林憲太郎『刑法各論の理論と実務』〔判例時報社、2021年〕161頁以下）も同様の意識であろう。

[38] さらに、パチンコ玉の返還について、拙稿・前掲注1）(3)99頁以下。批判として、橋爪・前掲注5）158頁注14。

[39] 同旨、最決昭和37・6・26刑集143号201頁。使用窃盗の事案として著名な、他人の自動車を約4時間近く乗り回した事案でも、「数時間にわたつて完全に自己の支配下に置く意図のもとに、所有者に無断で乗り出し」たことが重視されている（最決昭和55・10・30刑集34巻5号357頁）。

[40] 栗田正「判解（最判昭和33年4月17日）」最判解刑昭和33年度241頁。同趣旨、伊達秋雄「判解（最判昭和30年12月9日）」最判解刑昭和30年度382頁（窃盗罪の定義について、「この判例の見解は私が先に述べた所有権侵奪の意思説の立場に立つもの」と理解する）など。

最決平成16年でも、調査官解説では、「毀棄、隠匿の意思を除外した所有者的に支配（その物自体を何らかの用途に利用・処分）する意思」として判例をおおむね説明可能とする[41]。

もっとも、このような所有者的支配論からは、毀棄・隠匿意思との区別という機能が見出されないようにもみえる（2⑵参照）。ただ、ドイツの議論をみれば、通常、単純な毀棄・隠匿行為では、他人の物をわがものにしていない、つまり、行為者の財産へ他人の財物が組み込まれたとはいえないとされており[42]、すべての毀棄・隠匿が領得であるとはされていない。

もう少し具体的に隠匿を例に検討してみよう。大審院は、校舎新築をめぐり市会がその設計図面を調査することになったため被告人らがそれを隠匿した事案で、「隠匿ノ行為ハ所有者タル市ヲシテ其公文書ヲ保存使用スルノ利益ヲ喪失セシメ被告等ニ於テ自由ニ之ヲ処分シ得ヘキ状態ニ措キタルモノ」であるとして、領得行為を認め、横領罪の成立を肯定した[43]。先にみたように、機能論によれば、このような隠匿では財物から生ずる利益がなさそうなので、批判が述べられるのが素直かもしれない[44]。これに対して、所有者的支配論によれば、隠匿という方法であっても、そのような行為の開始が所有者の実を挙げるやり方と評価されれば、領得が認められることになろう。事案の詳細はなお定かではないが、事後的に資料をどのように利用するか決まらないなかで被告人の住む第三者方への隠匿が選択されれば、資料が被告人らの財産に組み込まれ、所有者としての支配が確立されたうえでの隠匿と

---

[41] 井上弘通「判解」最判解刑平成16年度560頁。

[42] たとえば、ドイツ判例では「毀棄（beschädigen）」、「否認（vernichten）」する等の場合には領得の一要素とされる Aneignung（所有の取得）が欠けるとされる（BGH NJW 1977, 1460）。その理由は、毀棄・隠匿行為が行為者の財産存立状態の変更に向けられていないからである（Rudolf Rengier, BT 1, 23.Aufl., 2021, §2, Rn.138.）。香川達夫『刑法講義〔各論〕〔第3版〕』（成文堂、1996年）496頁、拙稿・前掲注1）⑶95頁以下も参照。

[43] 大判大正2・12・16刑録19輯1440頁。

[44] 藤木・前掲注21）84頁は「一時的に本人の物の利用を妨害する行為を横領罪に問うた点で——また、毀棄の目的で持出した場合にも横領罪に問う可能性を示した点でかなり問題がある」とする。西田・前掲注5）264頁も参照。なお、山口・前掲注5）307頁は、効用享受の機会を確保するための行為としての隠匿は領得と評価可能とする。

評価（推認）でき、隠匿であったとしてもそれは領得としてよいことになろう。これに対して、大判大正 4 年の事案では、そうした支配が確立されておらず、「隠匿せんがために隠匿したばあい」[45]と評価でき、領得意思が否定されることになる。

こうしてみてくると、所有者的支配論では、大判大正 4 年の述べる「経済的用法に従い」とは、所有者のようなふるまいを具体化したものと解することができるように思われる。経済的用法による利用処分があればこうした意思が認められやすいことになるからである（大判明治44年参照）。定義において重要なのは、他人の物を自己の財産に組み込んで自己の所有物のように利用処分する意思ということになる。

4　おわりに

通説は、領得概念に①②を区別する 2 つの機能を担わせ、大判大正 4 年の定義にそれを合わせるかたちで柔軟に解釈し、所有者のようなふるまいという視点を後退させている。しかし、所有者のようなふるまいこそが元来の意味における領得の本質であり、判例もこのような視点から理解できる。2 つの機能は通説以外からでも導けることが意識され、今後の領得罪、ひいては財産罪に関する理論的考察が深化することになれば幸いである。

5　補 論──「領得罪の『通説』」（法セ821号〔2023年 6 月〕19頁、上述 1 〜 4 ）掲載後の議論をふまえて

上述 1 〜 4 （以下、本文）掲載後に、この議論をさらに深化させた「特集：不法領得の意思をめぐる問題状況」[46]が組まれた。この特集もふまえて、今後の議論[47]に資する[48]ために、本文最後に述べた定義が意味するところを補論として記すこととしたい。財産犯全体との関係でも、他人の財物

45）井上＝羽田野・前掲注37）26頁。
46）刑ジャ76号（2023年 5 月） 4 頁以下（以下、「特集」とする）。

（利益）を自己のものとするという伝統的な領得の定義に意味があるといえる。

　最決平成16年が不法領得の意思を否定して以降、実務が安定しているのか、といわれれば、それには疑問を挟む余地がある[49]。最決平成16年以後に弁護人のそれを欠くとの主張に応答した下級審裁判例の表現は一枚岩とはいいがたいからである[50]。

　これを機能論からみれば、最決平成16年において、物を廃棄することでいわば間接的に生じうる経済的利益の取得は、物それ自体からの直接的な効用享受とは別物であることは確認できた[51]ものの、その効用享受の中身についてなお検討を要することが示されている[52]といえる。

---

[47] 第102回刑法学会（2024年6月2日）ワークショップ「不法領得の意思の再検討（話題提供者：山中純子会員〔東海大学〕・荒木泰貴会員〔千葉大学〕・松本圭史会員〔東北大学〕）」でも活発な議論がなされた。その概要は刑法雑誌64巻3号（2025年刊予定）に掲載予定である。

[48] 前提として、窃盗罪と横領罪の判例の定義が異なることを積極的に評価するとしても、たとえば、高橋直哉「不法領得の意思について」山口厚＝松原芳博＝上嶌一高＝中空壽雅編『実務と理論の架橋』（成文堂、2023年）513頁のように、窃盗罪と横領罪との罪質の差異からその違いを正当化しようとするなど、慎重な解釈論が必要であろう。なお、初学者がその適用領域の違いを認識するために2つの定義の違いを理解することは重要であるが、この異なる表現それ自体を、窃盗罪の不法領得の意思と横領罪の不法領得の意思とに分断して整理することは本文記述のように避けるべきである。

[49] すでに、冨川雅満「不法領得の意思による占有侵害罪と毀棄隠匿との区別——効用享受の要否に関する近時の議論から見た裁判例」特集6頁以下で詳細に分析されている。

[50] 従来の窃盗罪における判例の定義に近い表現として、たとえば、宮崎地判平成29・5・30 LEX/DB 25448709、東京高判平成30・9・28高刑速（平成30）236頁。なお、名古屋高判令和3・12・14高刑速（令和3）501頁は、定義を述べた後で「『動画視聴者の興味を引くような面白い「絵」』という効用を享受する意思」としてこれを肯定したが、仮に機能論によるとしても、財物自体から得られた効用は、切り身を食することでその栄養素が吸収されたこととするのが素直であるように思われる。これに対し、異なる表現として、東京高判平成29・7・12 LEX/DB 25448796、東京高判令和3・7・16高刑速（令和3）229頁、札幌地判令和4・8・23 LEX/DB 25572330、山形地判平成20・3・26 LEX/DB 28145294、横浜地判令和5・12・6 LEX/DB 25596585など。

[51] 嶋矢貴之＝小池信太郎＝鎮目征樹＝佐藤拓磨『刑法事例の歩き方——判例を地図に』（有斐閣、2023年）408頁以下〔小池信太郎〕。

[52] 大塚雄祐「代金精算前の商品の費消と窃盗罪の成否」早稲田法学98巻3号（2023年）173頁参照。

所有者のようなふるまい論からも検討が必要になるのは当然として、そこでは、その「財物それ自体」をいかに用いるか、支配するか、という視点が重要になる[53]。機能論でも同じように映るかもしれないが、本文でも指摘したように、それは、（講義で聞くことの多いだろう）大判大正4年が述べた経済的用法を緩和することから出てきた議論ではないことに注意してもらいたい。

では、所有者のようなふるまい論はどう具体化されるべきであろうか。本文掲載後にいただいた質問の多くが、所有者のようなふるまい論は団藤説とどう違うのか、という質問である。回答するならば、団藤説は単純な毀棄・隠匿をも領得に含めるが、こちらはそうではない、ということになる[54]。というのも、本文でも述べたように、行為時において自己の財産の状態を変更して他人の財物をそれに組み込んだか、所有者的支配が確立されたかどうかが問題だからである。逆に、それを組み込んだと評価されなければ、単純な毀棄・隠匿とされる。

もう少し具体化してみよう[55]。毀棄・隠匿行為ようにもみえるがそれが贈与と評価できれば、自己の所有者的支配が確立されたと容易に評価できる。たとえば、いわゆるねずみ小僧事例、すなわち、利他目的で他人（悪人）の財物金銭を奪い、その後、不特定者に贈与する場合には、たしかに、金銭をばらまいて「捨てる」ようにもみえるが、その前に贈与目的で金銭を自己のものにしたうえで、その処分をしたと評価できる。

問題は、こうした場合ではなく、毀棄・隠匿行為それ自体が、所有者的支

---

[53] さらに、そうすることで、「利益」や「無体財産」という別個の客体の罪で、領得が活用できるかどうか（ドイツにおける領得の対象の議論〔拙稿「ドイツにおける不法領得の意思——直近の約10年間の状況を中心に」特集31頁以下〕）も展開しやすくなろう。たとえば、営業秘密侵害罪でも「領得」概念が用いられており、その解釈論は種々ありうる（詳しくは、西貝吉晃「営業秘密侵害罪の研究・序説」佐伯仁志ほか編『山口厚先生古稀祝賀論文集』〔有斐閣、2023年〕597頁以下）が、こうした発想を基礎にすべきと思われる。
[54] 冨川・前掲注49) 8頁以下も参照。
[55] 樋口・前掲注37) 18頁以下も参照。

配の確立と評価できるかどうかである。たとえば、婚約者から指輪を奪って川に投げる事案[56]では、占有を取得した行為者がその場でそのまま川に向けて投げたことがまずもって重要であろう[57]。占有取得後直ちになされるその場でのその行為は、行為時における自己の財産の状態を変更したとはいいにくいからである。これに対して、その場での飲食行為はそうした状態を変更したと評価できる。この観点からすれば、たとえば、魚の切り身を真っ黒に焦がす映像を撮る場合には、その切り身はそれ自体を毀損する行為によって活用され、行為者の財産に組み込まれたといえるのではないだろうか（暖をとるためにその場で薪を燃やす事例と同様）。

そうすると、その場ではなく、裁判例で問題とされているような、物を行為者の支配領域（たとえば住居）にそれを隠匿する行為については、所有者的支配の確立といいやすいことになる。そこでは、その後の財物の活用可能性が考慮に入れられながら、自己の財産の状態を変更させる行為と評価できるか、考えることになる。たとえば、自宅で飾ろうと他人の著名な絵画を盗んだ場合には、このまま鑑賞する行為を予定したことから絵画の所有者的支配を肯定できる。また、本文で述べたように、自宅等への隠匿意思があるが、事後的な利用方法が決まらない場合にも、これを肯定できよう[58]。他方で、自宅の庭にそのまま埋めつづけるために（犯行隠滅目的で）携帯電話機等を持ち去る事案では、それらがまったく活用される余地がないと評価できるので、たしかに持ち帰ってはいるものの、自己の財産に組み込んだとまではいえないように思われる[59]。

---

[56] 本文の機能論によれば、指輪を投げる動機に基づいた判断となろう（髙橋直哉「判解」佐伯仁志＝橋爪隆編『刑法判例百選Ⅱ各論〔第8版〕』〔有斐閣、2020年〕65頁参照）。
[57] すでに、荒木泰貴「横領罪と不法領得の意思」特集17頁は、所有者的支配論の立場から横領罪について、「他者の干渉を排斥して行為者の手元に置くような態様での隠匿」と「ある程度オープンな空間に置いたにすぎない」という違いに着目する。
[58] 井田良『講義刑法学・各論〔第3版〕』（有斐閣、2023年）251頁。
[59] 第三者に持ち去らせる（占有取得）類型も想定しうる。たとえば、スーパーの店内放送で、店員になりすまして商品を無料で配布すると放送して客に持ち去らせる行為がそれである。所有者的支配は第三者への確立でもよいように思われる。もっとも、たとえば、客に「製氷機の氷を外でばらまくように」とした場合には、第三者の所有者的支配は確立されていないと考えられる。

以上のように、所有者的支配論から（も）、一定の帰結を導きうる[60]。そうだとすれば、所有者的支配を確立する意思を利用処分意思からあえて除く必要はないように思われる。通説の前提には、所有者のようなふるまい論は所有侵害という主観的違法論と直結する（もう少しいえば、ドイツ流の権利者排除意思にかかわる）ものという評価が根強いように思われるが、そう解することが唯一の説明の仕方ではないだろう[61]。

　所有者を物から排除することはその確立の効果ともいえ、本文でも述べたように判例の定義における「権利者を排除して」に重きを置く必要はない。この意味で、わが国の権利者排除意思とされる意思の内実は、わがものにするという伝統的な領得論から導かれるものでありながら、それとは一線を画した、窃盗罪や横領罪といった当該罪の可罰的違法性の議論[62]をも含んだものであるといえる[63][64]。

---

60) 前掲注47)の話題提供者3名は所有者的支配論をふまえた検討（判例分析を含む）をしており、報告内容の公刊が期待される。

61) 所有者的支配論は（判例のとる）占有説と調和しないのでは、という疑問もありうるかもしれない（さらに、松原・前掲注5）231頁注42参照）。窃盗罪の保護法益論と領得論は互いに独立した議論と評価できるが、そうであるとしてもなお、保護される占有状態の侵害以上に「所有者」的支配という要素を行為者に要求することは、違法を超えた「加重」といえることはたしかである。その場合に、刑法242条による刑法235条の修正をふまえ、それに対応するかたちで領得意思の内容を修正することはなお可能であると思われる。

62) 占有離脱物横領罪も含めた可罰的違法性の判断について、詳しくは、松本圭史「占有離脱物横領罪と不法領得の意思」特集24頁以下。

63) こうした理解については、拙稿「不法領得の意思について」刑法雑誌55巻2号（2016年）287頁以下参照。

64) 補論の校正段階で、山中純子「不法領得の意思の再検討——最決平成16年以降の裁判例の考察を通して」東海法学67号（2024年）57頁、十河太朗「不法領得の意思の論証パターン」法セ839号（2024年）25頁に接した。本稿と合わせて読むことをおすすめしたい。

第11章

財産的損害をめぐる「通説」
実質的個別財産説に潜む問題

冨川 雅満

1　財産的損害をめぐる通説の現況

(1) 実質的個別財産説は「通説」か？

詐欺罪における財産的損害について、近時の教科書では概ね次のような説明がされている[1]。

論拠①：背任罪が財産的損害を明文の要件とする全体財産に対する罪であるのとは異なり、詐欺罪は全体財産の減少を要件としない「個別財産に対する罪」である（全体財産説の否定）。

論拠②：もっとも、詐欺罪が財産犯である以上、その成立には「何らかの損害」が必要である（損害不要説の否定）。

論拠③：「個別財産（財物や財産上の利益）の移転・喪失」だけで「何らかの損害」に足りるとのかつての通説は損害不要説に変わりなく、詐欺罪の成立範囲を無限定とし、また詐欺罪が財産犯であるとの性質を失わせる（形式的個別財産説[2]）の否定）。

---

[1] 近時の代表的な教科書では、西田典之（橋爪隆補訂）『刑法各論〔第7版〕』（弘文堂、2018年）220頁以下、高橋則夫『刑法各論〔第4版〕』（成文堂、2022年）347頁以下、井田良『講義刑法学・各論〔第3版〕』（有斐閣、2023年）328頁以下、浅田和茂『刑法各論〔第2版〕』（成文堂、2024年）236頁以下、松原芳博『刑法各論〔第3版〕』（日本評論社、2024年）306頁以下、大塚裕史ほか『基本刑法Ⅱ各論〔第4版〕』（日本評論社、2024年）243頁以下〔十河太朗担当執筆〕等。実質的個別財産説の名称は用いないが、松宮孝明『刑法各論講義〔第6版〕』（成文堂、2024年）280頁も同様。

結論命題：そこで、個別財産の移転・喪失が財産的損害といえるかを「実質」的に評価する必要がある（実質的個別財産説の支持）。

　この実質的個別財産説[3]は多くの教科書で支持され、多数派という意味では「通説」といえよう[4]。

　一方、実務家からの評価はどうか。たとえば調査官解説に目を向けてみると、**表1**のとおり、そこでの通説評価には相違がある。実質的個別財産説がはじめて紹介されたのは平成13年の❶朝山解説であったと思われる。その後、平成16年の❹藤井解説、平成19年の❺井上解説、平成26年の❽野原解説を順にみると形式的個別財産説から実質的個別財産説へと通説評価が移行しているように思われるが、平成19年の❻前田解説、平成22年の❼増田解説、平成26年の❾駒田解説をみると、実質的個別財産説を通説とする評価が定まっているわけではない。

(2) 実質的個別財産説の問題点

　調査官解説での評価が定まっていないとしても、実質的個別財産説が「通説」およびそれに近しい評価を受けていることは見て取れる。しかし、**表2**のとおり、実質的個別財産説内部では「実質的」判断の基準や具体的事案の処理が論者によって相違する。

　実質的個別財産説の論者は、被害者の交付目的という主観的事情を考慮する点で共通する。たとえば、ドルバイブレータ事件[5]では、小児麻痺等の疾

---

2) 近時の教科書で形式的個別財産説を支持するものに、大谷實『刑法講義各論〔新版第5版〕』（成文堂、2019年）280頁以下のほか、形式的個別財産説の名称は用いていないが、木村光江『刑法〔第4版〕』（東京大学出版会、2018年）288頁以下、前田雅英『刑法各論講義〔第7版〕』（東京大学出版会、2020年）228頁以下および251頁以下、日髙義博『刑法各論』（成文堂、2020年）297頁も同様。
3) 損害の実質的評価を要求する法益関係的錯誤説（山口厚『刑法各論〔第3版〕』〔有斐閣、2024年〕272頁以下、佐伯仁志「詐欺罪(1)」法教372号〔2011年〕106頁以下、橋爪隆『刑法各論の悩みどころ』〔有斐閣、2022年〕253頁以下）も、本稿では実質的個別財産説に含めて検討する。
4) 通説とするものに、大塚ほか・前掲注1) 245頁〔十河太朗〕。

表1　調査官解説における通説

調査官解説	判例	通説表記・学説評価
❶ 朝山芳史 平成13年度136頁	最一小判平成13・7・19 刑集55巻5号371頁 （汚泥処理事件）	1項につき財物詐取を損害と捉え、全体財産の減少を不要とする見解が通説 形式的個別財産説に批判的
❷ 宮崎英一 平成14年度239頁	最二小決平成14・10・21 刑集56巻8号670頁 （他人名義口座開設事件）	何らかの財産的損害が生じたことを必要とし、その内容に財物の交付、財産上の利益移転を要求する立場が通説
❸ 多和田隆史 平成15年度605頁	最二小決平成15・12・9 刑集57巻11号1088頁 （釜焚事件）	何らかの財産上の損害が生じたことが必要であるとの見解が「支配的」
❹ 藤井敏明 平成16年度246頁	最三小決平成16・7・7 刑集58巻5号309頁 （根抵当権事件）	形式的個別財産説が「従来の判例・通説」
❺ 井上弘通 平成19年度243頁	最二小決平成19・7・10 刑集61巻5号405頁 （使途限定預金事件）	形式的個別財産説は「多数の支持を得ておらず」、実質的個別財産説が多数説
❻ 前田巌 平成19年度308頁	最三小決平成19・7・17 刑集61巻5号521頁 （自己名義口座開設事件）	通説表記はない 実質的個別財産説・法益関係的錯誤説に批判的
❼ 増田啓祐 平成22年度171頁	最一小決平成22・7・29 刑集64巻5号829頁 （搭乗券事件）	実質的個別財産説と対置するかたちで、「財物の交付（財産上の利益の移転）自体が財産上の損害であるとする」見解が通説
❽ 野原俊郎 平成26年度157頁	最二小決平成26・3・28 刑集68巻3号646頁 （長野ゴルフ場事件）	形式的個別財産説は「かつての通説」で、現在は実質的個別財産説が通説
❾ 駒田秀和 平成26年度185頁	最二小決平成26・4・7 刑集68巻4号715頁 （暴力団口座開設事件）	形式的個別財産説が「従来は多数説といわれてきた」が、実質的個別財産説が有力化

病に有効な機器の獲得という被害者の現金交付目的が失敗していることをもって実質的な損害を基礎づけるのが一般的である[6]。しかし、交付目的の失敗すべてを財産的損害とするわけではない。ここでの限定方法、とくに経済的損失の要否に相違がある。㋐経済的損失の限定を不要とする論者[7]、㋑将来的な損失リスクといった間接的な経済的損失でもよいとする論者[8]、㋒交

---

5) 最二小決昭和34・9・28刑集13巻11号2993頁。
6) たとえば、西田・前掲注1) 220頁以下等。
7) 井田・前掲注1) 337頁以下、橋爪・前掲注3) 260頁以下。ただし、「被害者の主観的意思が客観化されていた」（井田）、「当該取引・業務における一般的な重要性によって客観的に判断される」（橋爪）といった経済的損失以外の客観的制約の必要性を主張する。

表2 近時の実質的個別財産説を支持する教科書

論者	限定方法	他人名義(H14)	自己名義(H19)	暴力団(H26)	根抵当権(H16)	搭乗券(H22)	長野ゴルフ(H26)
西田典之（橋爪隆補訂）『刑法各論〔第7版〕』（弘文堂、2018年）	㋑	○	○	−	−	○	−
小林憲太郎『刑法各論の理論と実務』（判例時報社、2021年）	㋑	○	○	○	−	○	○
高橋則夫『刑法各論〔第4版〕』（成文堂、2022年）	㋒	×	×	−	○	×	−
橋爪隆『刑法各論の悩みどころ』（有斐閣、2022年）	㋐	○	○	−	−	○	−
井田良『講義刑法学・各論〔第3版〕』（有斐閣、2023年）	㋐	−	○	○	○	○	○
浅田和茂『刑法各論〔第2版〕』（成文堂、2024年）	㋒	×	×	−	−	×	×
松宮孝明『刑法各論講義〔第6版〕』（成文堂、2024年）	㋒	×	×	×	×	×	×
松原芳博『刑法各論〔第3版〕』（日本評論社、2024年）	㋒	×	×	−	−	×	×
大塚裕史ほか『基本刑法Ⅱ各論〔第4版〕』（日本評論社、2024年）〔十河太朗執筆〕	㋑	○	○	○	○	○	○

付・処分行為から直接生じる経済的損失を要求する論者[9]がいるのである。判例の帰結は㋐や㋑からは是認され、㋒からは批判される傾向にある。

このように、実質的個別財産説には結論を左右する相違が内在するにもか

---

8) 西田・前掲注1）221頁、小林憲太郎『刑法各論の理論と実務』（判例時報社、2021年）202頁以下。さらに、大塚裕史『応用刑法Ⅱ 各論』（日本評論社、2024年）233頁以下。

9) 松宮・前掲注1）265頁および281頁以下、浅田・前掲注1）237頁、松原・前掲注1）307頁以下、高橋・前掲注1）351頁。

かわらず、同説を1つの見解として「通説」と呼ぶことに問題はないのであろうか。本来的な対立が別に存在するのであれば、その点を明確化したうえで、通説評価に値するものを模索すべきであろう。

本稿では、戦前から現在までの教科書を手がかりに実質的個別財産説の形成過程を明らかにしたうえで、冒頭に掲げた同説の①全体財産説否定の論拠、②損害不要説否定の論拠、③形式的個別財産説否定の論拠の正当性を検証し、このテーマに関する理解の一助としたい。

2　実質的個別財産説の形成過程

(1)　論拠①の形成過程

(a)　戦前から戦後にかけて

1900年代初頭から1950年頃までは、財産的損害の要否をめぐる議論は、詐欺罪を個別財産に対する罪と捉えるか、全体財産に対する罪と捉えるかをその主要な論拠とし[10]、前者からは財産の損害不要説[11]、後者からは財産の損害必要説[12]が支持されていた。ドイツとは異なり、わが国の刑法典は背任罪にのみ財産的損害の明文規定をもつ[13]。そこで、詐欺罪を、条文そのままに財産的損害を不要とする個別財産に対する罪と捉えるべきか、明文がなく

---

10) そのほかに、占有説を損害不要説の論拠とする牧野英一『刑法各論 下巻』（有斐閣、1951年）682頁以下、藤木英雄『刑法演習講座』（立花書房、1966年）258頁。福田平『刑法各論』（評論社、1954年）240頁、同「詐欺罪の問題点」日本刑法学会編『刑法講座第6巻 財産犯の諸問題』（有斐閣、1964年）83頁、団藤重光責任編集『注釈刑法(6)各則(4)』（有斐閣、1966年）232頁〔福田平担当執筆〕は、本権説を論拠に、何らかの損害は必要であるとして牧野を批判した。
11) 牧野英一『日本刑法 下巻〔訂61版〕』（有斐閣、1938年）385頁、木村亀二『刑法各論』（日本評論社、1938年）138頁以下。
12) とくに瀧川幸辰『刑法各論』（世界思想社、1951年）160頁。瀧川は戦前から損害必要説である（同「詐欺罪に関する若干の問題」団藤重光ほか編『瀧川幸辰刑法著作集 第4巻』〔世界思想社、1981年、論文の初出は1936年〕474頁等）。
13) 大場茂馬『刑法各論 上巻〔増訂4版〕』（中央大学、1911年）814頁以下や、木村亀・前掲注11）138頁以下、佐瀬昌三『刑法大意 第2分冊』（清水書店、1940年）361頁以下等、戦前の教科書は、財産的損害を必要とするドイツ学説や諸外国の立法例を紹介しており、外国法の影響を受けていたことがわかる。

とも財産的損害が要求される全体財産に対する罪と捉えるべきか、議論が行われていた。

　戦前期は両説に支持者がいたが、戦後、全体財産説は支持者を減らし、全体財産の減少という意味での財産的損害を不要とする考えが一般化していく。その要因には、条文そのままの理解に反して全体財産説を支持すべき実益ある具体例が共有されなかったことが考えられる。たとえば、この時期の重要判例である偽医者事件決定[14]は、その判文からすると要件としての財産的損害を否定したものに読める[15]。しかし、同決定の結論を支持する損害不要説論者も少なくなく、それによれば、本決定は財産的損害を要件としたうえでこれを否定したのではなく、被害者の病状に有効な薬が提供されたことを捉えて、正規の医師である旨の虚偽や錯誤と交付行為の因果性がない事案と説明されている[16]。同決定に対する当時の理解に一致したものはなく[17]、全体財産説の優位性を示すものではなかったようである。

(b)　戦後から現在にかけて

　その後、1950年代から1960年代にかけて1項は個別財産に対する罪、2項の一部は全体財産に対する罪との理解が主張されはじめ[18]、支持を集めていた。1項を個別財産に対する罪とする理解が堅持された理由には、ドルバイ

---

14)　大決昭和3・12・21刑集7巻772頁。
15)　牧野・前掲注11) 386頁以下、同「詐欺罪と財産上の損害」『刑法研究第7巻』（有斐閣、1939年、論文の初出は1938年）477頁以下、同・前掲注10)（1951年）684頁は、損害不要説の立場から判例の結論を批判した。
16)　木村亀・前掲注11) 145頁。損害必要説でも佐瀬・前掲注13) 358頁以下は欺罔と交付の因果性を否定した判例として引用する。戦後だが、井上正治＝岡部泰昌「判批」判タ104号（1960年）17頁は、損害に関する判示部分は結論に影響しない余分なもので、実際に有効な薬を販売したとの事情を重視したゆえの表現にすぎないとする。
17)　現在のように損害不要説や形式的個別財産説からは説明できないとの趣旨で引用されるようになったのは、おそらく1980年代以降である（中山研一『刑法各論』〔成文堂、1984年〕265頁注3、前田雅英『刑法各論講義〔初版〕』〔東京大学出版会、1989年〕296頁）。それ以前は、財産の損害と関連づけるにしても、現在にいう形式的個別財産説と矛盾するとの意識は薄かったようである（藤木・前掲注10) 253頁、井上正治『刑法学（各則）』〔法律文化社、1963年〕123頁等）。

ブレータ事件判決に代表されるように[19]、相当対価の有無が1項詐欺の成否に直ちに影響しないとの判例の立場が戦後も維持されたことがあったように思われる[20]。他方で、すべての利得が損害を必然的に伴うわけではないために2項の一部は全体財産に対する罪となる、との説明がなされるようになった。

もっとも、全体財産としての2項に当たる事案は具体的に示されず、ここでも、一部であれ全体財産に対する罪とする理解を採用する実益は明らかではなかった[21]。そのようななか、同一条文内で性質を分ける理解が批判され[22]、現在のように246条全体を個別財産に対する罪と捉える見解が支配的となるに至った。

(2) 論拠②の形成過程

1項詐欺は個別財産に対する罪、2項詐欺の一部は全体財産に対する罪との理解が主張されたのと同時期に、詐欺罪には「何らかの損害」が必要であると主張されるようになったが、それは「個別財産の移転・喪失」で足りる

---

18) 団藤重光『刑法綱要各論』(創文社、1964年) 500頁以下、福田・前掲注10)「詐欺罪の問題点」82頁以下、団藤編・前掲注10) 232頁〔福田平〕、大塚仁『刑法各論上巻』(青林書院、1968年) 276頁以下。それ以前にも、小野清一郎『刑法講義各論』(有斐閣、1928年) 221頁、新保勘解人『日本刑法要論 各論』(敬文堂書店、1927年) 567頁等が1項は個別財産に対する罪、2項のすべてが全体財産に対する罪と主張していた。
19) 現在、同判決は偽医者事件決定との比較で検討されることも多い（当時でも井上＝岡部・前掲注16) 497頁など）が、同判決の調査官解説である吉川由己夫「判解」最判解刑事昭和34年度385頁は偽医者事件決定に触れてすらいない。
20) この時期、相当対価事案で詐欺罪を否定すべきとの主張は、瀧川・前掲注12)『刑法各論』156頁以下を除き見当たらず、団藤重光『刑法』(創文社、1954年) 375頁以下、江家義男『刑法各論』(青林書院新社、1956年) 312頁は相当対価事案で1項詐欺を肯定する見解を通説としていた。
21) 中森喜彦「二項犯罪」中山研一ほか編『現代刑法講座 第4巻 刑法各論の諸問題』(成文堂、1982年) 297頁以下は、全体財産に対する罪としての2項詐欺罪に当たる具体例が示されておらず、議論の実益が見えないと批判した。同旨に、中山・前掲注17) 265頁以下注3。
22) 平野龍一「刑法各論の諸問題7」法セ209号（1973年）52頁、同『刑法概説』(東京大学出版会、1977年) 218頁以下。

との主張も伴っていた[23]。

詐欺罪には「何らかの損害」が必要であるが、それは「個別財産説の移転・喪失」で足りるとの見解は、その後広い支持を集め[24]、ここに「かつての通説」といわれる現在の形式的個別財産説の萌芽がみえる。これ以降、それまでの「財産的損害必要説 vs 不要説」という構図はなくなり、少なくとも「何らかの損害」という意味での財産的損害が必要であるとの理解が一般化していく[25]。

(3) 論拠③および結論命題の形成過程

1980年代の終わりから1990年代初頭にかけて現在の実質的個別財産説に相応する見解が主張され[26]、1999年頃に「実質的個別財産説」との名称が付されるようになった[27]。その背景には、「個別財産の移転・喪失」のみで損害を認めると不当な結論が生じうるとの問題意識があった[28]。この問題意識が広く共感を得たのか、同説は急速に支持を集めていく。

その典型例が未成年者事例である[29]。形式的個別財産説からは詐欺罪の成

---

[23] 団藤・前掲注20) 375頁以下、福田・前掲注10)『刑法各論』240頁以下、大塚・前掲注18) 417頁。評釈・論文では、それ以前にも、平野龍一「判批」判例研究2巻4号(1949年) 57頁、同「判批」判例研究2巻5号(1949年) 83頁や、香川達夫「判批」判例研究4巻1号(1954年) 76頁が、これに近しい説明を行っていた。

[24] 江家・前掲注20) 312頁、柏木千秋『刑法各論〔再版〕』(有斐閣、1965年) 474頁、熊倉武『日本刑法各論上巻』(敬文堂出版部、1970年) 492頁以下等。

[25] 福田平は、団藤編・前掲注10) 232頁の時点で、損害発生の必要性には「ほとんど争いがない」としている。なお、前述のとおり、団藤らは全体財産に対する罪としての2項詐欺の存在を認めるため、本文のような主張を1項および個別財産に対する罪としての2項に限定している。2項の一部を全体財産とする理解が支持を失うことで、1項2項ともに損害は個別財産の移転・喪失で足りるとの理解が前提とされていったようである。

[26] 前田雅英『刑法演習講座』(日本評論社、1991年) 398頁以下、西田典之『刑法各論Ⅰ』(弘文堂、1996年) 179頁以下。

[27] 前田雅英『刑法各論講義〔第3版〕』(東京大学出版会、1999年) が初出と思われる。

[28] 古くは中山・前掲注17) 264頁以下だが、より明確な指摘に前田・前掲注17) 295頁以下。なお、前田はのちに説明を変え(前掲注2) 参照)、前掲表1❾駒田解説192頁でも形式的個別財産説の支持者として引用されている。

立が否定しがたいが、それは財産犯である詐欺罪の適正な処罰範囲を超えるものではないか、という疑問が提示された。この未成年者事例での詐欺罪不成立の帰結を論証することは、実質的個別財産説が主張された実益の１つといえよう。それまでの議論が理念的な側面が強かったのに対して、未成年者事例は、形式的個別財産説の問題性を示し、実質的個別財産説を支持する具体的な実益につながるものとして、広く共感を得たのであろう。

実質的個別財産説が支持を集めたもう１つの要因に、平成13年判決の存在が挙げられる。「社会通念上別個の支払に当たるといい得る程度の期間支払時期を早めたものであることを要する」との判示は形式的個別財産説からは説明できないとされ、また表１のとおりその調査官解説でも実質的個別財産説が肯定的に取り上げられたことから、判例を説明するものとして実質的個別財産説は支持を集め[30]、現在の状況に至る。

個別財産の移転・喪失だけで詐欺罪の結果要件に足りるとの理解は、戦前の損害不要説も含めれば80年近く支持を集めていたにもかかわらず、実質的個別財産説の登場により学説の勢力図は数年で劇的に変わることになった。

3　各論拠の正当性

以上のような実質的個別財産説の形成過程をふまえ、論拠①〜③の正当性を検証する。

(1)　論拠①について

全体財産説にいう財産的損害、すなわち全体財産の減少とは、「『金銭価値の減少』を指すから相当対価事案では常に詐欺罪が否定される」とのイメー

---

29) 未成年者事例の初出も、前田・前掲注17) 296頁だと思われる。さらに、クレジットカードの不正利用事案も実質的個別財産説が主張される経緯を成していたようである（前田・前掲注26) 398頁以下、大谷實＝前田雅英『エキサイティング刑法各論』〔有斐閣、2000年、初出は1998年〕157頁）。
30) 同判決を実質的個別財産説に親和的と紹介していたものに、前田雅英「判批」平成13年度重判解（2002年）161頁以下、堀内捷三『刑法各論』（有斐閣、2003年）154頁等。現在でも、西田・前掲注１)、井田・前掲注１) 330頁、高橋・前掲注１) 352頁等。

ジがあるかもしれない。しかし、たとえば大場茂馬は、全体財産の減少は処分行為前後での被害者の財産的価値の減少を基準とすべきとしつつ、その評価には常に個人的事情、つまり被害者の主観的価値を加味すべきと主張していた[31]し、瀧川幸辰も同様の主張をしていた[32]。金銭としての相当対価があっても、被害者の主観的事情をふまえ、なお財産的損害が肯定される余地を認めていたのである[33]。ただし、どの程度の主観的価値を考慮するべきかには見解の相違があったようである[34]。

　このような議論は実質的個別財産説内部での対立に対応するところがある。実質的個別財産説内では、被害者の交付目的という主観的事情を考慮する点は共通するが、その限定方法に対立がある。全体財産説にしろ、実質的個別財産説にしろ、被害者の主観的事情をどこまで考慮すべきか、という問題意識は共通している[35]。

　全体財産説には、条文の文言を超えてまで採用すべき実益が見出し難いという問題点があった。では、全体財産説と共通点を有する実質的個別財産説はどうか。実質的個別財産説は、詐欺罪を個別財産に対する罪と捉える点でわが国の条文文言と齟齬はないようにみえる。しかし、財産的損害の実質的判断を行うべき実益を十分に示せているかという点には、全体財産説同様の問題を抱えている。

　この点、実質判断に厳格な限定を行う立場（前記⑦）からは、詐欺罪の成立範囲の限定につき確かな実益がある。しかし、この立場から近時の判例を

---

31) 大場・前掲注13) 815頁以下。初版（1909年、570頁）からの主張である。これに対して、主観的事情を排するものに山岡萬之助『刑法原理』（日本大学、1912年）444頁。
32) 瀧川・前掲注12)『瀧川幸辰刑法著作集 第4巻』479頁以下。たとえば、瀧川は模造品を真正品と偽って相当額で販売した場合で財産的損害を認める。
33) 近時の全体財産説の代表として引用される林幹人『刑法各論〔第2版〕』（東京大学出版会、2007年）143頁以下も同様の主張をする。
34) 大場・前掲注13) 816頁や瀧川・前掲注12)『瀧川幸辰刑法著作集 第4巻』481頁は純粋な感情価値は考慮すべきではないとしていたが、宮本英脩『刑法大綱 各論』（成文堂、1934年）370頁以下は、大場らのいう感情価値も一定の場合には損害を基礎づけると捉えていたようである。
35) 酒井安行「詐欺罪における財産的損害」西田典之ほか編『刑法の争点』（有斐閣、2007年）190頁以下は両説の連続性を指摘する。

説明することはできず、一部の調査官解説で「通説」と評されるのはこの立場ではありえない[36]。逆に、限定を緩やかに解すれば（前記㋐㋑）判例の帰結を説明できる一方で、実質的な財産的損害の観点から詐欺罪を否定すべき事案が未成年者事例以外にどれほど存在するかが不明であり、また、そもそも未成年者事例を不処罰とすることが所与の前提とされてよいのかどうかにすら議論がある[37]。仮に財産的損害の観点から詐欺罪を否定するべき事案がほかにも存在するとして、後述するように、本当に財産的損害の実質的評価を根拠とする必要があるか、疑わしい。

(2) 論拠②③について

詐欺罪には「何らかの損害」が必要で、それは「個別財産の移転・喪失」で足りるとの「かつての通説」につき、実質的個別財産説は「何らかの損害」は必要との理解は共有するが、詐欺罪の処罰範囲を制限する目的で「個別財産の移転・喪失」では足りないと主張する。では、詐欺罪の可罰性を限定するにはこのような論理しかないのであろうか。

たしかに、形式的個別財産説が損害不要説に等しいとの指摘は正しい側面を含む。損害不要説の支持者からも「個別財産の移転・喪失」を損害と呼ぶことができるとの指摘は見られ[38]、とすれば、かつての損害不要説と現在の形式的個別財産説の相違は、「個別財産の移転・喪失」を損害と呼ぶか否かに尽きる。両説で結論に差が出る事案もなく、その意味で本質的な相違はない。

もっとも、このことから実質的個別財産説の正当性が直ちに導かれるわけ

---

36) 表1❽野原解説が「通説」に引用するのは、西田典之『刑法各論〔第6版〕』（弘文堂、2012年）203頁以下、前田雅英『刑法各論講義〔第5版〕』（東京大学出版会、2011年）348頁以下等で、前述㋒のような限定を行う論者ではない。

37) 表1❻前田解説332頁以下や只木誠『コンパクト刑法各論』（新世社、2022年）195頁以下等。

38) 損害不要説の植松正『刑法学各論』（勁草書房、1952年）262頁は、財産犯としての性質を失うとの批判に対して、本文のような理解から「毫も財産罪の本質に反するものではない」と応答した。1項では財産的損害を不要とする小野清一郎「判批」刑事判例評釈集8巻昭和23年度上（1950年）177頁以下も同旨。

ではなく、財産的損害を実質的に評価しなければ詐欺罪の処罰範囲が無限定になるとはいえない。損害不要説のなかですら、相当対価事案で詐欺罪が否定される余地は認められていたのである。たとえば岡田庄作は、相当対価事案でも相手方が対価取得を重視していた場合には、欺罔に基づく交付がないとして、詐欺罪を否定していた[39]。また、泉二新熊は、相当対価事案では被害者が対価内容のみを給付条件としていたか否かで詐欺罪の成否が分かれると指摘していた[40]。これらの議論は、現在の欺罔要件における重要事項性判断に通じ、当時からこのような議論があったこともふまえれば、財産的損害に対する実質的判断の要否だけで結論が左右されるものではない、といえる[41]。

判例との関係でも、前述のとおり、偽医者事件決定はこれを財産的損害と関連づけない説明も見られ、また平成13年判決を財産的損害とは異なる観点から分析するものもある[42]。実質的個別財産説は、判例の結論を正当化する唯一の見解ではない。

加えて、形式的個別財産説が「財産犯としての性質を失う」との批判にも疑問がある。近時、財物・利益の主体には原則的に処分の自由が認められることを基礎に、形式的個別財産説を再評価する動きがある[43]。形式的個別財産説が無根拠でも、処罰範囲を無限定にするものでもなく、とりわけ緩やかな限定をかける実質的個別財産説と同様の事案処理を可能とするならば、実質的個別財産説を支持すべき理由があるかは疑わしくなる。

---

39) 岡田庄作『刑法原論各論』(明治大学出版部、1913年) 568頁以下。
40) 泉二新熊『日本刑法論 下巻〔訂正44版〕』(有斐閣、1939年) 806頁以下。やや不明確なところがあるが、錯誤要件の問題と位置づけていたようである。
41) 形式的個別財産説が「反対給付の考慮をおよそシャットアウトする」との指摘(井田・前掲注1) 329頁) は、「財産的損害の肯否判断に際して」であれば正しいが、「詐欺罪の成否判断に際して」であれば学説史的には誤っている。
42) 樋口亮介「判批」ジュリ1249号 (2003年) 156頁以下は、欺罔と交付との因果性、被害の軽微性という観点を挙げる。
43) 長井圓「詐欺罪における形式的個別財産説の理論的構造」法学新報121巻11・12号 (2015年) 359頁以下、成瀬幸典「詐欺罪の保護領域について」刑法雑誌54巻2号 (2015年) 287頁以下。

4　補 論——財産的損害と欺罔行為要件との関係[44]

　近時、欺罔要件における重要事項性（交付判断の基礎となる重要な事項）判断を重視する近時の判例傾向をふまえ、重要事項性の判断を財産的損害の実質的判断に相応するものと捉え、財産的損害の実質判断を欺罔要件のなかに解消する動きが見られる[45]。学修者向けの解説では、重要事項性を「交付判断の基礎となる事項」と「重要な事項」とに分解し、前者が「真実を知れば交付しなかったか」（真実公式）の判断に、後者が財産的損害の実質判断に対応すると説明されることもある[46]。

　本稿の最後に、重要事項性の来歴を確認し、このような欺罔行為要件と財産的損害とを関連づける議論について分析したい。

(1)　重要事項性の来歴

　交付判断の基礎となる重要な事項というフレーズが最高裁ではじめて登場したのは搭乗券事件決定（最一小決平成22・7・29）であるが、表1❹藤井解説ですでに、欺罔行為とは「相手方が財産的処分行為をなすための判断の基礎となるような重要な事実を偽るものであることを要する。換言すれば、相手方がその点に錯誤がなければ処分行為をしなかったであろうような重要な事実を偽ることである」との説明が見られていた[47]。同様の説明はその後の調査官解説にも踏襲されている[48]。それ以前の判例・裁判例では重要事項性

---

44) 本項目は書籍化に際して、書き下ろした。
45) 大塚ほか・前掲注1）247頁以下〔十河太朗〕、井田・前掲1）331頁以下、橋爪・前掲注3）253頁以下等。
46) たとえば、和田俊憲「詐欺罪における人を欺く行為」法教453号（2018年）29頁、大塚・前掲注8）232頁。
47) 表1❹藤井解説250頁以下。なお、「相手方がその点に錯誤がなければ処分行為をしなかったであろうような重要な事実を偽ること」との説明は、誤振込事件の❷宮崎解説131頁にも見られていたが、文献引用はなく、また「基礎となる重要な事項」というフレーズはなかった。
48) 表1❻前田解説320頁、❼増田解説182頁、❽野原解説169頁、❾駒田解説193頁。

に類似する文言が用いられたものは少なく[49]、このフレーズが判例実務で定着したのは平成中期以降であるといえよう。

　では、教科書類ではどうか。文献上、現在の重要事項性に相応する説明がなされたのは、❹藤井解説で引用されていた福田平（1966年）が最初であると思われる[50]。そこでは、「相手方が財産的処分をなすための判断の基礎となるような事実をいつわるものであることを要する」とし、若干の相違があるものの現在の重要事項性のフレーズに類似したものが見られる。福田は、判例はこの観点から「相手方がその点に錯誤がなければ処分行為をしなかったであろうような事実をいつわる」場合に欺罔を認めていると分析した[51]。また、同時期に藤木英雄（1971年）も「欺罔の対象が、財物交付の意思を決定する上で重要な事項、すなわち、真実を知ったならば財物交付の真意決定をしなかったであろうと認められる事項、……取引上重要な事項に属するときにその欺罔は可罰的違法性ありとするに値する」としている[52]。

　いずれも欺罔の対象を「判断の基礎となるような事実」（福田）、「財物交付の意思を決定する上で重要な事項」（藤木）に限定し、その言い換えとして真実公式を用いている点が注目されるが、これ以前に欺罔の対象を限定するような説明は教科書等では見られず、この時期に重要事項性の萌芽が見て取れるように思われる。なお、その後、❹藤井解説が出るまでのあいだ、欺

---

49) 判例データベースで確認する限り、東京高判昭和48・11・20高刑集26巻5号548頁、東京高判昭和60・5・9刑月17巻5・6号519頁、東京地判平成12・3・16判時1723号147頁、神戸地判平成16・5・27 LEX/DB 25410580にとどまる。

50) 団藤編・前掲注10）175頁〔福田平〕。

51) 大塚・前掲注18）にも、「欺罔行為の内容は……相手方が錯誤におちいり、行為者の欺罔する財産的処分行為をするにいたるであろうような事実に関するものでなければならない」とされ、真実公式への言及が見られるが、「交付判断の基礎となる重要な事項」に相応するようなフレーズはない。

52) 藤木英雄『刑法』（弘文堂、1971年）352頁、同『刑法各論——現代型犯罪と刑法』（有斐閣、1972年）47頁。それ以前でも、同・前掲注10）245頁以下で、名目上の価格と品質を偽って市場価格相当で贋物を販売した相当対価事案を題材に、「商品の品質、価格という、売買取引上最も基本的な事項に関するものであり、この点は、買主側の意思決定に影響を及ぼす重要な事項に関するもの」であるなど、欺罔の対象を限定するような発想を示していた。

罔の対象を限定する議論は教科書類で一般的に見られたものではなかったように思われる[53]。

(2) 重要事項性の機能

では、福田や藤木は、重要事項性を欺罔要件のなかで考慮することにどのような意義を見出していたか。まず注目されるのは、両者とも現在にいう形式的個別財産説の論者に位置づけられることである。とすれば、実質的な財産的損害を不要とすることで生じうる処罰拡張の危険性を重要事項性によって排除しようとしたとの推測がありえよう[54]。もっとも、重要事項性の必要性としては、商取引上一般に許容されている駆け引き・誇張と区別する必要があることが挙げられており[55]、その問題意識は財産的損害に限定されるものではなかった。

また、上記のとおり、福田・藤木が重要事項性を真実公式と言い換えの関係にあるものとして捉えていたこともふまえれば、重要事項性で問題とされていたのは被害者の錯誤と交付・処分行為との因果性であり、これにより瑣末な嘘を処罰範囲から除外するという問題意識があったように思われる。少なくとも、重要事項性の枠内で財産的損害の実質判断を行うという近時の発想は見られない。

重要事項性は、そのフレーズが判例に登場し、また一部の調査官解説もこの要素により詐欺罪の範囲を限定しようとする発想を示していること[56]から、学説の注目が集まったものと推測される。同時に学説内部では実質的個別財

---

53) 中森喜彦『刑法各論』（有斐閣、1991年）145頁、西田・前掲注26) 169頁、大谷實『刑法講義各論〔新版〕』（成文堂、2000年）261頁〔初版〔1986年〕でも同様）、斎藤信二『刑法各論』（有斐閣、2001年）137頁など一部に限られる。
54) たとえば、団藤編・前掲10) 183頁〔福田平〕は、偽医者事件決定について、「取引上重要な事実について具体的事実をいつわったものと言えないから欺罔にあたらず」として重要事項性が否定されるような説明を行っている。
55) 藤木・前掲注10) 245頁以下、同・前掲注52)『刑法』352頁以下。なお、中森・前掲注53) 145頁も、駆け引きや誇張を処罰範囲から除外するために「当該取引にとって重要な事項につき、一般に人を錯誤させるに足りる程度の行為がなされた」必要があると説明し、重要事項性の意義を財産的損害に限定していない。
56) たとえば、表1❾駒田解説200頁など。

産説が支持を受けていたことから、同説の発想を組み込みつつ、財産的損害を要件としない判例を説明する目的で、欺罔行為と財産的損害とを関連づける議論が形成されたものと思われる。しかしながら、重要事項性の来歴からすれば、両者の関連づけに論理的必然性はない。

5 今後のあるべき議論の方向性

　実質的個別財産説には複数の立場が内在している。仮に財産的損害の実質判断に際して限定を緩やかに解する立場を採るのであれば、同様の発想は形式的個別財産説からも支持可能で、実質的個別財産説を採用すべき理由はない。形式的個別財産説への批判も必ずしも説得的ではない。

　実質的個別財産説固有の意義は、形式的個別財産説からは導けない処罰範囲の限定という点にある。実質判断に厳格な限定を行う立場にはこの点に確かな実益があるが、それは従前の判例実務に大きな変革を伴うものであることは自覚されるべきである。

　また、重要事項性判断の内実を実質的個別財産説の観点に求めることは、重要事項性概念の来歴に照らせば必然ではない。重要事項性と財産的損害の来歴がそれぞれ異なることからして、両者を混同させることは、あるべき議論の対立軸をいたずらに消失させてしまう危険性すらあるかもしれない。

　実質的個別財産説を1つの見解として「通説」に位置づけることは、上記のような本来議論すべきポイントを埋没させる点でやはり問題がある。実質的個別財産説内部で結論を左右する相違があることをふまえ、実態に即した学説整理が求められよう。

　　［付記］　本稿は、JSPS科学研究費若手研究（研究課題番号：JP20K13348）の助成を受けたものである。

第12章

文書偽造罪の「通説」

成瀬 幸典

1 文書偽造罪の解釈に関する基本的枠組みおよび文書偽造罪の規定形式に関する通説[1]

(1) 解釈の基本的枠組みに関する通説

文書偽造罪は、さまざまな問題に関して学説が対立している犯罪であるが、同罪の解釈に関する基本的枠組みについては通説的見解が形成されているといえる。それは以下のように定式化することができよう[2]。

「文書に対する公共の信用」という文書偽造罪の保護法益を指針にして、同罪に関する基本的概念や条文の文言(文書、偽造、虚偽の文書、行使等)の内容を明らかにし、また、解釈論上の問題(通称名の使用と文書偽造罪の成否、名義使用の承諾と文書偽造罪の成否、偽造文書の行使の相手方等)を検討すべきである。

もっとも、ある犯罪の保護法益を特定し、それを指針にして、当該犯罪に関する問題を検討するという姿勢は、他の犯罪についても同様にみられることであるから、上記の定式は刑法各論分野における解釈方法に関する通説を

---

[1] 本稿では通説という言葉を、圧倒的多数の論者が支持しているという意味で使用する。
[2] 本文に示した枠組みは判例・裁判例からも看取される。たとえば、東京高判平成9・10・20高刑集50巻3号149頁、東京高判平成12・2・8東高刑51巻1-12号9頁等。偽造有印私文書行使罪に関するものとして、最決平成15・12・18刑集57巻11号1167頁。

文書偽造罪にあてはめたものというべきであろう[3]。ただ、保護法益に関して学説が対立している犯罪が少なくないのに対し、文書偽造罪の場合、古くから大多数の学説[4]・判例[5]が同罪の保護法益を「文書に対する公共の信用」と解しており、上記の定式が、そこに示された姿勢だけでなく、内容を含めて通説化している点に特徴がある。その結果として、現在では、①本罪の保護法益は文書に対する「公共」の信用であるから、本罪の保護の対象は、行為者と文書の作成名義人（以下「名義人」とする）とのあいだの対内関係ではなく、行為者と文書の行使の相手方等の文書とかかわりをもつ者（以下「文書関係者」とする）とのあいだの対外関係であり、名義人は文書偽造罪の被害者ではない[6]、②虚無人名義の書面であっても、一般人をして当該名義人名義の文書であると誤信させうる程度の外観を有しているのであれば、公共の信用の対象になりうるので、そのような書面も刑法における文書といえ、その作成は文書偽造罪に当たりうる[7]といった認識が——これらはかつて活発に議論された問題であったが——通説と評価できるほどに広く共有されるに至っている。

---

3) なお、このような姿勢に基づく解釈が恣意に流れないようにするためには、解釈の指針となる保護法益の特定方法を明確化することが不可欠である。しかし、このことに関する議論は十分には深まっていないように思われる。

4) 学説については、拙稿「文書偽造罪の本質」川端博ほか編『理論刑法学の探究⑦』（成文堂、2014年）117頁以下（以下「本質」とする）参照。なお、「本質」を公表して以降、文書偽造罪の保護法益に関する学説に大きな動きはない。

5) 判例も古くから文書偽造罪の保護法益を文書に対する公共の信用としてきた（大判明治43・12・13刑録16輯2181頁等）。また、量刑に関する判示において、文書に対する公共の信用の侵害の程度に言及している裁判例は、近年のものを含め、相当数にのぼる。

6) 大判明治44・9・14新聞745号27頁等参照。したがって、名義使用の承諾と文書偽造罪の成否という問題は、被害者の承諾論とは異なる観点から検討される必要があり、現にそのように扱われている（後記2(2)参照）。

7) 大判昭和19・2・22刑集23巻11頁、最判昭和24・4・14刑集3巻4号541頁等。もっとも、本文に述べた程度の外観を有しているか否かの判断方法については、偽造の程度の問題として、現在でも議論されている。拙稿「偽造の程度について」東北ローレビュー2号（2015年）22頁以下参照（偽造の程度を扱った、拙稿公表後の裁判例として、神戸地判平成30・5・11 LLI/DB L07350469）。

(2) 規定形式に関する通説としての形式主義

旧刑法の時代から、文書偽造罪の規定形式には、文書の成立の真正を保護し、実害の発生（の危険）を同罪の成立要件とはしない形式主義と、文書の内容の真実性を保護し、実害の発生（の危険）を同罪の成立要件とする実質主義があるとの説明が行われ、現行刑法典制定後も、しばらくのあいだは、いずれの主義が妥当であるかが活発に議論された[8]。また、現行刑法典の制定直後は、判例上も、文書偽造罪の成立を認めるために実害（の危険）の発生が必要であるかが頻繁に問題にされた[9]。現在では、私文書に関する規定を根拠に、「現行刑法典は形式主義を基調としており、文書偽造罪の成立を認めるために、実害（の危険）の発生は不要である」との理解が通説化しているが[10]、その根拠について、かつては、文書の成立の真正を偽ることによって、すでに文書に対する公共の信用が害されるおそれが生じるためであるといった簡潔な説明がなされるにとどまることが少なくなかった[11]。しかし、実質主義の主張の核心は、文書偽造罪の保護法益を文書に対する公共の信用

---

[8] 旧刑法下のものとして、勝本勘三郎『刑法析義各論之部上巻〔第4版〕』（明治法律學校出版部講法會、1903年）469頁以下が重要である。現行刑法典制定直後のものとしては、磯部四郎『改正刑法正解』（六合館、1907年）315頁以下、大脇熊雄『改正刑法精義各論之部』（成文閣、1907年）391頁以下、奥村政雄『新刑法正義』（明治大学出版部、1907年）301頁以下、牧野英一『改正刑法通義全』（警眼社、1907年）199頁等。なお、牧野・同200頁は旧刑法下の判例は形式主義をとっていたとする。当時の議論状況については、今井猛嘉「文書偽造罪の一考察(2)」法協112巻6号（1995年）723頁以下、山火正則「現行『文書偽造の罪』規定の成立過程」西原春夫先生古稀祝賀論文集編集委員会編『西原春夫先生古稀祝賀論文集 第3巻』（成文堂、1998年）244頁以下参照。

[9] 拙稿「文書偽造罪の保護法益」現代刑事法35号（2002年）38頁注15（以下「保護法益」とする）に引用した判例を参照。

[10] 本文に示した形式主義と実質主義の対立には、2つの異なる問題（文書の成立の真正と文書の内容の真実性のいずれを原則的な保護対象とすべきかという問題と、実害の発生〔の危険〕は文書偽造罪の成立要件かという問題）が含まれているが、このことに留意した考察は不十分であるように思われる。

[11] たとえば、草野豹一郎『刑法要論』（有斐閣、1956年）238頁、柏木千秋『刑法各論〔再版〕』（有斐閣、1965年）256頁、中義勝『刑法各論』（有斐閣、1975年）230頁、西原春夫『犯罪各論〔訂補準備版〕』（成文堂、1991年）288頁、福田平『全訂刑法各論〔第3版増補〕』（有斐閣、2002年）89頁以下、大塚仁『刑法概説（各論）〔第3版増補版〕』（有斐閣、2005年）435頁等参照。

であるとしつつ、それを保護する目的を実害（の危険）の発生の回避に求め、文書の成立の真正が偽られても、内容が真実で、実害（発生の危険）が認められない場合、同罪の成立を認めるべきではないとする点にあったことに注意する必要がある[12]。このような実質主義の主張に対抗して形式主義の妥当性を説くためには、実害（発生の危険）の有無にかかわらず、文書に対する公共の信用それ自体を保護すべき根拠を示す必要があるが、上記の簡潔な説明では不十分であることは明らかであろう。この点に関して、1980年代後半以降は、「証拠としての文書」という観点からの説明が有力化し、現在では通説化しているといってよい[13]。その大要は以下のとおりである[14]。

　　文書とは人の意思又は観念を永続的なかたちで保存・伝達する証拠（証明手段）であり、文書の価値はその点にある。多くの人は証拠としての価値を備えた文書を、真正かつ真実なものとして信用し、それを用いて社会生活を営んでいるので、文書に対する信用が揺らぐと、文書を用いた取引は不可能になり、円滑な社会生活が阻害される。そこで、文書の偽造や偽造文書の行使等と関連して生じる実害やその危険とは別に、文書の偽造や偽造文書の行使それ自体を処罰することを通じて、文書に対する公共の信用を保護する必要がある。

(3)　文書偽造罪をめぐる学説の現状

　このように、文書偽造罪については、解釈に関する基本的枠組み、解釈の指針となる保護法益、規定形式に関する形式主義の妥当性とその根拠等について通説的理解が形成されている。また、同罪の成否を考えるうえで基礎に

---

12)　牧野英一『刑法各論 上巻』（有斐閣、1950年）150頁以下参照。
13)　旧刑法下や戦前の学説の多くは、ドイツにおける議論を参考にして、文書概念を詳細に論じ、その証拠力の保護の必要性を指摘していたが、その後、基本書等における文書概念や文書の機能に関する説明は稀薄化していった。その傾向を反転させ、「証拠としての文書（さらには、それを発展させた「文書制度」）」という観点から、文書偽造罪を検討することの重要性を指摘したのが、川端博『文書偽造罪の理論』（立花書房、1986年）3頁以下である。
14)　拙稿「保護法益」34頁以下、同「本質」136頁以下とそこに挙げた文献を参照。

なる「文書」や「偽造（有形偽造）」という基本的概念についても、形式的な定義に関しては通説が形成されている。すなわち、大多数の学説が、文書については、大判明治43・9・30刑録16輯1572頁を引用しつつ、「文字又は文字に代わるべき符号を用い、永続すべき状態において、物体上に記載された意思又は観念の表示」と定義したうえで、これに加えて名義人の認識可能性も文書要件であるとしており、また、偽造（有形偽造）については、不真正文書を作成することであり、それは、具体的には、作成権限なく他人名義の文書を作成すること、あるいは、名義人と作成者[15]の人格の同一性を偽ることを意味するとしたうえで、両者は同一の内容を別の観点から表現したものであるとしているのである。

このように、多くの事項について通説的見解が形成されているにもかかわらず、文書偽造罪については、有形偽造に関するものだけでも、名義使用の承諾と文書偽造罪の成否（最決昭和56・4・8刑集35巻3号57頁、最決昭和56・4・16刑集35巻3号107頁等。近年の裁判例として、横浜地判平成29・3・24 LEX/DB 25545645、東京高判平成29・6・20高刑速〔平成29〕122頁、大阪地判令和3・10・20裁判所ウェブサイト等）、通称名の使用と文書偽造罪の成否（最判昭和59・2・17刑集38巻3号336頁等）、偽名・仮名の使用と文書偽造罪の成否（最決平成11・12・20刑集53巻9号1495頁等）、虚偽の肩書の使用と文書偽造罪の成否（最決平成5・10・5刑集47巻8号7頁、最決平成15・10・6刑集57巻9号987頁等）、代理名義・代表名義の冒用と文書偽造罪の成否（最決昭和45・9・4刑集24巻10号1319頁等）など、最高裁判例も存在するさまざまな問題について学説が対立している。その理由は、解釈の指針となる保護法益である「文書に対する公共の信用」という概念の内容の不明確さにある。

---

[15] ここでの作成者とは、文書を事実として作成した者ではなく、文書作成に関する意思主体（文書に表示された意思又は観念が精神的に由来する者）を意味するという点でも見解がほぼ一致している。作成者をこのように解する見解を観念説（精神性説、意思説）という。

2 文書に対する公共の信用という概念の不明確性とそれに起因する問題

(1) 「公共」という概念の不明確さ
　——文書一般が公共の信用の対象になっているのか？

　大学の成績証明書を考えればわかるように、文書は転々と流通するものばかりではなく、特定かつ少数の人のあいだで使用することが予定された（ようにみえる）ものも少なくない。この種の文書の場合、特定かつ少数の文書関係者の信用しか問題になりえず、それを偽造することによって公共（不特定または多数の人[16]）の信用が害されることはないのではないかとの疑問が生じる。この疑問は、文書偽造罪の成否に関して問題にすべきは「『公共』の信用の侵害」ではなく、「『個々の文書関係者』の信用の侵害」ではないかというさらなる疑問を招き、名義人の特定、ひいては偽造の成否の判断に影響を及ぼすことになる[17]。たとえば、甲が乙という通称名を用いて文書を作成したが、甲をよく知る特定かつ少数の文書関係者は、乙という氏名は甲という人物を指称するものと判断するのに対し、それ以外の一般的な人は、乙という氏名（本名）の、甲とは別の人物を指称するものと判断するという場合、個々の文書関係者の信用を重視するときには、名義人は「乙こと甲」と解され、名義人と作成者の人格の同一性に偽りはなく、偽造には当たらないことになるのに対し、公共の信用を重視するときには、名義人は「乙」と解され、同一性に偽りがあるとして、偽造に当たることになると考えられるのである。

　このことが実際に問題になったのが前掲最決平成11・12・20である。最高裁は、指名手配され、潜伏生活を過ごしていたＡ（被告人）が、Ｂという偽

---

16) なお、公共危険犯における公共概念と比較した場合、各種偽造罪の保護法益とされる「公共の信用」における公共概念に関する議論は低調である。

17) また、個々の文書関係者の信用を重視する場合、それを保護する究極の目的は、それらの者に実害が発生すること（の危険）を回避することにあるという実質主義的な理解に至りやすくなるであろう。

名を用いて就職しようと考え、Bという氏名、虚偽の生年月日、住所、経歴等を記載し、自己の顔写真を貼りつけた履歴書およびBという氏名等を記載した雇用契約書を作成し、行使したという事案について、「これらの文書の性質、機能等に照らすと、たとえ被告人の顔写真がはり付けられ、あるいは被告人が右各文書から生ずる責任を免れようとする意思を有していなかったとしても、これらの文書に表示された名義人は、被告人とは別人格の者であることが明らかであるから、名義人と作成者との人格の同一性にそごを生じさせたものというべきである」として有印私文書偽造罪の成立を認めたが、これに対しては、本件における雇用形態等を考慮した場合、文書関係者（本件履歴書等の受取人）は名義人を「Bこと写真の人物」と考えており、しかも、この写真の人物が当該文書の作成者なのであるから、偽造には当たらないとの批判[18]が向けられたのである。この批判に答え、文書偽造罪の保護法益を「文書に対する『公共』の信用」と解する立場を維持するためには、（特定かつ少数の人のあいだで使用することが予定されたようにみえる文書をも含む）文書一般について、文書関係者は不特定または多数であるといえること、したがって、文書の偽造によって、一般に、公共（不特定または多数の人）の信用が害されることを説明しなければならない。この点について、筆者自身は、①文書は永続化機能を有するため（後記3参照）、その作成後に、作成時の直接的な使用目的には含まれないかたちで使用される可能性が存在すること、②したがって、文書関係者には、現実的文書関係者（文書作成時点で、当該文書と関係をもつと想定される者）だけでなく、潜在的文書関係者（将来的に、当該文書と関係をもつ可能性があると考えられる者）も含まれると解されること、③後者は、通常、不特定または多数の人であると考えられることから、文書偽造罪は文書に対する公共の信用を害する犯罪といえると考えているが[19]、学説の多くは十分な説明を行っていないというのが現状である。

---

18) 芝原邦爾ほか編『刑法判例百選Ⅱ各論〔第5版〕』（有斐閣、2003年）189頁〔林美月子〕、松宮孝明『刑法各論講義〔第6版〕』（成文堂、2024年）397頁等。
19) 詳しくは、拙稿「本質」143頁以下参照。

(2) 「信用」という概念の不明確さ
　　——有形偽造の侵害対象としての「信用」とは？

　文書は証拠としての価値をもち、社会的に重要な機能を果たしているために公共の信用の対象になっているとの通説的理解を前提にした場合、文書における虚偽は、名義に関するものであれ、内容に関するものであれ、公共の信用を害するはずである。実際、通説・判例[20]は、文書に対する公共の信用を、刑法154条以下の「文書偽造の罪」の章に規定された各犯罪に共通の保護法益としている。他方で、通説は、刑法典は形式主義を基調としており、文書の成立の真正を偽る行為（有形偽造）が原則的な処罰対象であり、文書の内容の真実性を偽る行為（無形偽造）は例外的にしか処罰されない（刑法160条参照）ともしている（上記1(2)参照）。つまり、通説は、有形偽造も無形偽造も文書に対する公共の信用を害するが、刑法典は、無形偽造よりも有形偽造のほうが悪質かつ重大で、当罰性が高いとの理解を基調にしているというのである。そこで、その理由が問題になるが、この点について、現在では、名義人に対する責任追及という観点（責任追及説）からの説明が有力化している[21]。その大要は以下のとおりである。

　　文書の内容に関する偽りがあっても、作成者（現実の作成者[22]）と名義人（文書から見てとれる作成者）が一致している文書（真正文書）の場合、文書関係者は名義人に対して文書作成に関する責任を追及できるので当罰性は高くない。これに対し、不真正文書の場合、名義人は現実の作成者ではないため、文書作成に関する責任を負わなければならない理由はなく、

---

20) 虚偽公文書作成罪に関して、最判昭和33・5・30刑集12巻8号1914頁、公正証書原本不実記載罪に関して、大判昭和12・3・13刑集16巻327頁（電磁的公正証書原本不実記録罪および同供用罪に関する最判平成28・12・5刑集70巻8号749頁も）、偽造有印私文書行使罪に関して、前掲最決平成15・12・18等。
21) 拙稿「保護法益」35頁および39頁注23参照。実務家の論稿として、大塚仁ほか編『大コンメンタール刑法 第8巻〔第3版〕』（青林書院、2014年）57頁〔松田俊哉〕等。ただし、井田良『講義刑法学・各論〔第3版〕』（有斐閣、2023年）494頁のように、このような説明に異を唱えるものもあり、通説とまでいえるかは微妙である。
22) 現実の作成者とは、観念説（前掲注15）参照）の意味での作成者のことである。

文書関係者が名義人に対して文書作成に関する責任を追及することができない危険が生じる。有形偽造の本質は、名義人に対する文書作成に関する責任の追及を不可能にする危険を生み出す点にあり、ここに無形偽造に対する有形偽造の悪質性・重大性が存在する。

　この説明からわかるように、責任追及説は、有形偽造の本質を、文書から見てとれる文書作成に関する責任主体である名義人と、文書作成に関する現実の責任主体である作成者の人格の同一性を偽ることにより、「名義人に対して文書作成に関する責任を追及できるはずである」という文書関係者の信用を害する点に求める見解といえる[23]。
　もっとも、「文書作成に関する責任」の内容については見解が一致しておらず、①文書の内容から生じる法的効果に関する責任とする見解、②社会的にみた文書作成に関する責任とする見解、③文書の内容が不真実であったことから派生するさまざまな法的責任とする見解等が主張されている[24]。そして、このことが（観念説の意味での）作成者の実質的意義に関する見解の対立を招いていると考えられる[25]。すなわち、責任追及説によると、作成者とは文書作成に関する現実の責任主体であるので、①によれば、作成者とは㋐文書の内容から生じる法的効果が現実に帰属される者と解されることになる（規範的意思説）。これに対し、②や③による場合、そこでの責任の内容が不明確で、そのような責任の主体と認めるための要件も判然としないため、㋑文書に表示された意思又は観念を事実的に形成すれば作成者とみることができるとする見解（事実的意思説）と、㋒責任主体と認めうるか否かは法的評価の問題であるから、㋑の事実的観点を基礎にしつつも、それに加え、規範的観点から意思又は観念が帰属されると評価される者であることが必要であ

---

23) なお、学説上、無形偽造の本質に関する理論的な検討は十分には行われていない。公文書の無形偽造の本質に関する私見については、拙稿「本質」149頁以下参照。
24) 各見解の問題点については、拙稿「保護法益」35頁以下参照。
25) 本文に挙げた㋐から㋒の諸見解は、観念説による作成者概念（文書に表示された意思又は観念が精神的に由来する者）が実質的に意味することを、責任追及説的な作成者の理解（文書作成に関する責任主体としての作成者という理解）を基礎に説明しようとするものと解することができよう。

るとする見解（帰属説）が主張され、対立している[26]と整理することができるのである。

　この対立が顕在化した一例が名義使用の承諾と文書偽造罪の成否に関する前掲最決昭和56・4・8である[27]。最高裁は、無免許で自動車を運転していたC（被告人）が、巡査Dから無免許運転の取締りを受けた際、運転免許を有するEの氏名を詐称して道路交通法違反（無免許運転）の刑責を免れようと企て、Dに対して氏名をEと詐称し、Dが道路交通法違反（免許証不携帯）の交通事件原票を作成するにあたり、当該原票中の供述書欄の末尾にEの氏名を記載したが、Cは交通取締りにあった場合、交通事件原票にEの氏名を書くことについて、あらかじめEから承諾を得ていたという事案に関して、「交通事件原票中の供述書は、その文書の性質上、作成名義人以外の者がこれを作成することは法令上許されないものであって、右供述書を他人の名義で作成した場合は、あらかじめその他人の承諾を得ていたとしても、私文書偽造罪が成立する」としたが、学説上は、㋐および㋒の立場から、交通事件原票という文書の性質上、Eは文書作成に関する責任を負うことができない（Eを作成者と認めることはできない）ので偽造に当たるとして、結論的に判例の立場を支持する見解、㋑の立場から、交通事件原票に表示された意思又は観念は、自己名義の使用を承諾していたEに事実として由来する

---

26) 事実的意思説とは、作成者を「文書に表示された意思又は観念が事実として由来する者」とする見解と、帰属説とは、作成者を「規範的観点から、文書に表示された意思又は観念が帰属される者」とする見解といえるが、文書作成に関する責任の内容を明らかにしなければ、当該責任の主体の定義として、いずれが妥当であるかを判断することはできないであろう。

27) 代理名義・代表名義の冒用と文書偽造罪の成否の問題もこの対立に関係するものといえる。代理名義・代表名義の冒用事例における文書偽造罪の成否は、名義人をどのように特定するかによって判断されるが、名義人とは文書から見てとれる作成者のことであるので、作成者の理解が名義人の理解に影響を及ぼすことになるからである。この問題に関する前掲最決昭和45・9・4は「文書によって表示された意識内容にもとづく効果が、代表もしくは代理された本人に帰属する形式のものであるから、その名義人は、代表もしくは代理された本人であると解するのが相当である」とした。現在の通説は、文書偽造罪の成立を認めた最高裁の結論については支持しているものの、その理由は多様であり、最高裁が㋐に近い立場から名義人を特定した点については批判する者が多い。

ため、Eは文書作成に関する責任を免れることはできない（Eが作成者である）ので偽造には当たらないとする見解などが主張され、対立しているのである。この問題を解決するためには、文書作成に関する責任の内容を明確化し、名義の使用を承諾した者を当該責任の主体（作成者）と認めるための要件（自己名義の使用を事実として承諾していれば足りるのか、それ以外の要件が必要であるのか、必要であるとすれば、いかなる要件が必要か）を明らかにすることが不可欠であるが、それは十分には果たされていないというのが現状である。この点につき、筆者は、①有形偽造の本質は文書の保証機能（後記3参照）を害し、証拠として使用できない（可能性のある）文書を作出することにあるとの理解を基礎に、②文書作成に関する責任とは、保証機能の実質的内容である「文書に表示された意思又は観念（文書の内容）の帰属を引受ける責任」のことであり、③当該責任の有無（文書の内容の帰属の可否）は法的評価の問題であるので、事案ごとに規範的見地から判断すべきだと考えているが[28]、多数の支持を得ているとはいいがたい。

3　課題の解決に向けて
——文書概念・文書の機能を基礎にした考察の重要性

　上記のように文書偽造罪に関する諸問題をめぐる学説の対立の淵源は、解釈の指針となる保護法益（文書に対する公共の信用）の内容の不明確性にある。公共の信用という概念は、歴史的にみると、各種の偽造罪に共通の保護法益として提示されたものであり、それを解釈の有効な指針とするためには、その内容を各種の偽造罪ごとに、客体の機能・性質に応じて具体化する必要がある[29]。文書偽造罪の場合、客体である文書の意義とその社会的機能をふま

---

28) 詳細は、拙稿「本質」148頁以下参照。私見によれば、名義使用の承諾者を作成者と認めるためには、ⓐ承諾者が文書の内容を自己に帰属させる意思を有していること、ⓑ事実として文書を作成した者が、文書の内容を承諾者に帰属させる意思を有していること、ⓒ他人名義の文書の作成が法的に許容されていることが必要である。前掲最決昭和56・4・8の事案はⓐからⓒのすべてを満たしておらず、文書偽造罪の成立を認めた最高裁の判断は結論的に妥当であったといえよう（伊藤渉ほか『アクチュアル刑法各論』〔弘文堂、2007年〕385頁〔成瀬幸典〕参照）。

えた具体化が必要なのである。たしかに、現在の通説は文書が証拠としての機能を有することを指摘しているが（上記1(2)参照）、文書概念に含まれる個々の文書要件の意義とそれをふまえた文書の機能についての考察は十分とはいいがたい。文書は、人の意思又は観念を永続すべき状態で可視的に物体上に表示しているという永続化機能と、文書の作成者が文書自体から特定され[30]、その者が文書に表示された意思又は観念（文書の内容）を自己のものとして保証し、責任を負うという保証機能[31]の２つの重要な機能を有していることを確認したうえで、それを基礎に、①文書関係者の範囲、②文書関係者が文書に寄せる信用の内容と、その信用それ自体の要保護性、③有形偽造の本質と形式主義の根拠といった既述の課題を検討することが必要であろう[32]。

---

29) この点につき、拙稿「本質」120頁以下参照。
30) このようにして特定された者が名義人である。
31) 保証機能が文書の証拠としての価値を基礎づけるものであることについて、拙稿「本質」141頁以下参照。
32) ①から③の課題に関する私見の詳細については、拙稿「本質」140頁以下参照。

第3部

「通説」と実務

第13章

刑法の通説と判例
下級審裁判官の経験から

半田 靖史

1 はじめに

　本稿では、筆者の下級審裁判官としての経験をふまえて、「通説」および学説について感じたところを述べる。なお、実務家にとって「通説」を同定することは困難であり、実務家の論稿では通説的見解、多数説、定説などの表現も用いられている。本稿では、便宜、通説的見解という[1]。

2 実務法曹からみた学説そして通説的見解の意義[2]

(1) 下級審にとっての最高裁判例と通説的見解

　高裁判決が最高裁判例（それがない場合は大審院または高裁判例）に反することは上告理由になるから（刑訴法405条2号・3号）、第1審を含む下級審の裁判官としては、担当事件に関係する法令の解釈適用にあたり、関連する最高裁判例の有無およびその内容を確認しておくことは必須である。検察官、弁護人も同様である。一方、「通説」違反は上告理由にならないから、なにが通説かを同定し理解することは、実務法曹にとって通常は必須ではなく、

---

[1] 本稿は、法学セミナー2022年6月号の特集「刑法の『通説』」に掲載した論稿を加筆修正したものである。同特集は刑法総論についての企画であったため、本稿の考察も総論部分に限られている。
[2] 判例と学説の関係については、中野次雄編『判例とその読み方〔三訂版〕』（有斐閣、2009年）109頁以下「判例と学説」が参考になる。

裁判所が判決において「通説」を援用することも稀である[3]。当事者が、ある見解が「通説」であると主張して有利に援用することはあるが、裁判所がその見解が「通説」か否かに言及することはめったにないであろう。

　確立した最高裁判例（確定判例）が存在する場合には、たとえ通説的見解が反対していても、下級審裁判官としては確定判例に従って判断するのが一般である[4]。通説的見解が共謀共同正犯を肯定する判例や結果的加重犯につき過失を不要とする判例に反対していても、それに影響されて下級審裁判官が確定判例と異なる判断をするということはめったになかったと思われる。

　最高裁判例のない解釈上の論点については、実務法曹としては最高裁判例を意識せずに意見を形成すべきことになるが、その際、学説による体系的思考（その犯罪論体系に与するかは別として）、歴史的・比較法的研究、社会的背景をふまえた考察を参考にすることは多いであろう[5]。そのような作業を経た下級審判例が蓄積することにより下級審レベルの判例が形成されていき、ときには同種事件が最高裁に係属して新判例が生まれることもある。

(2) 判例変更を促す下級審裁判例および通説的見解

　最高裁判例が存在するとしても、下級審がそれと異なる判断をし、その結果、判例変更に至ることがあるが、このような判例変更の動きを通説的見解

---

3) 通説を援用した裁判例も若干ある。東京地判平成30・9・14 LEX/DB 25449805（弁護人は、自殺幇助は死亡の結果を物理的に直接促進する行為に限られる旨主張するが、判例・通説に反する独自の見解である）。神戸地判平成25・10・31 LEX/DB 25502421（責任能力は生物学的要素である精神の障害により、心理学的要素である弁識能力・制御能力の喪失または著しい減退につき判断すべきであるとするのが通説・判例であり、本件鑑定は精神の障害の認定を欠く）。長野地判平成23・12・27 LEX/DB 25480169（仮に主目的は殺害で現金奪取は自らの利得を図ったものでないとしても、金員奪取の意図がある以上、強盗殺人罪の消長に影響しないことは判例・通説である）。

4) もちろん、裁判官は、その良心に従い、自らの解釈に立って最高裁判例と異なる判断をすることは可能であるが、上級審で変更される可能性を十分考慮したうえでの判断でなければならない。下級審が確定判例と異なる判断をした例として、昭和40～50年台の戸別訪問禁止規定に対する約10件の違憲判決がある（広島高松江支判昭和55・4・28判時964号134頁は、「累次の最高裁判所の判決の存在については十分な注意が払われるべきではあるけれども」としたうえで憲法判断に入っている）が、いずれも上級審で破棄されたようである。

が後押しすることもある。

　たとえば、強制わいせつ罪（当時）につき、神戸地判平成28・3・18刑集71巻9号520頁は、被告人に性的意図は認められないが、性的意図を一律に要件とした判例（最判昭和45・1・29刑集24巻1号1頁）は相当でないと判断して同罪の成立を認め、控訴審の大阪高判平成28・10・27刑集71巻9号524頁もこれを是認し、最大判平成29・11・29刑集71巻9号467頁は最判昭和45年を変更して原判決を維持した。この最判昭和45年は、単発の判例で裁判官2名の反対意見があり、学説の相当数も早い時期から性的意図不要説を唱えていたので、もともと「弱い判例」[6]といえるものであった。その後、性被害に対する社会の受け止め方の深化や比較法研究もふまえて、学説では不要説が通説的見解となっていき、前後して不要説に親和的な下級審判例[7]も現れた。こうした経緯をみると、上記のような学説の展開もまた、判例変更を促す下級審裁判例の出現と最高裁による判例変更の一因であったといえよう[8]。

　通説的見解が「強い判例」を動揺させている例もある。「違法性の意識」について、大審院および最高裁（大決大正15・2・22刑集5巻97頁、最大判昭和23・7・14刑集2巻8号889頁等）はこれを不要とする判断を重ねており、「強い判例」に属するといえよう。しかし、学説上は、少なくとも「違法性

---

[5] 筆者の古い経験で恐縮であるが、「危険の引受け」等の理由づけに多くの批判をいただいたダートトライアルの無罪判決（千葉地判平成7・12・13判時1565号144頁）では、当時の刑事文献として山中敬一「過失犯における被害者の同意――その序論的考察」鈴木茂嗣編集代表『現代の刑事法学（上）（平場安治博士還暦祝賀）』（有斐閣、1977年）332頁が参考になった。ほかに同意傷害に関する刑事判例やスポーツ事故に関する民事判例・文献を参照した。参考人の内容虚偽の供述調書に係る証憑湮滅教唆の無罪判決（千葉地判平成8・1・29判時1583号156頁）では、同事件の被教唆者に対する先行の無罪判決（千葉地判平成7・6・2判時1535号144号）以外に直接の先例がなく、積極方向、消極方向の諸学説を参照した。その後、最決平成28・3・31刑集70巻3号58頁は、虚偽の供述内容が供述調書に録取されるなどしても、そのことだけをもって証拠偽造罪に当たるとはいえないとの一般論を示した。

[6] 「強い判例」、「弱い判例」の用語は中野・前掲注2）25頁に従った。

[7] 東京地判昭和62・9・16判時1294号143頁、東京高判平成26・2・13高刑速（平成26）号45頁。

[8] 最大判平成29年の調査官解説（最判解刑平成29年度162頁以下〔向井香津子〕）参照。

の意識の可能性」がないのに（故意）責任を問うことはできないとするのが共通項になっており、通説的見解であるといえる。こうした学説の影響と思われるが、戦後の下級審において、違法性の意識の可能性がないという主張に応える裁判例が相当数登場し、無罪判決も複数現れた。最高裁についても、羽田空港デモ事件（最判昭和53・6・29刑集32巻4号967頁）や百円札模造事件（最決昭和62・7・16刑集41巻5号237頁）が、各原判決が「違法性の意識の可能性」必要説に立って検討した点を誤りとしなかったことから、将来的には同説を採用した新判例が出る可能性もあると指摘されるところである[9]。

(3) 学説による判例分析と実務

実務法曹は、担当事件に関係する最高裁判決（決定を含む）の有無を確認し、これを発見した場合には、担当事件に対するその判決の拘束力や影響を検討することになる。そのためには、最高裁判決が摘示した具体的事実とその事実が摘示された趣旨を注意深く検討し、また、理由づけの内容や用いられた命題ないしキーワードを読み解いて、刑訴法405条2号・3号の「判例」となる判断部分や、判例の考え方ないし判例理論を解明し、さらにそれらの射程範囲を推し量るという作業が求められる[10]。実践的には、最高裁調査官解説があれば、とりあえずそれを紐解くことが多いが、調査官解説も判決当時の過去の見解であり、金科玉条のごとく頼るべきではない。後述する

9）公衆浴場の無許可営業の故意を否定した最判平成元・7・18刑集43巻7号752頁を受けて、前田雅英『刑法総論講義〔第8版〕』（東京大学出版会、2024年）183頁は、最高裁の従来の立場が確認されたと述べ、星周一郎「刑法解釈論における判例と学説の間」法学会雑誌62巻1号（2021年）114頁も、違法性の意識に関する学説の批判は判例の側には受け入れられなかったと述べる。しかし、同最判の調査官解説（最判解刑平成元年度285頁〔香城敏麿〕）は、違法性を認識する可能性がなかった場合には「責任の領域で処罰を避けるべきであろうし、判例もその余地を閉ざしていないと考えられる。」と述べている。同最判後に違法性の意識の可能性を否定して無罪とした判決として、大阪高判平成21・1・20判タ1300号302頁、東京地八王子支判平成12・10・6（公刊物未登載）があり、違法性の意識の可能性を肯定して有罪とした判決として神戸地判平成30・7・19 LEX/DB 25561288などがある（拙稿「違法性の意識の可能性――百円札模造事件」判例時報社サブスクロー・ジャーナル掲載〔2023年〕参照）。

10）中野編・前掲注2）29頁以下、116頁以下参照。

米兵ひき逃げ事件や練馬事件の最高裁判決のように、振り返ってみると必ずしも調査官解説のようには理解できないとされ、あるいは判例実務が調査官解説の示した方向に進まなかった例もある（後記3(1)(c)のピース缶事件でも若干その面がある）。実務法曹にとって、上記のような判例の解釈は困難な作業であり、判例の流れや学説の動向もふまえて最高裁判決を読み解いた学説の成果を参考にすることは少なくない[11]。

そして、窃盗罪の不法領得の意思や強盗罪の暴行脅迫の程度のように、有名な確定判例が存在する類型であっても、判例が提示した要件の明確性には限界があるから、その外延に位置するような事案（たとえば自転車の短時間の拝借、暗がりで金を出せと語気鋭く迫る）では、慎重な検討が求められる。こうした場合にも、確定判例の真の考え方や現在地を探求して理論化した学説は有力な指針になる。このほか、最高裁判決には、具体的な事実関係を摘示したうえで、簡潔な理由を付してまたは端的に結論を述べるだけのいわゆる「事例判断」も多い。とりわけ特殊過失事件ではそのような判決が多く[12]、その分析には困難な作業を要する。そのような事例判断について、関連する判決群から最高裁の考え方を抽出し、理論的な分析を試みた研究成果は示唆に富むものである。

(4) 学説と実務の対話

上記のとおり、実務法曹にとって、最高裁の確定判例や事例判断とされる判例について、学説とりわけ通説的立場による解説を参考にすることは欠かせない。本書所収の刑法総論の実行行為、実行の着手、因果関係、故意、共謀などが問題となったとき、実務法曹はその主張や判断において、判例の傾向はもちろんであるが通説的見解も意識して、それらの後ろ盾を得ようとする。しかし、学説も日進月歩であり、「通説」とされた見解がその地位を失

---

11) 通常は研究者が判決の事件記録にあたることはないであろうが、それは実務法曹が担当事件のために裁判例を検討するときも同じである。
12) たとえば最決平成24・2・8刑集66巻4号200頁（三菱自工タイヤ脱落事件）、最決平成26・7・22刑集68巻6号775頁（明石砂浜陥没事故事件）、最決平成28・5・25刑集70巻5号117頁（メタンガス漏出爆発事件）。

っていることもある。現実社会における犯罪現象は机上の想定を超えることがあり、それに対する実務法曹の現実の対応がすでに「通説」を乗り越えていることもある。実務法曹は「通説」とはそのようなものであることを認識しておく必要がある。

　また、最高裁判例が提示した要件の外延に位置する裁判例が積み重なることにより、ときに厳格すぎる要件が緩和されることもあるが（理論上は緩やかな要件が厳格化することもありうる）、学説の側がそうした動きを牽引または後押しし、あるいは消極的ながらこれに同調していくこともあるだろう。たとえば、強姦罪（当時）の暴行脅迫要件につき最判昭和24・5・10刑集3巻6号711頁は「抗拒を著しく困難ならしめる程度」と判示したが、最判昭和33・6・6集刑126号171頁が具体的事情の考慮を打ち出したことから、下級審裁判例は徐々にこの要件を緩和してきた。こうした変化は、被害者保護の要請に応じた検察実務とこれを受容した裁判所によるところが大きいが、学説においても、そうした動きを支持して理論的・実証的な根拠を与える見解が有力化していったように思われる。

　本書で紹介されている学説の動向をみても、多くの学説は、処罰根拠の探究と処罰範囲の明確化に力を注いできたといえる。処罰根拠の確定や処罰範囲の明確化は、まさに刑法解釈学の使命である。目の前の事件の解決に集中しがちな実務法曹にとって、このような目的意識をもって刑法を探究している研究者の意見に耳を傾けることは必要不可欠であろう。

3　本書所収の刑法総論の論点について
　　──判例実務と通説的見解の接近と混乱

　刑法総論に関する各論文を参照しつつ、感じているところを述べる。

(1)　実行行為・未遂犯・不能犯
　(a)　①実行行為は法益侵害（結果発生）の現実的危険性を有する行為である（本書仲道祐樹論文［第1章］の大塚仁教授の立場)[13]、②実行の着手は実行行為が開始されたときに認められる（本書山田慧論文［第5章］の大塚仁教授

による実質的客観説の立場[14]）、③因果関係は実行行為の危険性が現実化したときに認められる、という命題が語られることがある[15]。ただし、①②については、学説上かなりの進展と分岐が見られるし、判例上も実行の着手についてさまざまな判断が現れている。しかし、上記のような命題が意識されて、たとえば殺人事件の公判前整理手続において、弁護人が、被告人の行為には死亡結果発生の現実的危険性がないから「殺人罪の実行行為性」がないと主張し、それを受けて、第一に実行行為性が争点とされ、これに続いて、実行の着手（未遂事案）、因果関係（既遂事案）、殺意などが争点として整理されることがある。以下は、そのような争点整理がなされたと思われる事例である。

　事例①　運転予定者に睡眠導入剤を摂取させて死傷事故を起こさせた最判令和3・1・29刑集75巻1号1頁の第1審千葉地判平成30・12・4判時2434号113頁

判決は、殺人罪の実行行為該当性、殺意および因果関係が争点であるとしたうえで、実行行為性につき、運転者、同乗者、事故の相手方を死亡させる事故を含めあらゆる態様の事故を引き起こす危険性の高い行為であり、殺人罪の実行行為に当たるとした。そのうえで未必の殺意を認め、実行行為の危険が現実化したものとして因果関係も認めた。控訴審の東京高判令和元・12・17刑集75巻1号102頁も、運転者が事故を惹起して上記運転者らが死亡する危険性も一定程度認められ、被告人は運転者をして現実的危険性が認め

---

13) 最高裁が「実行行為性」を論じたものは少ないが、最決平成16・1・20刑集58巻1号1頁は、被告人が被害者に命令して自動車ごと海中に転落させた行為につき、被告人を極度に畏怖し服従していた被害者に命令し、被害者をして自らを死亡させる現実的危険性の高い行為に及ばせたものであるから、殺人罪の実行行為に当たるとしている。なお「現実的危険性」は被害者の行為について述べられている。このほか、傷害罪につき最決平成17・3・29刑集59巻2号54頁（長時間の大音量）、保護責任者遺棄罪につき最判平成30・3・19刑集72巻1号1頁（不保護の意義）がある。

14) 前掲注1) 法学セミナー特集「刑法の『通説』」の拙稿では、同特集山田論文［本書第5章］の表現に従って「実質的客観説〔行為説〕」と記した。

15) 裁判所職員総合研修所監修『刑法総論講義案（四訂版）』（司法協会、2016年）62頁、312頁および94頁は概ねこの命題によっている。

られる行為を行わせたものであるとして殺人罪の実行行為に当たるとした（事故の相手方に対する殺意は否定。この点につき最判は破棄）[16]。

事例②　大阪地判平成29・3・14判時2453号105頁
　被害者の首を絞めて窒息死させたという事案で、弁護人は、被告人は異常な行動に出た被害者を制止するために柔術の絞め技をした等の主張をした。判決は、(i)死亡結果をもたらす危険性のある行為であったか（実行行為該当性）、(ii)その危険が現実化した結果死亡したのか、(iii)殺意、(iv)正当行為該当性が法的な争点であるとし、死因を窒息と認めたうえで、首を絞める行為は人を窒息死させる危険性のある行為であるうえ、被害者の窒息死は行為の危険性が現実化したものであるとして、実行行為性および因果関係を肯定し、殺意も認めて正当防衛を否定した（控訴審の大阪高判平成30・10・31判時2453号96頁では被害者自ら摂取した薬物による中毒死の疑いがある等により破棄無罪）。

事例③　福岡地小倉支判平成28・8・2 LEX/DB 25543656
　日本刀で被害者の背中を1回刺して2週間の刺傷を負わせた事案で、判決は、争点は本件刺突行為に人を死亡させる危険性があるといえるか（殺人罪の実行行為性）、殺意の有無などであると述べ、被害者が死亡した危険性は具体的なものであり殺人罪の実行行為性は十分認められるとした。しかし、刺

---

[16] 司法研修所編『難解な法律概念と裁判員裁判』（法曹会、2009年）（以下「司法研究」という）12頁は、裁判員に対し「人が死ぬ危険性（可能性）が高い行為をそのような行為と分かって行った以上殺意が認められる」と説明することを提言しているところ、事例①の控訴審である東京高判令和元年は、殺人罪の実行行為性は認められるものの、事故の相手方については、この提言にあるような「高い危険性」は認められないとして意思的要素の検討に入り、殺意を認めるためには、事故の相手方が死亡することを期待するなどの事情に基づいて死亡結果を認容していたことを要するとし、認容を否定したものと解される。これに対し、上告審判決は、第1審判決は、被告人の行為には事故の態様次第で運転者らのみならず事故の相手方を死亡させることも具体的に想定できる程度の危険性があると評価したうえで、被告人はその危険性を認識しながら運転を仕向けており、事故の相手方が死亡することもやむをえないものとして認識・認容していたと判断したものと解されるとしてこれを是認し、事故の相手方が死亡することを期待していたという事情は本件において殺意を認定するために必要なものではないとした。

突行為に含まれる被害者を死亡させる危険性はそれほど高いものとはいえず、被告人において被害者が死亡する危険性が高いと認識していたとは認められないから、刺突行為の認識から被害者が死亡するかもしれないが、それでもかまわないと思っていたと推認することはできず、動機や犯行後の行動をみても殺意は認められないとした[17]。

(b) これらの事例のように実行行為性を独立した争点とすることについては、いくつか疑問がわいてくる。

既遂事案の審理では、(i)仮に因果関係を第一の争点として、それが肯定されるということは被告人の行為の危険の現実化として死亡結果が発生したということを意味するが、それでも被告人の行為には死亡結果発生の現実的危険性がないとして、殺人罪の実行行為性が否定されることはありうるのか、(ii)その場合、殺害を意図していても殺人（既遂）にはならないのか（殺人罪としては不能犯？）、(iii)殺害の意図はあるが殺人罪の実行行為性が否定されて傷害行為にとどまるとされた場合、死亡結果は傷害罪の実行行為の危険性が現実化したものなのか。

未遂事案の審理では、(iv)殺人未遂罪を否定するのであれば、実行行為性を問うのではなく、その行為態様では死亡結果発生の実質的危険の発生に至らなかったとして、殺人罪の実行の着手を否定すれば足りるのではないか、(v)意図ないし予定した行為の途中で終わった場合、実行行為性に必要な現実的危険性が求められるのは意図していた行為全体か、それとも実際に行った部分か、実際に行った部分の危険性を問うのであれば実行の着手を論じれば足りるのではないか、などである[18]。

公判前整理手続において、客観的な行為態様が争点になることは多いが、

---

17) ほかに「実行行為性」を争点とした殺人未遂事案として、事例④東京地判平成27・4・30判時2270号131頁（都庁爆発物送付事件）、事例⑤福岡地判令和3・3・5 LLI/DB L07650304（被害者が乗っていた停止中の自動車にけん銃を連続発射した）、事例⑥高松地判令和元・11・22 LLI/DB L07451361（児童の頸部を刺身包丁で2回切りつけた。中止未遂）がある。事例⑥判決は、死亡する「現実的危険性」があるとして実行行為性を肯定し、被告人は本件行為が人が死亡する「現実的危険性」を有する行為であることを認識していたと認めて殺意を肯定した。

その実行行為「性」が争点として整理されることは多くはない。しかし、(a)冒頭の①②③のような命題がある以上、事例①〜⑥のような争点整理になることも十分考えられる。筆者の疑問が的外れでないとすれば、このような実務は、学説上の有力な枠組み、すなわち、法益侵害の現実的危険性のある行為という実行行為概念を基軸とする実体法上の枠組みを受け入れたことから、争点整理および判断に混乱が生じているように思われる。

(c) 不能犯については、「判例は具体的危険説ないしそれに近い立場に依拠しているという見方が一般的であり、とりわけ実務家の間ではそれがほぼ定説となっている。」との評価がある[19]。そうした判例理解の根拠とされるのが最判昭和51・3・16刑集30巻2号146頁であり、同判決は、欠陥のあるピース缶爆弾の使用が爆発物取締罰則1条にいう爆発物の使用に当たるとした理由において、行為当時の被告人が確実に爆発するものと信じており、一般人もそう信ずるのが当然な状況であったと説示している。その調査官解説（最判解刑昭和51年度53頁〔内藤丈夫〕）は、「不能犯の区別基準に関する通説である『具体的危険説』に従えば、結論は積極になるはずであった。……今回の第三小法廷判決は、……前記『具体的危険説』の立場からする解決を排斥するものでないことは明らかである」と解説している。

最判昭和51年から40年後の2016〜2017（平成28〜29）年にかけて、地裁・高裁では、いわゆるだまされたふり作戦開始後に特殊詐欺に加担した受け子

---

18) 山田論文［本書第5章］によれば、実行の着手時期についての通説的見解は、「構成要件該当行為およびそれに密接する行為という形式的基準と、結果発生の危険性という実質的基準の両者の観点から検討する」ものとされている。この通説的見解に従うと、被告人の行為が構成要件該当行為に密接する行為で終わったという未遂事案の場合には、端的に着手とされる行為の密接性と危険性を問うことによって未遂罪の成否を決すれば足り、その後予定していた行為の実行行為性ないし現実的危険性を争点にすることは考えにくい。
19) 大塚裕史「不能犯論と実行の着手論」法律論叢90巻2・3合併号（2017年）112頁（ただし、大塚教授自身は「修正された客観的危険説に最も親和的であるとみるのが適切であろう」と述べる）。裁判所職員総合研修所監修・前掲注15）333頁は、判例につき（客観的危険説よりも）「近時は、むしろ具体的危険説に親和的な説示が多くみられる」とする。

につき、承継的共同正犯を前提としたうえで、具体的危険説に基づく危険性判断を明示して不能犯の主張を排斥し、詐欺未遂罪の共同正犯を肯定するという判決が相次いだ。これらの裁判例は、「判例は具体的危険説ないしそれに近い立場に依拠している」、「不能犯の区別基準に関する通説である『具体的危険説』」という上記引用の理解に符合したもののように思われる。ところが、最決平成29・12・11刑集71巻10号535頁は、不能犯論に立ち入ることなく承継的共同正犯の構成のみで詐欺未遂罪の成立を認める旨判示し、多数の下級審判決の理論構成は活かされない結果となった。これは、そもそも不能犯論を問題にする必要がなかったからかもしれないが、下級審は上記のような判例理解の定説と通説の同定に従って具体的危険説に依拠したものの、最高裁自身は判例（および通説）をそのようには捉えていなかったとみることもできるだろう[20]。

(2) 不作為犯

不作為犯については、ここで語れるだけのエピソードがない。個人的には、法益保護の見地から作為義務を事実的基礎に基づいて実質的に根拠づけようとする限定説の発想に魅力を感じる。しかし、限定説は、支配・依存や危険創出に当たる事実関係を作為義務の実質的根拠とするところ、本書松尾誠紀論文［第2章］が示すように、限定説内部においても、また限定説のうちの「西田系統」においても、作為義務の実質的根拠についてさまざまな見解が拮抗している状況である。このような議論状況においては、しかも、不作為犯が問題となる現実の事情はさまざまであるから、実務法曹としては、具体的事件の解決にあたり、特定の見解に依拠することは困難であろう。そこで、実践的には、被害法益とのあいだに多元説があげる法令、契約、先行行為その他の関係がある人物（公判では被告人）について、作為義務の実質的根拠を論じた限定説の成果を参考に、排他的支配、保護の引受け、具体的依存、危険創出などの有無を問い、作為義務を認めるべきか検討することになる。

---

20) 最決平成29年の調査官解説（最判解刑平成29年度258頁〔川田宏一〕）は、同決定が特定の法理を示さなかったことにつき、「不能犯の論点も見解が分かれている」点を理由の1つとしてあげている。

その結果、特定の根拠によって作為義務が肯定されることもあれば、複数の根拠を適宜組み合わせて、つまり総合考慮によって肯定されることもあるだろうし、総合的に考慮してもなお否定すべき場合もあるだろう。

気になるのは、先行行為（危険創出）を作為義務の１つの根拠とする場合、たとえば（過失）傷害によって死亡の危険を生じさせた行為者が、救命可能性を認識しながら放置したとき、殺人（未遂）罪に転化するか否かである。単純なひき逃げについては、救護義務違反罪を問うにとどめているのが実務である。それでは、監護義務者である親が自宅で子に故意または過失によって傷害を負わせたが、不救護による死亡の危険を認識しながら、漫然と放置したときや自宅から立ち去ったときに、不作為の殺人罪を認めるべきであろうか。第三者の場合でも、先行行為に加えて排他的支配があるとすれば同罪を認めるべきであろうか。このような先行行為者について考えてみると、過失犯や傷害の故意による行為が容易に殺人罪に転化するのではないか、あるいは、救助をすることの期待可能性があるのかという疑義はある。筆者の理解不足かもしれないが、こうした論点は残っているような気がする。

(3) 因果関係

(a) 大審院判例および戦後初期の最高裁判例は条件説によっていたと解されているところ、米兵ひき逃げ事件の最決昭和42・10・24刑集21巻８号1116頁は「同乗者が進行中の自動車の屋根の上から被害者をさかさまに引きずり降ろし、アスファルト舗装道路上に転落させるというがごときことは、経験上、普通、予想しえられるところではなく、……このような場合に被告人の前記過失行為から被害者の前記死の結果の発生することが、われわれの経験則上当然予想しえられるところであるとは到底いえない」と説示して因果関係を否定した。当時すでに学説では相当因果関係説が有力になっていたが、同判決は、多数の学説および調査官解説（最判解刑昭和42年度286頁〔海老原震一〕）において相当因果関係説を採用したものと説明され[21]、以後、同説

---

21) ただし、裁判所職員総合研修所監修・前掲注15) 104頁は、最決昭和42年が相当因果関係説を採用したと断定するのは相当でないとする。

はさらに支持を集めて通説的見解となったようである。ところが、その後、相当因果関係説によって因果関係を否定した下級審判決2件が破棄されたため[22]、最高裁は依然として条件説を基調としているという評価もなされた。この下級審判決2件は、相当因果関係説隆盛の時流に乗ろうとしたわけではないだろうが、米兵ひき逃げ事件で最高裁も相当因果関係説を採用したという当時の支配的な理解に翻弄された感がある。

(b) その後、昭和末期から最高裁判例は「危険の現実化説」の立場をとっていると評されている。最高裁の判決は事案の解決に必要な理由づけをするにとどめることが多く、個別性の強い因果関係に関してはその傾向が強い。したがって、最高裁判例を何説と命名するのは危険であるが、因果関係をめぐる相当数の事件における最高裁の理由づけを総合し、また、最高裁自身が日航機ニアミス事件決定（最決平成22・10・26刑集64巻7号1019頁）および三菱自工タイヤ脱落事件決定（最決平成24・2・8刑集66巻4号200頁）で用いた「危険の現実化」というキーワードに着目すれば、最高裁が「危険の現実化説」に立っていると評することは許されるであろう。

本書大関龍一論文［第3章］によれば、1970年代から危険の現実化説の先駆けとなる学説が登場していたとのことであるが、1990（平成2）年頃においても、通説的見解は相当因果関係説であったろうし、実務もこの通説的見解の影響をかなり受けていたと思われる[23]。そのようななかで、最高裁は、相当因果関係説の危機といわれた大阪南港事件最高裁決定（最決平成2・11・20刑集44巻8号837頁）の前後から、危険の現実化説の採用に向かったことになるが、一連の最高裁判例をみると、最高裁が、条件説で対応するのは十分ではないけれども、相当因果関係説もまた事案の解決に適した判断基準

---

[22] 最判昭和46・6・17刑集25巻4号567頁（原判決破棄）。最決昭和49・7・5刑集28巻5号194頁（第1審判決が控訴審で破棄され最高裁も是認）。いずれも被告人の暴行と被害者の高度または特別な病変とがあいまって致死結果が生じた事案。

[23] 最決平成15・7・16刑集57巻7号950頁（高速道路進入事件）の第1審、控訴審判決とも被害者の逃走方法に対する予見可能性に言及しており、上告審判決と対比すると相当因果関係説の影響がうかがわれる。

を提供していないと考えたことは明らかであろう。そして、多くの学説が最高裁の新たな考え方を受け入れて、今日では危険の現実化説が通説的見解となっており、大関論文によれば、今後はその判断構造をめぐる議論が展開されていくであろうとのことである。このように、判例実務は、通説的見解の影響を受けて条件説から相当因果関係説に傾き、次いで危険の現実化説を採用し、学説上もこれが通説的見解となって、その理論化を図るという経過をたどっているわけであり、この軌跡は両者の協働関係として興味深いものがある。

(c) 近年の下級審裁判例に目を転じると、そのほとんどが因果関係を肯定するにあたり、被告人の行為の危険性が現実化したものであると説示している。「被告人の暴行によって生じた危険が被害者の死亡という結果に現実化したといえるかどうか」が争点であると明示して、これを肯定した判決もある[24]。今後そのような争点整理が増えることも予想されるが、キーワードとしてはわかりやすいものの、的確な主張立証および判断のためには、当該事案における危険の現実化の具体的内容を押さえておく必要がある。じつは筆者は、学説は長年定着していた相当因果関係説をたやすく放棄したように思っていた。しかし、大関論文によれば、学界では相当因果関係説の危機といわれた当時から、相当因果関係の判断方法の見直しが論じられ、そのときの「総合考慮モデル」と「現実・予測総合モデル」の対比が、危険の現実化説の判断構造をめぐる現在の議論につながっているとのことである。危険の現実化説については、このような判断構造の解明が実務法曹にもわかりやすいかたちで進むことを期待したい。

(4) 故 意
(a) 一般に通説は認容説であると評されているように、判例実務についても認容説によっていると評されている。判決文や検察官の主張において「被

---

24) 長野地判令和 2・11・11 LLI/DB L07551113。暴行を受けた被害者が車道に横たわっていたところ、走行車両に轢過されて 4 時間後に死亡した事案。

告人は認識、認容していた」と結ばれることは日常的であり、しばしば弁護人は「認識があったとしても認容はなかった」という主張に活路を見出そうとする。しかし、この弁護人の主張は、認識していた以上は認容も認められるとして排斥されるのがほとんどであろう。殺人事件の裁判員裁判では、司法研究（前掲注16））の「人が死ぬ危険性（可能性）が高い行為をそのような行為であると分かって行った以上殺意が認められる」という提言が普及した結果、「認容」や「あえて」は問題とされず、もっぱら行為の危険性とその認識が争点になっているようである。おそらく、薬物輸入の故意や特殊詐欺の故意においても、認識の有無・程度が実質的な争点とされることがほとんどであろうと思われる。ただし、近年の下級審裁判例には、認識は認められるが認容が認められないとして故意を否定したものがあり注目される[25]。

　最高裁判例に目を転じると、1、2審判決の引用ではなく、最高裁自身の言葉で「認容」に言及したものはあまり見当たらない[26]。特殊詐欺の受け子の故意を認めて破棄自判・有罪とした判決[27]は、「自己の行為が詐欺に当たるかもしれないと認識しながら荷物を受領したと認められ、詐欺の故意に欠けるところはなく」というように認識だけに言及している。しかし、やや特

---

25) そのような裁判例として、①東京高判平成27・11・11東高刑66巻1-12号112頁。詐欺（未遂）幇助。振り込め詐欺の正犯が郵便物受取サービスを詐取金の受取場所として利用した。同サービス業者の詐欺幇助の故意につき、本人確認の方法およびそれが顧問弁護士による助言をふまえたものであったこと、リスクがあるのに関与する動機も不明であることを指摘して認容を否定した。②千葉地判令和3・4・13 LEX/DB 25569244。覚せい剤営利目的輸入予備罪。密輸組織から金の運び役の勧誘を受けてカンボジアに渡航し、組織側は覚せい剤を準備し、被告人は同国の空港で待機した。違法薬物の可能性の認識は認められるが、金の密輸ならかまわないが、違法薬物の密輸はしたくないと考えていたという被告人の供述は排斥できず、覚せい剤密輸入の認容は認められないとした。前掲2(1)(a)の事例③福岡地小倉支判平成28・8・2もこれに類する。
26) スワット事件の最決平成15・5・1刑集57巻5号507頁は、被告人はスワットらが自己の警護のためにけん銃等を所持していることを確定的に認識しながら、それを当然のこととして受け入れて認容していた旨説示している。硫酸ピッチの不法投棄にかかる最決平成19・11・14刑集61巻8号757頁も、被告人らは、廃棄物処理の受託者が不法投棄に及ぶ可能性を強く認識しながら、それでもやむをえないと考えて処理を委託した旨説示している。ただし、いずれも共謀共同正犯の成否に関する説示である。
27) 最判平成30・12・11刑集72巻6号672頁、最判平成30・12・14刑集72巻6号737頁。

殊な事案であるが、Winny 事件の最決平成23・12・19刑集65巻9号1380頁は、幇助犯の一般的な定義として、「幇助犯は、他人の犯罪を容易ならしめる行為を、それと認識、認容しつつ行い、実際に正犯行為が行われることによって成立する」と述べており[28]、最高裁は認容説をとっているようにもみえる。

(b)　ところで「認容」すなわち、ある結果になっても「かまわない」、「しかたがない」という現実心理がないかというと、それが存在することはありうる。盗品を買ったとき、盗品かもしれないと思うとともに、「盗品でもかまわない」と考えることはあるだろう。黄色なり赤色信号に変わるかもしれないが「それでもかまわないから行ってしまえ」と思うこともあるだろう。本人がそれを自白していれば、認容に当たる心理的事実を認定することはできる。

しかし、本人が認容を否認しているときには、結局は認識していた可能性の程度から認容を推認することになるだろう。盗品なら買いたくなかったといっても、それなら盗品かもしれないと思ったのになぜ買い受けたのですかという問いに反論するのは難しい。蓋然性を認識していたときには、回避措置の有無を基準に実現意思を判断するという議論（本書大庭沙織論文［第4章］の井田説）を応用しても、その回避措置で十分だと考えていたとすれば可能性の認識はないし、不十分と考えていたとすれば可能性の認識が残っていたはずであり、それにもかかわらず行為に出た以上は認容があったという議論になるのではなかろうか。

筆者には、重い故意責任の本質に照らし意思的要素が必要であるという見解を論評する能力はない。最高裁は認容説をとっているとも評されるし、認識を肯定したうえで認容を否定する近年の裁判例も存在する。しかし、認識

---

28)　同最決は「例外的とはいえない範囲の者がそれを著作権侵害に利用する蓋然性が高いことを認識、認容していたとまで認めることは困難である。」とし、被告人は著作権法違反罪の幇助犯の故意を欠くとした。同最決の調査官解説（最判解刑平成23年度344頁〔矢野直邦〕）は、「適法用途にも著作権侵害用途にも利用できるソフトの不特定多数者に対する提供による幇助という特殊な局面において、認容という面を重視したという見方もあり得るように思われる」（396頁）と述べている。ただし、同最決は「認識、認容」と述べており、認容に特化した説示をしているわけではない。

に加えて認容を独立の事実認定上の争点にした場合に、認識の程度のほかに、どのような事情が積極消極の間接事実になるのか、これまで事例の積み重ねが少ないこともあり、さらに検討を要するものと思われる。

(c) 悩ましいのは認識した可能性が高いとはいえない場合である。「ひょっとしたら死ぬかもしれないとわかっていたか」を争点とし、これを肯定して殺意を認めた裁判例もあるが[29]、このような低い可能性の認識のみで足りるとする見解には異論もあるだろう。このような事案では（積極的）認容などの意思的要素を相補的に考慮するという見解によれば、殺意の認定を適切な範囲に収められるかもしれないが、認容の認定については(b)で述べた課題がある[30]。

故意論は刑事責任の本質にかかわる重要な論点であり、学界では今なお盛

---

29) 名古屋地判平成24・3・21 LEX/DB 25480823。被告人が自動車を発進させた際、被害者が運転席ドアの端にしがみついたが、被告人は時速45キロメートルまで加速して被害者を引きずりながら300メートル運転を続け、傷害を負わせた事案。控訴審の名古屋高判平成24・9・10 LEX/DB 25482691は、敷衍するとして、行為自体から被害者が場合によっては死んでしまうかもしれないが、それでもかまわないとの認識があったと推認するに十分である、と説示している。前田雅英監修『裁判員のためのよく分かる法律用語解説』（立花書房、2006年）205頁も、「死ぬかもしれないと分かっていたというのは、結果が発生する可能性を考えた場合をいい、その可能性の程度としては、私たちが日常生活の中で『ひょっとすると○○が起こるのではないか。』と考える程度で足ります。」と説明している。

30) かつて筆者は、「故意に必要な認識すべき『危険の高さ』は法規範の側で客観的に、かつリスク衡量の観点を入れて『具体的に』決める。それは行為を思いとどまる反対動機となるべき可能性の認識である。いかなる可能性の認識が反対動機となるべきものとして要請されるかについては、犯罪を実現したくないと考えている『誠実な一般人』を基準とする」（筆者による要約）という松宮孝明教授の見解を受けて、「このくらいの可能性の認識であったが、故意といってよいだろうか」と立ち止まってしまう裁判官、裁判員にとって判断の手がかりになるように思われると述べたことがある（刑法学会関西部会令和4年7月例会分科会1「未必の故意論の諸問題」刑事雑誌62巻1号〔2023年〕111頁の拙稿「4論文についてのコメント」参照）。筆者の実務経験でも、薬物密輸入事件において、信頼してきた人から日本の知人に渡す土産としてスーツケースを持っていくように頼まれたとき、被告人が抱いた不安は、誠実な一般人でも、それを無視して持込みを引き受ける程度のものだったかという議論を念頭に置いたことがある（福岡高判令和3・9・7 LLI/DB L07620368参照）。

んに論じられている。いささか堂々めぐりの議論の観もあるが、その議論は精緻化し多様化している。実務に大きな動きがあるとは思われないが、学説の深化を取り入れていくかどうか見守っていきたい。

(5) 共犯・共同正犯

(a) 伝統的な通説の強い批判にもかかわらず、大審院以来、裁判所は共謀共同正犯を肯定しつづけてきた。学説の側も、岩盤のように硬い判例を前にして、また背後者を共同正犯とすべきという実際上の要請にも理解を示して、これを受け入れるようになり、本書亀井源太郎論文［第6章］によれば、今日では両者の対立は解消したとのことである。この間、学説は、共謀共同正犯の理論的な根拠づけを試みてきたが、同論文および本書伊藤嘉亮論文［第7章］によれば、近年はむしろ共同正犯の本質からして当然肯定されるべきであるという論調のようである。そして、亀井論文が紹介する、対立解消後の学説における共謀共同正犯論の深化は、実務にとっても、その成立要件・成立範囲に関する諸問題の解決の参考になっている。

学説による共謀共同正犯の受容に関してしばしば引用されるのが、団藤重光博士と平野龍一博士の見解である。団藤裁判官は、最決昭和57・7・16刑集36巻6号695頁の「意見」において、「社会事象の実態に即してみるときは、実務が共謀共同正犯の考え方に固執していることにも、すくなくとも一定の限度において、それなりの理由がある。……共謀共同正犯の判例に固執する実務的感覚がこのような社会事象の中に深く根ざしたものであるからには、従来の判例を単純に否定するだけで済むものではないであろう」と述べている（亀井論文注12）の引用部分が続く）[31]。平野博士は、「判例として確立している場合には、是正するとしてもむしろ立法によるべきであって、解釈論としては判例の基本線はそれを前提とせざるをえないこともある」と述べている[32]。

---

31) 最決昭和57年の団藤意見が度重なる修正を経て完成した経緯は、村井敏邦「学者としての良心と裁判官としての良心」福島至編著『團藤重光研究』（日本評論社、2020年）229頁に詳しい。
32) 平野龍一『刑法総論Ⅱ』（有斐閣、1975年）403頁。

両博士の見解について、中野編・前掲注2)『判例とその読み方』113頁〔中野次雄〕は、平野博士の見解を「やや消極的な理由」と評し、そのうえで「共謀共同正犯論については、大審院および最高裁判所が長年にわたってこれを固持してきたことにはそれなりの合理的な根拠・理由があるのではないか、という考慮が学説の再考の原因となったことは否定できない」[33]と述べ、この見方は団藤裁判官の意見にもうかがえるとする。一方、浅田和茂教授は「実務に対し否ということを忘れ権力の侍女となり下った法理論は、だが、もはや学問の名に値しないであろう」という佐伯千仭博士の言葉を引用して、平野博士の見解を批判している[34]。

筆者にはこれら大家の見解を論評する力はないが、今後も判例実務と学説が対立して、学説の側がどのような態度をとるか難しい選択を迫られ、逆に判例実務が学説を無視しえない状況が生じるということはあると思われる。近年は、刑事法の分野でも判例実務と学説の対立はあまりみられなくなり、両者の協働が互いの発展につながっている。しかし、判例実務がさらに発展し、新たな問題にも対応しつつ処罰範囲を適正なものとしていくためには、在野法曹だけでなく、理論的な分析に基づく学説からの厳しい批判も必要なのである。

(b) ところで、共謀共同正犯の成立要件について、練馬事件判決（最大判昭和33・5・28刑集12巻8号1718頁）は、「共謀共同正犯が成立するには、二人以上の者が、特定の犯罪を行うため、共同意思の下に一体となつて互に他人の行為を利用し、各自の意思を実行に移すことを内容とする謀議をなし、よつて犯罪を実行した事実が認められなければならない。」と判示した。その調査官解説（最判解刑昭和33年度405頁〔岩田誠〕）は「『謀議』又は『通謀』

---

[33] 同書は、この叙述の前提として、要旨、具体的事実をふまえての法的判断の結論部分については、裁判官は全責任を負うという自負心をもっており、そこに判例のもつ独自性がある。すべて正しいわけではないが、全般的にみれば尊重せらるべきものがある、と述べている。裁判官はこの叙述に恥じない判断を目指さなければならない。

[34] 浅田和茂「刑事法における立法・判例と学説」立命館法学375・376号（2018年）474頁。

の存することは、……単なる主観的要件に止まるものではなく、……共謀共同正犯の客観的要件でもある」と述べて、同判決は客観的謀議説をとったものであると解説した。しかし、その後の判例実務は同調査官解説の方向には進まず、共謀共同正犯の成立には具体的な謀議行為は必要ではなく犯罪の共同遂行の合意が存在すれば足りるとする主観的謀議説によって運用されてきた。そして、その運用は、黙示の意思連絡による共謀共同正犯を肯定したスワット事件決定（前掲注26））でも是認されたといえる[35]。

　（c）　伊藤論文は、共同正犯の成立要件について、議論の系譜をたどりながら、近年の主要な見解をわかりやすく分類している。注目されるのは「共謀＋共謀に基づく実行」を実行共同正犯にも拡張して共同正犯一般の成立要件とするという実務家の見解[36]である。伊藤論文によれば、「共謀＋共謀に基づく実行」の定式は、練馬事件判決の趣旨を明文化したとされる改正刑法（準備）草案にみられるとのことである。ところが、判例実務は、練馬事件判決の判文ないし上記岩田調査官解説の理解を離れて、前記のとおり「共謀」について主観的謀議説によってきた。この主観的謀議の点を強調すれば、「共謀」とは実行共同正犯における共同実行の意思と大差がなく、「（犯罪遂行についての）意思連絡」で足りそうである。しかし、伊藤論文が指摘するとおり、実務家の見解にいう「共謀」には、相補い相利用しあって自己の犯罪を実現しようとする合意という、単なる意思連絡以上の重みが込められている。実務においても、訴因および罪となるべき事実は単に「共謀の上」としているが、その「共謀」には犯罪遂行についての意思連絡に加えて、たとえば、正犯意思、自己の犯罪を実現しようとする意思、あるいはそれを基礎づける重要な役割や人的関係、複数関与者間の一体性や共同性およびその意識など、さまざまな要素が盛り込まれている。こうした種々の要素が「共謀」概念に入り込んで、それが最終的に共謀共同正犯の要素となっているわけであるが、そのような「共謀」はさまざまな共犯現象に対応する便利な概

35）実務上は、練馬事件判決のうち、共謀の具体的内容の判示を要しないという部分が先例として重視されている。
36）裁判所職員総合研修所監修・前掲注15）352頁以下等。

念である一方で、共謀共同正犯の成立要件を曖昧なものとする懸念がある。

そのうえで気がついたことを補足すると、主観的謀議説をとる場合、非実行者についての意思連絡は慎重に認定されるべきである。非実行者が謀議行為もしないで、実行者の実行を黙って見ていたという事実だけでは、具体的内容のある犯罪の遂行に向けた双方向の意思連絡（合意の存在）を認定することはできないはずである。次に、非実行者について共謀共同正犯か幇助犯かが争点となるケースは多いが、司法研究58頁は、裁判員に「〔被告人は〕自己の犯罪を犯したといえる程度に、その遂行に重要な役割を果たしたかどうか」を判断してもらうことを提案している。これは、意思連絡を認定したうえで、上記括弧内の要件を判断して、共同正犯か否かを決するというものであろう。伊藤論文によれば、佐伯仁志教授は「共謀（意思連絡）＋α〔筆者注：客観的事情〕＋一部の者による実行」の枠組みを支持されているという。被告人の果たした役割など客観的な関与行為の有無・程度が正犯性の主たる根拠になる事案では、上記の枠組みがわかりやすい。他方で、果たした役割はとくに重要とまではいえないが、組織の一員として組織による犯罪に加担した場合のように、一体性や共同性およびその意識が共同正犯性の有力な根拠になることもある。そのような事案では、上記の枠組みでは十分に実態をとらえられないように思われる。

4　おわりに

筆者が大学で勉強したころは、民法の利益考量論などの法解釈論争、新旧訴訟物論争、糾問的捜査観対弾劾的捜査観、行為無価値対結果無価値といった基本的な法理論をめぐる論争が華々しく展開されており、学術的であると同時に意外に辛辣な講義に胸を躍らせつつ衝撃を受けた記憶がある。これらの論争は判例実務に対する挑戦やはたらきかけを含んでおり、一部はその厚い壁に跳ね返され、一部は判例実務に浸透していった。刑法についても、上記の論争の影響を受けて、法益保護を中心とする考え方が判例実務に根づいてきたと思われる。

刑法は現実社会を規律する法であり、判例実務はその法を実現している生

きた法である。実定法学としての刑法学は、理論を開陳し判例を解説するだけでなく、原理原則に則って、生きた法である判例実務を説得して発展させ、是正するという役割が求められる[37]。判例実務も学説のそのような役割を認めて、その業績には謙虚に耳を傾けるべきである。

---

37) 平野龍一『刑法の基礎』（東京大学出版会、1966年）247頁は、「裁判官は法を適用することによって社会生活をコントロールしようとするのであり、法律解釈学は、この裁判官を説得してその行動をさらにコントロールするものである」という。本書亀井論文［第6章］注27）も参照。

第14章

刑法の「通説」と判例
最高裁調査官の経験を踏まえて

藤井 敏明

1　はじめに

本稿は、刑法の「通説」と判例との関係について、最高裁調査官としての経験[1]をふまえ、検討しようとするものである。最初に筆者が調査を担当した判例3件（2(1)から(3)）を素材とし、さらに、比較的最近の判例2件（2(4)・(5)）について併せて検討する。

2　判例と刑法の「通説」について

(1)　シャクティパット事件（最決平成17・7・4刑集59巻6号403頁）

本件は、脳内出血で倒れて兵庫県内の病院に入院し、意識障害のため痰の除去等を要する状態にあったAの息子Bからシャクティ治療[2]を依頼された被告人が、Aを退院させることはしばらく無理であるとする主治医の警告などを知りながら、直ちにAを被告人が滞在する千葉県内のホテルに連れてくるようにBらに指示してAを病院から運び出させ、同ホテルでAにシャクティ治療を施したが、痰の除去等Aの生命維持のために必要な医療措置を受

1）筆者は、2003（平成15）年4月から2007（同19）年9月まで、最高裁調査官として当時の第3刑事調査官室に勤務した。
2）手の平で患者の患部をたたいてエネルギーを患者に通すことにより自己治癒力を高めるという治療法で、被告人は、これを施す特別の能力をもつなどとして信奉者を集めており、AおよびBは信奉者であった。

けさせないまま、Aを約1日放置し、痰による気道閉塞に基づく窒息で死亡させた、という事案である。

第1審判決は、Bらに指示してAを病院外に運び出させ、何ら医療設備のないホテルでAの生存に必要な措置を何ら講じなかった被告人の一連の行為を、作為と不作為の複合した殺人の実行行為として、殺人罪を認めた。

被告人の控訴を受け、控訴審は、Aを病院から運び出させた時点で被告人に殺意があったと認めるには合理的な疑いが残るとしたが、そのような先行行為により、被告人は、ホテルにおいて、直ちに生存のために必要な医療措置をAに受けさせるべき作為義務を負っていたのに、未必的な殺意をもって、作為義務を怠ってAを死亡させたとして、不作為による殺人罪が成立するとした。

被告人が上告して殺意や作為義務などを争った。最高裁は、原判決が認めた不作為による殺人罪の成否につき、職権判断を示した[3]。すなわち「被告人は、自己の責めに帰すべき事由により患者の生命に具体的な危険を生じさせた上、患者が運び込まれたホテルにおいて、被告人を信奉する患者の親族から、重篤な患者に対する手当てを全面的にゆだねられた立場にあったものと認められ」、「直ちに患者の生命を維持するために必要な医療措置を受けさせる義務を負っていた」にもかかわらず、「未必的な殺意をもって、上記医療措置を受けさせないまま放置して患者を死亡させた」のであるから、不作為による殺人罪が成立する、とした。

筆者は、本判例の判例解説中で、不真正不作為犯の成立に関し、いわゆる多元説の内容を説明した後に、「(団藤重光、大塚仁、福田平、平野龍一、大谷實、前田雅英など通説)」と記載した[4]。それが、法学セミナー誌の特集「刑法の『通説』」内の論考[5]で援用され、そのことが今回の寄稿を依頼された

---

3) 最高裁判所に対する上告理由は、憲法違反、判例違反に限られる（刑訴法405条）が、適法な上告事由がない場合でも、判決に影響を及ぼすべき法令の違反や重大な事実誤認等があって、原判決を破棄しなければ著しく正義に反すると認められるときは、最高裁判所は、職権により、判決で原判決を破棄することができ（同411条）、この権限を背景として、原判決を破棄しない場合でも、決定で職権判断を示すことがあり、これによって形成された判例は少なくない。

4) 最判解刑平成17年度196頁。

きっかけになったようである[6]。同論考においては、筆者が、多元説に基づいて本判例を理解すべきものとしているように理解されている。

しかし、本判例は、その判示事項[7]にも示されているように、本件の事実関係の下で、不作為による殺人罪の成立を認めた原判断を是認したもの（いわゆる事例判断）で、その際、不作為による殺人罪が成立するための一般的な要件を示したものではない。判断にあたっては、いわゆる保障人説、すなわち保障人的地位にあり、法律上の作為義務を負う者の不作為により、不真正不作為犯が成立するというわが国の通説[8]を前提としている。保障人的地位の発生根拠に関する考え方は、主観説、多元説、限定説（3つの見解）[9]に分かれるが、主観説を除くいずれの見解によっても、本件では、不真正不作為犯の成立を認めることができる。したがって、本件事案において、多元説と限定説のいずれによるべきかを決める必要はなかったものである。

5）松尾誠紀「不作為犯論の『通説』」法セ809号（2022年）27頁以下［本書第2章］。
6）本文に指摘した、多元説を通説とする解説は、何が通説かということに関する筆者の私見である（判例解説が調査官の私見であることについては、中野次雄編『判例とその読み方〔三訂版〕』〔有斐閣、2009年〕108頁参照）。
　　筆者は、刑法については、福田平先生の講義を受講し、司法試験の受験準備に福田、大塚両先生の教科書を使っており、その他の列挙したビッグネームの教科書でも採用されている多元説を「通説」とすることにあまり疑いを抱かなかった。実務家は、（遺憾ながら）学説に関する知識が学者のようには更新されないので、学生時代の教科書で「通説」とされていた学説をそのまま「通説」と認識していることは多いのではないだろうか。そうだとすれば、世代により、「通説」に対する実務家の認識は異なったものとなる可能性がある。
7）本判例の判示事項は「重篤な患者の親族から患者に対する『シャクティ治療』（判文参照）を依頼された者が入院中の患者を病院から運び出させた上必要な医療措置を受けさせないまま放置して死亡させた場合につき未必的殺意に基づく不作為による殺人罪が成立するとされた事例」とされている。
8）なお、本稿執筆中に、保障人説はわが国の通説であるが、一種の類推解釈で、罪刑法定主義との関係で問題があることから、ドイツでは、1975年の新刑法13条に不真正不作為犯の根拠規定を設けて立法的な手当がされており、わが国の1974年改正刑法草案12条にも不真正不作為犯に関する規定が予定されていたことを知った。松宮孝明『刑法総論講義〔第6版〕』（成文堂、2024年）90頁、金尚均ほか『ドイツ刑事法入門』（法律文化社、2015年）88頁参照。
9）最判解刑平成17年度197頁。

本判例の判例解説において、筆者は、諸学説が作為義務の発生根拠とする事由をふまえ、本件事実関係の下で、作為義務の発生に関わりうる事情として、①被告人と被害者らとの関係、②Bらによるシャクティ治療の依頼と承諾、③被告人の指示に基づきなされたAの運び出し行為の存在、④ホテルにおいてBらからAに対する手当てをゆだねられたこと、⑤Aに医療措置を受けさせる作為の可能性、容易性を挙げ、それぞれの事情が作為義務の発生にどのように関係するかを検討し、本判例は、a「自己の責めに帰すべき事由により患者の生命に具体的な危険を生じさせたこと」、およびb「患者が運び込まれたホテルにおいて、被告人を信奉する患者の親族から、重篤な患者に対する手当てを全面的にゆだねられた立場にあったこと」が、被告人における作為の可能性・容易性と相まって、被告人に作為義務を生じさせ、その不作為が作為による殺人と同視しうるものと評価すべき事情として重要であったと解説している。

本判例について、多元説ないし限定説のいずれかに基づいて理解すべきものとしたつもりはなく、そのことは、判例解説に注として記載したとおりである[10]し、本文で、「上記a、b双方の事情が認められる事案でなければ不作為による殺人罪が成立しない、との趣旨まで含むものと捉えることは適切でないであろう」としたところにも示唆されている。すなわち、本件では、その事案の特徴をふまえ、a、b双方の事情を根拠に不作為による殺人罪の成立を認めるのが相当と考えられるが、将来、類似した事件において、aまたはbの一方の事情だけが認められるときに、不作為による殺人罪が成立するかどうかについては、本判例の射程距離外にあるとの趣旨である。

(2) 被害者の行為を利用した殺人事件
（最決平成16・1・20刑集58巻1号1頁）

本件は、被告人が、事故を装い被害者を自殺させて多額の保険金を取得する目的で、自殺させる方法を考案し、それに使用する自動車等を準備したう

10）最判解刑平成17年度203頁注4で、「多元説によれば、本決定を契約・事務管理と条理（先行行為）が総合されたものと理解することが可能であろう。……限定説に立つ見解も、それぞれの立場から本決定の結論を説明することが可能と思われる……」としている。

え、被告人を極度に畏怖して服従していた被害者に対し、犯行前日に、漁港の現場で、暴行、脅迫を交えつつ、直ちに車ごと海中に転落して自殺することを執拗に要求し、猶予を哀願する被害者に翌日に実行することを確約させるなどし、被害者をして、被告人の命令に応じて車ごと海中に飛び込む以外の行為を選択することができない精神状態に陥らせ、犯行当日、被害者に漁港の岸壁上から車ごと海中に転落するように命じ、被害者をして、自らを死亡させる現実的危険性の高い行為に及ばせた行為が、殺人罪の実行行為に当たる、とされた事案である。

　検察官は、第1審において、被害者の精神状態[11]や本件のような方法で車ごと海に飛び込む行為の危険性などの立証を手厚く行っていた。

　第1審および控訴審は、いずれも、被告人の行為が、殺人罪の実行行為に当たるとしている。ただし、実行行為性を認めた理由は、相互にやや異なっており、第1審判決は、「車ごと海に飛び込んだ〔被害者〕の行為は、被告人により強制された、意思決定の自由を欠くもの」としたのに対し、控訴審判決は、実行行為性を認めたうえで「(威迫等によって被害者が抗拒不能の絶対的強制下に陥ったり意思決定の自由を完全に失っていなくても、行為者と被害者との関係、被害者の置かれた状況、その心身の状態等に照らし、被害者が他の行為を選択することが著しく困難であって、自ら死に至る行為を選択することが無理もないといえる程度の暴行・脅迫等が加えられれば、殺人罪が成立すると解すべきである。……)」と括弧つきで判示した。

　被告人の上告趣意は、殺人罪の実行行為性や故意などを争うものであった。最高裁は、適法な上告理由はないとしたうえで、冒頭のように職権で判示した。

　学説では、主に偽装心中事件（最判昭和33・11・21刑集12巻15号3519頁）を契機として多様な議論が展開され、殺人の実行行為性の問題として検討する論稿と被害者の法益処分の問題として検討する論稿が見られたが、いずれのアプローチでも、自殺教唆罪でなく殺人罪の間接正犯とするためには、被害者が絶対的強制下にあったことや、意思決定の自由を阻却するような程度の威迫が加えられたことを必要とする見解が多かった[12]。

---

11) 被害者の精神状態については、最判解刑平成16年度30頁参照。

第1審判決が前記のように判示した背景には、上記のような学説の状況があったものと思われる。これに対し、控訴審判決は、前記のとおり、意思決定の自由を完全に失っていなくても、被害者が他の行為を選択することが著しく困難な場合には、殺人罪の間接正犯としての実行行為性が認められるとした[13]。

　本件被害者には自殺する意思はなく、むしろ被告人の支配から逃れて生き延びるために自らを死亡させる現実的危険性のある行為に及んだものであるから、他の行為を選択することができない精神状態にはあったが、被告人に強制されて意思決定の自由を完全に失っていたとはいえないだろう。しかし、本件犯行の本質は保険金目的で人を死亡させようとした犯罪であり、しかも事故や自殺という偽装工作も行われており、幸い被害者が車外に脱出することに成功して未遂に終わったものの、犯情の悪質さには顕著なものがある。保険金目的による殺人であれば、強盗殺人に近いものとして、殺人罪のなかでも、最も重い類型になる。このような事案について、強要罪または自殺教唆未遂罪にとどまるものとし、殺人罪を認めた原判決には法令の違反または重大な事実誤認があり、職権でこれを破棄しなければ著しく正義に反する、とは考え難いものと思われる。

　本件は、判例(1)と同様に適法な上告理由はなく、原判決を破棄する場合でもないから、適法な上告理由はないとして定型的に処理することも可能な事案であった。しかし、暴行や脅迫を加えて被害者の意思を抑圧して死亡させた間接正犯による殺人罪について、明確な判例がなかった[14]ことに加え、本件では、被害者に自殺する意思がなく、意思決定の自由を完全に失っていたとはいえないことからも、判例とする価値のある事案と思われた。

　本件被害者のように、暴行や脅迫により意思を抑圧され、他の行為を選択

---

12) 例えば、西田典之『刑法各論〔第2版〕』（弘文堂、2002年）16頁では、「自殺者の意思決定の自由を阻却する程度の威迫を加えて自殺させたときは、自殺関与罪ではなく殺人罪が成立すると解すべき」とされており、当時、筆者がよく参照していた山口厚『刑法総論〔初版〕』（有斐閣、2001年）66頁でも、「自由な意思決定が排除されている場合」などに背後の行為者に構成要件該当性が肯定できるとされていた。
13) 大塚仁ほか編『大コンメンタール刑法 第10巻〔第2版〕』（青林書院、2006年）352頁〔金築誠志〕の見解に依拠したものと思われる。

することができない精神状態にあったが、命令に従って自殺する意思はなく、生き延びるために、自らを死亡させる現実的危険性のある行為に及ぶという状況を想定することはかなり困難と思われる。事実は小説よりも奇なりといわれるが、このように机上では想定し難い事例につき判例が生まれ、それに対する評釈などを通じ、学説の内容も深められていくように思われる[15]。

(3) 相当の対価を支払い根抵当権を放棄させた詐欺事件
（最決平成16・7・7刑集58巻5号309頁）

本件は、住宅金融債権管理機構[16]（以下「機構」という）に対して、相当対価を支払って根抵当権を放棄させた行為が詐欺罪に当たるかが問題となった事案である。

第1審で詐欺罪の成立が認められ、控訴も棄却され、被告人は、上告して欺罔行為と財産的損害の有無を争った。

最高裁は、職権判断を示し、相当の対価を得て根抵当権を放棄すること自

---

14) 最判昭和59・3・27刑集38巻5号2064頁は、被害者の行為を利用した間接正犯としての殺人罪を認めた判例とされる。しかし、事案は、集団で暴行、脅迫を加え、被害者を護岸際まで追いつめ、さらにたる木で殴りかかる態度を示すなどして、逃げ場を失った被害者を川に転落させ、さらに、水面をたる木で突いたり叩いたりして溺死させたというものであり、行為者自らの行為で被害者を物理的に川の中に突き落として溺死させたのに近い。

15) ちなみに、判例(2)の後、被告人による執拗かつ強度の働きかけにより、被害者の生命を救うためには被告人の指導に従う以外にないなどとして、インスリンの投与という期待された作為に出ることができない精神状態に陥った母親を道具として行われた殺人罪を認めたものとして、最決令和2・8・24刑集74巻5号517頁がある。

　その調査官解説によると、母親が、犯罪事実を実現する行為以外の行為を選択することができない精神状態にあった点は、本判例の被害者の場合と同様であり、母親の意思決定の自由が阻害されている程度として、本判例の被害者と同程度のものを認定したとされている（最判解刑令和2年度153頁〔伊藤ゆう子〕参照）。

　判例(2)は、事例判断であるが、そうであっても、一種の法理のようにして、当時は想定していなかった他の類型の事案にも援用されることがあることを示す例といえるだろう。

　なお、後記判例(5)の補足説明において、いわゆる早すぎた結果の発生に関する最決平成16・3・22刑集58巻3号187頁が、判例上の根拠として援用されたことについても、同様のことがいえるように思われる。

16) 同機構やその活動等については、最判解刑平成16年度251頁以下を参照。

体に錯誤はなかったとしても、本件各不動産が、真実は被告人の支配するダミー会社に売却するものであるのに、そのことを秘して第三者に正規に売却されるものと被告人に欺かれ、その旨誤信しなければ、機構が各根抵当権の放棄に応ずることはなかったのであるから、欺罔行為が認められるとした。

これに対し、本件各不動産の時価評価などに基づき、機構が相当と認めた対価の支払いを受けて根抵当権を放棄したのであるから財産的損害はない、とする弁護人の主張に対しては、本判例は、具体的な判断を示していない。当時の記憶を喚起すると、これは、財産的損害に関しては、職権判断を示さなかったという趣旨と思われる。

すなわち、詐欺罪における財産的損害については、学説上、形式的個別財産説が伝統的な通説であったが、実質的個別財産説が有力に主張されるようになり、本判例の約3年前に出された最判平成13・7・19刑集55巻5号371頁は実質的個別財産説の立場あるいはその方向を示すものとする学説が有力であった[17]。そのようななかで、本件は、相当の対価を得て個別財産を処分した事案であり、詐欺罪における財産的損害に関する解釈問題を含んでいるが、根抵当権の放棄については、いずれの説によっても詐欺罪の成立を説明することができ、しかも、一般の債権者と異なる性格を有する機構が被害者であるという特殊な事案において、最高裁が、上記問題に関し、いずれの立場によるかを示すのは適当でないとされたのである[18]。適法な上告理由がなく、原判決を維持しながら職権判断を示す場合、論点を明示して判示するこ

---

17) この点についての詳細は、本特集・冨川雅満「財産的損害をめぐる『通説』」[本書第11章] 参照。
18) 本件の第1審判決は、「根抵当権等の放棄を原因とするこれら根抵当権等の登記の抹消は担保物権という個別財産に関わるものとしてその喪失自体が財産上の損害といえるから、詐欺利得罪における財産上の損害が発生していることも明らかである」として、形式的個別財産説に立つが(最判解刑平成16年度249頁参照)、原判決は、欺罔行為を認めたうえで、「各担保不動産の任意売却による返済額がおおむね相当価格であったことは本件各詐欺の成立を否定するものではない」としており、その理論的立場は明らかではない。

振り返ってみると、本判例が財産的損害については判断を示していないにもかかわらず、筆者の判例解説は、財産的損害に関する記述が過剰であり、判例の解説として必要かつ相当な範囲を超えたものと反省している。

ともあるが、本判例が、漠然と「本件詐欺罪の成否について職権で判断する」としたのは上記のような趣旨によるものと思われる。

(4) 強制わいせつ罪と性的意図（最大判平成29・11・29刑集71巻9号467頁）
　本判例は、判例違反という適法な上告趣意に対して判断が示された場合である。
　最判昭和45・1・29刑集24巻1号1頁は、強制わいせつ罪が成立するためには、行為者の性的意図が必要であるとしたが、その判例解説は、強制わいせつ罪を目的犯または傾向犯とするのが「おおむねの学説である」とし、多数意見（3対2）は、「通説を妥当のものとみる立場に立っているものと解される」としている[19]。
　本判例は、上記昭和45年判例以降の社会状況の変化、刑法の性的な被害に関する犯罪規定の改正（平成16年および同29年）、性的な被害の実態に対する社会の一般的な受け止め方の変化等をふまえ、判例変更をした。その判例解説[20]は、上記論点に関する学説の状況を紹介したうえで「性的意図等の主観的要件を不要とする立場が通説的見解といえる」としているが、それとともに上記社会状況の変化や刑法改正等に関して詳細に説明され、判例を変更すべき実質的な理由やその場合の判断方法等について綿密に検討されている。
　いずれの判例解説も通説に沿った判断であるとしているが、各判例解説の内容に照らせば、通説が結論に及ぼした影響の程度は、昭和45年判例ではかなり大きかったように思われるが、本判例においては、その後変更された通説の後押しがあったことは当然であろうが、同時に、社会状況の変化等の諸事情の影響も大きかったのではないかと思われる。

(5) 特殊詐欺における実行の着手（最判平成30・3・22刑集72巻1号82頁）
　本件は、控訴審判決を職権で破棄した判例である。
　すなわち、いわゆる特殊詐欺[21]の事案で、前日に甥になりすました者の

---

19) 最判解刑昭和45年度5頁〔時国康夫〕参照。
20) 最判解刑平成29年度162頁以下〔向井香津子〕。

欺罔行為により100万円を騙し取られていた被害者に対し、共犯者において、警察官を詐称し、被害を取り戻すかのように装って銀行預金を下ろさせ、警察官を装った被告人が、それを騙し取る計画で被害者方に赴いたが、被害者方まで約150メートルの地点で警察官の職務質問を受け、任意同行の後に逮捕されたというものである。控訴審判決[22]は、被告人を有罪とした第1審判決の罪となるべき事実には、財物の交付に向けて人を錯誤に陥らせる行為をしたと解しうる事実（すなわち実行の着手に当たる事実）が記載されていないから理由不備の違法があるとして第1審判決を破棄し、被告人を無罪とした。検察官の上告を受け、最高裁は、控訴審判決を破棄して控訴を棄却（第1審判決を是認）した。

従来、実行の着手については、客観説（形式的客観説、実質的客観説）、折衷説（あるいは修正された形式的客観説）の対立があるとされてきたが、形式的客観説を徹底する立場は少数となり、既遂に至る具体的危険および構成要件該当行為との密接性を基準として実行の着手を判断する点において、修正された形式的客観説と実質的客観説との間には内容的な接近が見られ[23]、近時は、これらの多数説（危険性＋密接性基準説）と異なり、犯行計画を基礎にして犯行の時系列を把握したうえで、事象経過の進行度合いが未遂処罰に値する段階に至ったかを判断する見解（進捗度基準説）[24]が有力に主張されている[25]。

また、詐欺罪の要件である「人を欺く行為」は、人による財産または財産上の利益の処分行為（交付行為）に向けられたものとするのが「通説」と認

---

21) オレオレ詐欺や振り込め詐欺などのように、高齢者を狙い、親族を装って電話をかけるなどして欺罔し、現金等をだまし取る手法の犯罪をいう。
22) 東京高判平成29・2・2判タ1449号153頁。
23) 佐藤拓磨「詐欺罪における実行の着手」刑ジャ57号（2018年）25頁。
24) 佐藤拓磨『未遂犯と実行の着手』（慶應義塾大学出版会、2016年）、樋口亮介「実行行為概念について」山口厚ほか編『西田典之先生献呈論文集』（有斐閣、2017年）33頁、樋口亮介「詐欺罪における実行の着手時点」法セ759号（2018年）52頁など。なお、「危険性＋密接性基準説」、「進捗度基準説」の呼称は、丸橋昌太郎＝佐藤拓磨「すり替え窃盗をめぐる理論と課題」刑ジャ73号（2022年）6頁に依拠した。
25) 学説の詳細は、山田慧「実行行為概念と未遂犯論の『通説』」法セ809号（2022年）12頁以下［本書第5章（「未遂犯論の『通説』」に改題）］参照。

められるが、従来、詐欺罪において、「人を欺く行為」（欺罔行為）とみる余地のある行為がおよそ全く行われていない段階で詐欺未遂罪を認めた判例はなく[26)][27)]、実行の着手に関する上記有力説も含め、前記控訴審判決の以前には、詐欺罪の実行の着手が認められるために交付要求を伴う嘘が必要か否かは学説においても議論されてこなかったようである[28)][29)]。

　以上のような状況の下で、控訴審判決は、財物の交付を被害者に求める行為が認められないうえ、預金を下ろさせる行為は、詐欺被害の現実的・具体的な危険を発生させる行為とは認められないとして詐欺未遂罪の成立を否定した。

　これまでに取り上げた判例(1)から(4)までと比べ、本件は、判断を要する事項に密接に関連する判例、学説が乏しく、「通説」のない領域における新たな問題として、担当調査官は、報告書の作成に苦心されたのではないかと思

---

26) そもそも、一般的な詐欺であれば、そのような段階で詐欺の計画が頓挫した場合、通常、行為者の相手方から捜査機関に対し、犯罪被害に遭ったとして通報されることはなく、捜査機関が認知するきっかけもないだろう。

27) 最判昭和29・10・22刑集8巻10号1616頁は、競輪の八百長レースによる詐欺罪について、実行の着手時期を競技者が共謀のうえでスタートラインに立った時点と判示しているが、詐欺罪の成立を争う上告趣意に対して網羅的な応答をするなかでの説明であり、事案は既遂に至っているから、実行の着手の有無が結論に影響する事案ではなく、厳密な意味では、詐欺罪の実行の着手時期に関する判例とはいえない。しかも、判例解説（最判解刑昭和29年度313頁〔寺尾正二〕）によれば、着手時期を賞金・払戻金の請求時とした場合には、欺罔行為中の不可欠の要素である八百長レースが予備段階になり、正当ではないと説明されており、事案の特殊性もある。

28) 冨川雅満「財物交付が要求されていない段階での詐欺未遂の成否」法時90巻3号（2018年）115頁。

29) 特殊詐欺が大きな社会問題になってから相当の期間が経過していると思われるが、本件以前に特殊詐欺の実行の着手が問題となる事例が現れなかったのは、本件でも行われた、いわゆる「だまされたふり作戦」（被害者が捜査機関と協力のうえ、犯人側の要求どおり行動して犯人を検挙しようとする捜査手法）は、比較的新しい捜査手法であり、しかも、当初よく見られたような、捜査官が受け子の現れる現場付近に待機し、受け子が現金に偽装した物の交付を受け取ったところで検挙するといった手法であれば、実行の着手が問題となることはないことなどが背景にあるものと思われる。本件では、被害者の協力を得ることに支障があったのか、捜査官がより早い段階での確実な検挙を狙ったのか、あるいは、たまたま被害者方に到着する前に受け子と遭遇したのかもしれない。

われる[30]。もっとも、事件は、第１小法廷に係属しており、山口厚裁判官が構成員であるので、評議においては深い理論的な検討が行われたことであろう。

ちなみに、山口裁判官は、補足意見において、「詐欺の実行行為である『人を欺く行為』が認められるためには、財物等を交付させる目的で、交付の判断の基礎となる重要な事項について欺くことが必要である」としつつ、判例[31]によれば、犯罪の実行行為自体ではなくても、実行行為に「密接」で「客観的な危険性」が認められる行為に着手することによっても未遂罪が成立するのであり、本件においては、これが認められるとして、前記「危険性＋密接性基準説」に沿った説明をした。

他方、本判例の法廷意見は、上記補足意見のような理論的根拠は示していない。本件は新しい問題であり、事例や議論の蓄積が乏しいなかで、判例で上記の点に関する見解を明示するには時期尚早であると考えられたものと思われる[32]。その後、本判例については、さまざまな立場による評釈、検討が行われ、実行の着手に関する議論が深められている[33]。

(6) 検討のまとめ

以上、５つの判例を素材として判例と刑法の「通説」との関係について検討してきた。

判例(1)は、いわゆる保障人的地位にある者に法律上の作為義務が発生するという学説の共通理解（その限度では「通説」）を前提にして、保障人的地位が生ずる根拠として各学説が指摘する諸要素をふまえて事例を分析したもの、

---

30) 原判決および本判例については多数の評釈が行われているが、調査官報告書の作成や評議の時点で公表されていたのは、矢野隆史「警察官を装った組織的詐欺のだまし役が被害者に預金を払い戻すよう申し向けたものの未だ現金を交付するよう明確に告げていない段階で逮捕された受け子の詐欺未遂罪の成否について実行の着手が問題となった事例」研修830号（2017年）95頁（橋爪隆教授を講師に迎えた検事の研修における協議結果の報告）のみと思われる。

31) いわゆる早すぎた結果の発生に関する最決平成16・3・22（前掲注15））。

32) 向井香津子「詐欺罪につき実行の着手があるとされた事例」最判解刑平成30年度83頁参照。

判例(2)は、被害者の行為を利用した間接正犯を成立させるために多数の学説が求める厳格な要件を若干緩和したもの、判例(3)は、詐欺罪における財産的損害に関する学説のいずれによっても同じ結論が得られることから、その点の判示は回避したもの、判例(4)は、現在の通説を援用しつつ、社会状況の変化等をふまえて判例変更したもの、判例(5)は、特殊詐欺における実行の着手という、それまで学説が具体的に論ずることのなかった新たな問題について、刑法総論の議論や殺人罪の実行の着手に関する判例をふまえて判断したものであり、各判例と刑法の「通説」ないし学説との関係は、それぞれ異なっている。もちろん、これらで両者の関係のパターンが網羅されるわけではない。

取り上げた5件のうち4件がそうであるように、刑法の判例は、事例判断のかたちで示されることが多く[34]、関連する諸事実を示してこれを法的に評価して結論が導かれるものとし、それ以上に判断の理論的な根拠までは説明されないことも少なくない[35]。

---

[33] 本判例の後、最決令和4・2・14刑集76巻2号101頁（以下「令和4年判例」という）は、広い意味では特殊詐欺の一種といえるキャッシュカードすり替え型の窃盗で、被告人が、被害者方から約140メートルの地点で警察官に気付き犯行を断念したという事案について、窃盗罪の実行の着手を認めた。

判例(5)の法廷意見については、共犯者による電話が「人を欺く」行為に当たるものと認めたとする解釈の余地もあったが、令和4年判例では、共犯者による電話が「他人の財物を窃取」する行為に当たると認めることは困難であるから、もっぱら刑法43条本文の解釈として実行の着手を認めたものと考えるほかない。

令和4年判例の文面からすれば、前述の「危険性＋密接性基準説」または「進捗度基準説」のいずれの立場からも理由の説明が可能なように思われるが、危険性の点はともかく、構成要件該当行為との密接性を肯定するのはやや苦しいかもしれない。具体的な事実関係の下で実行の着手を認めた事例判断であり、今後、特殊詐欺に関し、より早い段階における実行の着手の有無につき、判断が求められる可能性がある。そのような点も含め、上記各説のいずれが、特殊詐欺事件の適切な解決に適したものとなるか、注目されるところである。

[34] もっとも、判例(4)のように、一般的な法令解釈を示す場合もあり、その際にはより徹底した検討が必要になる。

[35] 先例の示す定義や解釈を踏襲するかたちをとりながら、当該事件の妥当な解決を強く志向して柔軟に結論を導き、しかも、その理由を十分に説明することの少ないわが国の裁判所の事件処理と、それを基本的に受け入れつつ説明しようと努める学者の理論が、一般論と具体的結論との整合性に関する学生の疑問を生み出すのかもしれない。

私見によれば、その理由は、1つに、最高裁を含め、裁判所が責任をもって判断すべきものは、審理の対象となっている当該事件であり、その妥当な解決をすることが中心的役割であって、それに必要な範囲を超え、理由中であまり一般的な規範を立てると、後に生ずる同種事例の判断に不都合を生じ、あるいは、判例変更が必要になる可能性があるからではないかと思われる。特に、最高裁の判断は、捜査や下級審の裁判実務に及ぼす影響が大きいので、それが厳密には「判例」ではない部分を含め、その射程距離が広く捉えられすぎて、判断の前提となっていた事柄が欠けている場合にまで不適切な影響が及ぶことを警戒するといった事情もあるように思われる。それに加え、最高裁においては、最終審の判断として、合議体を構成する裁判官による諸々の意見の最大公約数を示すことにとどめるのが適切とされる場合もあるかもしれない。

　なお、下級審とりわけ第1審では、このような配慮は必要ないが、証拠により認定した事実に法令を適用して結論を導く過程では、法的・理論的な解釈を詳しく展開することはあまりない。これは、事実を認定するのが第1審の主たる役割とする感覚があるうえ、証拠に支えられた事実と比べ、法的な理論は、いわば事実の世界から浮いたものであるから、見解の相違により、上級審に破棄されやすいという懸念もあるように思われる。

　これに対し学説は、法の解釈について、その一般的な通用性、理論的な合理性、刑法の全体系との整合性等を考えるであろう。一定の法理論を展開し、その後、自説と整合しない事例が出現した場合には、柔軟に説を修正することも可能であり、そうなっても、最高裁の判断と異なり、自説が捜査や裁判実務に及ぼす影響を懸念する必要はないだろう。

　このような立場の違いは、おそらく、将来においても変わることはないであろう。

3　刑法学説と裁判官の務め──「通説」への期待（管見）

　遠く過去に遡れば、歴史・文化のまったく異なる西欧の法典を継受した明治・大正期の日本において、刑法の分野では、フランスやドイツの有力な学

説を紹介することが学説の重要な役割であり、そのように紹介されたものが「通説」として機能した時代もあっただろう。今日では、現行刑法の制定から115年余りが経過し、広範な判例が形成されており、学説の役割は上記のようなものではなくなったと思われる。しかし、個別事件の妥当で常識的な解決を強く志向するが、理由中でも、理論的な根拠は明示しないことも少なくない判例の集積のなかから、一定の法理を構成し、法解釈の方向性を示すのは、学説の役割であろう。

　また、最高裁の判例の形成過程においては、判例および学説の調査結果等をまとめた調査官報告書が裁判官に提出され、それをふまえて評議が行われる。学説には、過去の判例に対する評釈が含まれる。判例の合理性は、このようにして参照される学説によって強く支えられているというべきであろう。近年における判例解説を読むと、紹介される学説は、筆者が調査を担当していた頃よりも、格段に増加し、充実しているように思われる。

　下級審に目を転じると、今日の刑事裁判は、重大な事件の裁判には、国民のなかから選任された裁判員が参加し、裁判官と協働して裁判する。裁判員にもわかりやすい争点の整理を円滑に行うためには、公判前整理手続において、法の解釈について、法曹三者に共通認識があることが望ましい。また、公判審理では、法令の解釈に関する判断は、構成裁判官の合議によるが、裁判員を含む1個の裁判体として結論を導くのであるから、法令の解釈を含め、判決の理由は、全体として合理的で常識に合うものとして裁判員の納得を得られるものである必要があるだろう。したがって、裁判官は、裁判員に対し、判例の結論を理論的に説明する学説を参酌して、合理的で常識的な理由を説明する必要があるのではないか。

　合理的で常識に合い、法曹の共通認識となりうる法理が、最高裁および裁判員裁判を中核とする下級審の裁判において、有益な学説として参酌され、判例の形成にも寄与し、ひいては、多くの学説の支持するところとなり、「通説」となっていくのではないだろうか。

初出一覧

特集:「刑法の『通説』——通説とは何か、何が通説か」法学セミナー809号（2022年）

総論解題	通説とは何か、何が通説か／仲道祐樹（6-11頁）〔初出タイトル「刑法の通説、その語り方について」より改題〕	
第2章	不作為犯論の「通説」／松尾誠紀（27-34頁）	
第3章	因果関係論の「通説」——危険の現実化論の系譜とその内実／大関龍一（19-26頁）	
第5章	未遂犯論の「通説」／山田慧（12-18頁）〔初出タイトル「実行行為概念と未遂犯論の『通説』」より改題〕	
第6章	共犯論の「通説」——共犯論は何をどのように論じてきたか／亀井源太郎（35-41頁）	
第13章	刑法の通説と判例——下級審裁判官の経験から／半田靖史（42-49頁）	

特集:「続・刑法の『通説』——そこに潜む問題」法学セミナー821号（2023年）

第8章	暴行罪の「通説」——「通説」に潜む問題と乗り越え方／樋口亮介（4-11頁）〔初出タイトル「暴行罪の『通説』に潜む問題とその乗り越え方——本企画が目指すもの」より改題〕	
第9章	名誉概念の「通説」／嘉門優（12-18頁）	
第10章	領得罪の「通説」／穴沢大輔（19-24頁）	
第11章	財産的損害をめぐる「通説」——実質的個別財産説に潜む問題／冨川雅満（25-31頁）	
第12章	文書偽造罪の「通説」／成瀬幸典（32-37頁）	
第14章	刑法の「通説」と判例——最高裁調査官の経験を踏まえて／藤井敏明（38-45頁）	

本書書き下ろし

第1章	実行行為概念の「通説」／仲道祐樹
第4章	故意論の「通説」／大庭沙織
第7章	共同正犯の成立要件／伊藤嘉亮
各論解題	刑法の「通説」、そこに潜む問題／樋口亮介

執筆者一覧

穴沢 大輔（あなざわ・だいすけ）
明治学院大学法学部教授

伊藤 嘉亮（いとう・よしすけ）
広島修道大学法学部教授

大関 龍一（おおぜき・りゅういち）
大阪経済法科大学法学部准教授

大庭 沙織（おおば・さおり）
福岡大学法科大学院准教授

亀井 源太郎（かめい・げんたろう）
慶應義塾大学法学部教授

嘉門 優（かもん・ゆう）
立命館大学法学部教授

冨川 雅満（とみかわ・まさみつ）
九州大学大学院法学研究院准教授

仲道 祐樹（なかみち・ゆうき）
早稲田大学社会科学総合学術院教授

成瀬 幸典（なるせ・ゆきのり）
東北大学大学院法学研究科教授

半田 靖史（はんだ・やすし）
弁護士、学習院大学大学院法務研究科教授、元福岡高等裁判所部総括判事

樋口 亮介（ひぐち・りょうすけ）
東京大学大学院法学政治学研究科教授

藤井 敏明（ふじい・としあき）
日本大学大学院法務研究科教授、元東京高等裁判所部総括判事

松尾 誠紀（まつお・もとのり）
北海道大学大学院法学研究科教授

山田 慧（やまだ・さとし）
同志社大学法学部准教授

編者略歴

仲道 祐樹（なかみち・ゆうき）

1980年生まれ。2003年早稲田大学法学部卒業。博士（法学）（早稲田大学）。現在、早稲田大学社会科学総合学術院教授。
主著に、『刑法的思考のすすめ──刑法を使って考えることの面白さを伝えたいんだよ！』（大和書房、2022年）、『行為概念の再定位──犯罪論における行為特定の理論』（成文堂、2013年）など。

樋口 亮介（ひぐち・りょうすけ）

1979年生まれ。2002年東京大学法学部卒業。現在、東京大学大学院法学政治学研究科教授。
主著に、『親による子の拐取を巡る総合的研究──比較法・歴史・解釈』（共編著、日本評論社、2023年）、『法人処罰と刑法理論〔増補新装版〕』（東京大学出版会、2021年）、『性犯罪規定の比較法研究』（共編著、成文堂、2020年）など。

刑法の「通説」（けいほうのつうせつ）

2025年3月10日　第1版第1刷発行

編　者──仲道祐樹＝樋口亮介
発行所──株式会社 日本評論社
　　　　〒170-8474　東京都豊島区南大塚3-12-4
　　　　電話 03-3987-8621　FAX 03-3987-8590
　　　　振替 00100-3-16　https://www.nippyo.co.jp/
印刷所──精文堂印刷株式会社
製本所──株式会社難波製本
装　幀──渡邉雄哉（LIKE A DESIGN）
検印省略　© NAKAMICHI Y. & HIGUCHI R. 2025
ISBN978-4-535-52855-0　　　　　　　　　Printed in Japan

JCOPY　〈(社) 出版者著作権管理機構 委託出版物〉
本書の無断複写は著作権法上での例外を除き禁じられています。複写される場合は、そのつど事前に、(社) 出版者著作権管理機構（電話03-5244-5088、FAX 03-5244-5089、e-mail: info@jcopy.or.jp）の許諾を得てください。また、本書を代行業者等の第三者に依頼してスキャニング等の行為によりデジタル化することは、個人の家庭内の利用であっても、一切認められておりません。